ESERCITAZIONI E SIMULAZIONI CON QUESTO LIBRO

Software di esercitazione OMAGGIO

Alpha Test Player

Per scaricare gratuitamente **Alpha Test Player** vai su **www.alphatest.it/software**, inserisci il **codice libro 23482**, la tua **mail** e clicca su **invia**. Riceverai nella tua casella di posta elettronica il link e le istruzioni per il download.

REQUISITI DI SISTEMA: *richiede Windows 7 o superiore oppure macOS 10.9 o superiore.*

Testonline

Per accedere alla piattaforma di esercitazione vai su **www.alphatest.it/testonline** e segui le istruzioni riportate sul sito. Per attivare gratuitamente le tue simulazioni utilizza il **codice libro 23482**.

Codice libro 23482

TESTUNIVERSITARI

Alpha Test
Scienze della formazione primaria
Esercizi commentati

edizioni
Alpha Test

Via Mercalli, 14 – 20122 Milano (Italy)

Tel. 02 58 45 981 – fax 02 58 45 98 96

servizi@alphatest.it

www.alphatest.it

ISBN: 978-88-483-2348-2

Quinta edizione: gennaio 2021

Prima edizione: aprile 2009

Stampato da L.E.G.O. S.p.A. Lavis (TN)
per conto di Alpha Test S.r.l.
nel gennaio 2021

Indice

Prefazione

Per molti giovani di tutto il mondo l'iscrizione all'università è da diversi anni subordinata al superamento di una selezione preliminare che ha lo scopo di valutare le potenzialità dei singoli studenti di frequentare con profitto il corso di laurea prescelto.

Attualmente in Italia, molti corsi di alcune importanti università private, alcuni corsi di laurea magistrale a ciclo unico a livello nazionale (Medicina e Chirurgia, Odontoiatria e Protesi dentaria, Medicina Veterinaria, Scienze della Formazione primaria e Architettura) e molti corsi di laurea triennali sono caratterizzati dalla presenza del **numero programmato**: il numero di matricole di questi corsi non può superare il numero di posti programmati annualmente in ogni ateneo.

In generale, la selezione dei candidati che desiderano accedere a un corso universitario a numero programmato viene effettuata sulla base di una prova a test, composta da domande a risposta multipla che valuta il possesso di determinate attitudini e conoscenze. Il risultato di tale prova – predisposta in alcuni casi a cura del ministero dell'Università e della Ricerca (come, per esempio, le prove di accesso ai corsi di Medicina/Odontoiatria e Veterinaria) e in altri casi dalle singole università – determina un **punteggio** in base al quale viene stabilita la **graduatoria dei candidati**. In alcuni casi, alla formazione della graduatoria finale contribuiscono anche i risultati conseguiti dai singoli candidati negli ultimi anni della scuola superiore; il risultato del test è comunque in generale il fattore di gran lunga più importante ai fini dell'ammissione.

Oltre alle prove selettive, sono ormai in uso in molte sedi universitarie le **prove valutative** per i corsi ad accesso libero il cui scopo è misurare il possesso di conoscenze e attitudini necessarie per frequentare con profitto il corso prescelto; tali prove attribuiscono – in caso di valutazione negativa – un "debito" formativo che lo studente dovrà "saldare" entro il primo anno di corso dimostrando di aver colmato le lacune rilevate. Anche chi sceglie di frequentare un corso universitario ad accesso libero deve quindi spesso affrontare una prova a test.

La presenza dei test di pre-immatricolazione, selettivi o "orientativi", impone quindi agli studenti seriamente motivati di prepararsi in modo mirato al test che dovranno sostenere.

Alpha Test è la prima e la più importante organizzazione in Italia che da oltre 30 anni offre agli studenti tutti gli strumenti necessari per affrontare con successo i test selettivi. Opera a livello nazionale con sedi nelle principali città universitarie e si avvale della collaborazione di decine di esperti. Per le diverse prove di ammissione, Alpha Test organizza in tutta Italia dei corsi specifici di preparazione (alphatest.it/Corsi), pubblica la collana *TestUniversitari* composta da oltre settanta tra manuali ed eserciziari, specifici per ogni area di studi (alphatest.it/Libri-Alpha-Test) e ha sviluppato Alpha Test Academy, il nuovo programma on line di assistenza personalizzata allo studio, che guida e aiuta lo studente nella preparazione al test.

In particolare questo libro è rivolto alla preparazione ai test di ammissione al corso universitario di **Scienze della Formazione primaria**.

Questo libro dà diritto a svolgere gratuitamente numerose simulazioni del test ufficiale sul sito **alphatest.it/testonline** e a scaricare il software di esercitazione **Alphatest Player**.

Testonline.it

Per accedere alla piattaforma di esercitazione è sufficiente andare su **alphatest.it/testonline** e seguire le istruzioni riportate sul sito. Per attivare gratuitamente le simulazioni è necessario utilizzare il codice libro che si trova nella seconda pagina di questo volume.

Alpha Test Player

Per scaricare gratuitamente **Alpha Test Player**, è sufficiente andare su **alphatest.it/software**, inserire il codice libro (che si trova nella seconda pagina di questo volume), inserire la mail e cliccare su invia. Il sistema invierà nella casella di posta elettronica indicata il link e le istruzioni per il download. Requisiti di sistema: richiede Windows 7 o superiore oppure Mac OSX 10.9 o superiore.

Il parere dei lettori è importante

Per continuare a migliorare la qualità delle proprie pubblicazioni, Alpha Test considera estremamente prezioso il parere dei propri lettori ai quali chiede la cortesia di esprimere un giudizio su questo libro nell'apposita sezione "Valuta un libro" del sito alphatest.it. Per ogni valutazione ricevuta Alpha Test devolverà 2 euro alla **Fondazione Francesca Rava–NPH Italia Onlus** che aiuta i bambini orfani, abbandonati, ammalati in Italia e nei paesi più poveri del mondo (www.nphitalia.org).

Per informazioni aggiornate sui libri di Alpha Test i lettori possono visitare il sito internet alphatest.it o richiedere il catalogo gratuito a:

Alpha Test S.r.l.
via Mercalli, 14 – 20122 Milano
tel. 02 58 45 981 – fax 02 58 45 98 96
servizi@alphatest.it

Ringraziamenti

Alpha Test ringrazia i numerosi lettori, i partecipanti ai corsi e i collaboratori che, con i loro interventi, suggerimenti e in particolare con i giudizi ogni anno forniti al termine dei corsi, hanno contribuito a migliorare nel tempo la qualità dei volumi e dei servizi offerti.

Natura del test e caratteristiche di questo libro

Natura del test

Le prove che dovranno affrontare i lettori di questo volume sono regolamentate a livello nazionale direttamente dal Ministero, sia per quanto riguarda le caratteristiche pratiche (data e ora di svolgimento della prova, durata ecc.) sia per i contenuti dei test. Ogni anno viene pubblicato, almeno 60 giorni prima della data prevista per lo svolgimento del test, il decreto con il quale si definiscono le modalità e i contenuti delle prove di ammissione.

Il test dell'anno accademico 2020/2021 per i candidati ai corsi universitari di Scienze della formazione primaria prevedeva **80 quesiti a risposta multipla** con **4 alternative** di cui una sola esatta; le discipline oggetto del test sono:

- competenza linguistica e ragionamento logico 40 quesiti
- cultura letteraria, storico-sociale e geografica 20 quesiti
- cultura matematico-scientifica 20 quesiti

La prova di ammissione prevedeva un **tempo massimo di svolgimento pari a 150 minuti**. Nella valutazione delle prove, è stato assegnato 1 punto per ogni risposta esatta e 0 punti per ogni risposta omessa o errata. Inoltre, il decreto ha confermato la soglia di punteggio minima, pari a 55/80

Caratteristiche del libro

Il volume contiene centinaia di esercizi risolti e commentati relativi alle tipologie di esercizi previsti nei test di ammissione universitari a cui è rivolto.

Nella **prima**, **seconda** e **terza parte** del volume vengono presentati rispettivamente i quesiti relativi alla **cultura linguistica** (conoscenza della lingua italiana, logica verbale e comprensione di testi) e **ragionamento logico** (problemi di natura matematica, diagrammi insiemistici, problemi di natura logica, interpretazione di tabelle e grafici, successioni di numeri e lettere e successioni di figure), alla **cultura generale** (attualità, storia, geografia, letteratura italiana, storia dell'arte, educazione civica e conoscenze socio-economiche) e alla **cultura matematico-scientifica** (matematica e informatica, biologia, chimica e fisica).

Ognuna di queste parti è composta da due sezioni: nella prima, intitolata "esercizi proposti", vengono presentati i quesiti senza le soluzioni; la seconda, denominata "soluzioni e commenti", contiene invece il commento e la spiegazione di tutti gli esercizi, unitamente alle soluzioni. Naturalmente il commento agli esercizi presuppone che lo studente abbia le conoscenze teoriche necessarie alla risoluzione dei quesiti. Il commento, infatti, suggerisce le tecniche di risoluzione più efficaci e segnala le nozioni teoriche che l'esercizio intende verificare, ma non presenta l'analisi e la spiegazione dettagliata di tali argomenti.

Per utilizzare nel modo più proficuo questo eserciziario è utile quindi affiancarlo al MANUALE DI PREPARAZIONE che, come già accennato nella prefazione, presenta la spiegazione e il ripasso di tutte le discipline oggetto del test attraverso centinaia di illustrazioni, schemi originali, tabelle ed esercizi svolti.

La **quarta parte** del volume contiene una **prova simulata di test**, costruita con criteri del tutto analoghi a quelli che caratterizzano le prove ufficiali di ammissione ai corsi universitari a cui il volume si riferisce. Tale prova consente allo studente di mettere in pratica quanto appreso nel corso della lettura dei precedenti capitoli e allo stesso tempo di evidenziare le parti sulle quali si registrano le maggiori difficoltà e per le quali è dunque conveniente tornare a ripassare i relativi capitoli teorici contenuti nel MANUALE DI PREPARAZIONE.

Dal momento però che ogni anno i test di ammissione al corso di Scienze della Formazione primaria possono presentare alcune novità rispetto agli anni precedenti, si consiglia di studiare e di esercitarsi su tutte le tipologie di esercizi analizzate nel libro, concentrandosi maggiormente su quelle che trovano corrispondenza con la natura della prova così come descritta nel bando al quale si rimanda quale fonte ufficiale di informazioni. Si potrà in questo modo ottimizzare la propria preparazione minimizzando eventuali sorprese al momento della prova.

Questo libro dà diritto a svolgere gratuitamente numerose simulazioni del test ufficiale sul sito **alphatest.it/testoline** e a scaricare il software di esercitazione **Alpha Test Player**.

Testonline.it

Per accedere alla piattaforma di esercitazione è sufficiente andare su **alphatest.it/testonline** e seguire le istruzioni riportate sul sito. Per attivare gratuitamente le simulazioni è necessario utilizzare il codice libro che si trova nella seconda pagina di questo volume.

Alpha Test Player

Per scaricare gratuitamente **Alpha Test Player**, è sufficiente andare su **alphatest.it/software**, inserire il codice libro (che si trova nella seconda pagina di questo volume), inserire la mail e cliccare su invia. Il sistema invierà nella casella di posta elettronica indicata il link e le istruzioni per il download. Requisiti di sistema: richiede Windows 7 o superiore oppure Mac OSX 10.9 o superiore.

Suggerimenti per prepararsi al test

La **prima cosa** da fare è procurarsi le informazioni sul test che si dovrà affrontare o sulle sue precedenti edizioni. Le fonti più autorevoli e aggiornate sono il **sito del ministero** dell'Istruzione, dell'Università e della Ricerca (MIUR), i **siti delle singole università** e **alphatest.it**. Nel primo è riportata la normativa di interesse per gli studenti mentre negli altri vengono pubblicati i bandi di concorso che integrano le indicazioni del ministero con le specifiche proprie di ciascuna sede universitaria. Su **alphatest.it/Test-di-ammissione** sono pubblicate le date dei test, tutte le principali leggi e normative sulle prove di ammissione, i test ufficiali degli ultimi anni risolti e commentati e gli aggiornamenti e approfondimenti per i diversi corsi di studio.

Anche la **pagina facebook** di Alpha Test è costantemente aggiornata in tempo reale su tutte le novità per quanto riguarda i test e le decisioni del ministero e delle università; sul **profilo Instagram** è anche possibile chiedere direttamente spiegazioni e informazioni.

Un altro utile strumento informativo a disposizione degli studenti è il **magazine online** di Alpha Test (**www.alphatest.it/magazine**): su queste pagine si possono consultare centinaia di articoli e approfondimenti sull'ammissione all'università, sempre aggiornati ai temi e ai problemi più importanti e di attualità sull'argomento.

Il metodo Alpha Test: libri, Alpha Test Academy, corsi in aula e online

Il primo passo per il conseguimento di una preparazione completa è costituito dallo studio individuale da effettuare sui libri. Tra i volumi che Alpha Test ha realizzato appositamente per chi deve affrontare i test di Medicina, Odontoiatria e Veterinaria i principali sono il MANUALE DI PREPARAZIONE, la raccolta di quesiti suddivisi per materia ESERCIZI COMMENTATI (corredato con software di simulazione Alpha Test Player), la raccolta di prove simulate PROVE DI VERIFICA e il volume 3000 QUIZ (corredato con software di simulazione Alpha Test Player). Ai fini dello studio, ciascuno dei quattro volumi è autosufficiente e, allo stesso tempo, complementare rispetto agli altri. Ecco in sintesi le caratteristiche di ciascuno:

- **MANUALE DI PREPARAZIONE**: è il principale strumento di preparazione. Raccoglie la sintesi di tutti gli argomenti del programma del test, materia per materia. È un valido aiuto a non disperdere gli sforzi di fronte alla vastità dei programmi da svolgere, perché consente lo **studio** e il **ripasso** mirato. L'esposizione degli argomenti è resa più efficace e completata mediante schemi, tabelle, glossari, mentre l'apprendimento è facilitato e consolidato grazie all'uso costante di numerosi esercizi di esempio (sempre nella forma a risposta multipla), risolti e commentati;
- **ESERCIZI COMMENTATI**: è un importante strumento per l'esercitazione guidata. Il volume propone diverse centinaia di quesiti, suddivisi in base alle materie oggetto d'esame. Lo studente può svolgere ogni quesito in autonomia e poi andare a verificare la soluzione nel relativo commento; il commento a ogni domanda, infatti, non solo indica la risposta esatta, ma richiama le nozioni necessarie alla sua comprensione e illustra i metodi risolutivi più efficaci. Questo volume, dunque, non è utile solo per **esercitarsi** ma anche ad **accrescere la preparazione.** Il **software di simulazione Alpha Test Player** che lo correda, combinando i numerosi esercizi a disposizione, permette di comporre un numero elevato di prove simulate da svolgere secondo le modalità e i tempi dell'esame ufficiale; allo scadere del tempo prefissato, il programma elabora le risposte e fornisce i risultati, anche in forma grafica;
- **PROVE DI VERIFICA**: è uno strumento agile ed efficace per valutare il proprio livello di preparazione. Contiene 10 prove d'esame composte con le domande dei concorsi degli ultimi anni sotto forma di **prove simulate,** accompagnate da indicazioni pratiche (tempo a disposizione, criteri di calcolo del punteggio ecc.) che consentono di svolgerle secondo le modalità dell'esame ufficiale. Si può utilizzare nella fase finale della preparazione o in parallelo al lavoro di studio teorico, per monitorare la condizione e intervenire sulle materie o aree in cui si rilevano incertezze o lacune;

- **3000 QUIZ – I QUESITI DELLE PROVE DI AMMISSIONE**: è la raccolta completa dei quesiti delle prove ufficiali. Gli esercizi sono suddivisi per materia; alla fine di ogni sezione sono riportate le soluzioni di ciascun quesito. Il libro è abbinato a un **software di simulazione Alpha Test Player** che, combinando i numerosi esercizi a disposizione, permette di comporre un numero elevato di prove simulate da svolgere secondo le modalità e i tempi dell'esame ufficiale.

L'acquisto di ogni libro della collana *TestUniversitari* dà anche diritto a svolgere gratuitamente numerose simulazioni del test ufficiale sul sito **alphatest.it/testonline**. Per accedere alla piattaforma di esercitazione è sufficiente andare su **alphatest.it/testonline** e seguire le istruzioni riportate sul sito. Per attivare gratuitamente le simulazioni è necessario utilizzare il codice libro che si trova nella seconda pagina di questo volume.

Alpha Test Academy

AlphaTestAcademy.it è il nuovo sistema di assistenza on line personalizzata che guida e aiuta lo studente nella preparazione ai test. Per ciascuna delle materie e degli argomenti previsti al test, il programma valuta il livello di preparazione dello studente, propone in modo adattivo numerose batterie di domande con difficoltà differenziata e offre migliaia di spiegazioni e commenti multimediali (link, video, tutorial e rimandi a specifici richiami di teoria). Il materiale e l'assistenza offerti da AlphaTestAcademy.it consentono di chiarire via via ogni quesito e dubbio individuale anche attraverso un canale diretto con i docenti Alpha Test e di migliorare progressivamente le proprie conoscenze e capacità in vista del test ufficiale. AlphaTestAcademy.it assiste in ogni momento lo studente in un lavoro di preparazione mirato e specifico e rappresenta quindi un'utile integrazione al manuale di preparazione o a un corso Alpha Test in aula. AlphaTestAcademy.it è un ambiente interattivo, con gruppi di studio virtuali e forum di discussione per un confronto diretto. Inoltre, fornisce un costante aggiornamento sulle novità normative e sui test ufficiali. AlphaTestAcademy.it è in dotazione ai partecipanti ai corsi Alpha Test e viene abilitato al momento dell'iscrizione.

Per l'acquisto di AlphaTestAcademy.it è previsto uno sconto importante per chi già possiede questo volume. Per maggiori informazioni o per provare la demo gratuita: **alphatest.it**

Corsi

Per la preparazione alle prove di ammissione, oltre ai volumi della collana *TestUniversitari* e ad AlphaTestAcademy.it, Alpha Test organizza per gli studenti più motivati numerosi **corsi, in aula oppure online** di durata differenziata (da pochi giorni di corso ad alcuni mesi). Frequentare un corso Alpha Test consente di completare, perfezionare e consolidare la propria preparazione grazie ai seguenti punti di forza:

1. **la didattica interattiva.** Ogni corso prevede cicli di lezioni e di esercitazioni dedicate al ripasso di tutti gli argomenti oggetto d'esame. Gli studenti possono beneficiare della professionalità di docenti con un'esperienza d'insegnamento unica in Italia, maturata in oltre 30 anni di attività di Alpha Test nel campo specifico della preparazione ai test universitari;
2. **il materiale supplementare in dotazione ai corsi.** Durante le lezioni, a ciascun partecipante viene fornito materiale di studio e di esercitazione aggiuntivo rispetto ai volumi consegnati al momento dell'iscrizione. Si tratta di contenuti didattici estremamente aggiornati e specifici scritti in base alla struttura e ai contenuti del test che si deve affrontare;
3. **I corsi online** prevedono un mix tra lezioni in diretta e lezioni *on demand* e si svolgono nell'aula virtuale di **MyDesk**, un sistema di e-learning completo, appositamente realizzato da Alpha Test e già sperimentato con soddisfazione da migliaia di candidati. **MyDesk** consente infatti ai docenti Alpha Test di seguire gli studenti con la stessa cura che hanno in classe, assicurando quindi la più alta qualità non solo nelle fasi di spiegazione ed esercitazione sulle singole materie del test, ma anche in termini di assistenza e chiarimento dei dubbi individuali, di rapporto e confronto diretto con gli altri studenti e di verifica nella progressione della preparazione;
4. **l'esperienza "sul campo".** In ciascun corso vengono svolte più simulazioni d'esame per mettersi alla prova e per confrontare la propria preparazione con quella di altri candidati.

Infine, chi desidera prepararsi al test di ammissione senza rinunciare a divertimento e nuove amicizie può partecipare a una delle **vacanze-studio Alpha Test** (per informazioni: **alphatest.it/Corsi**).

Test di autovalutazione online

Su **alphatest.it/Test-di-ammissione** è possibile misurare il proprio livello di preparazione; il test gratuito prevede 20 domande tratte dai test ufficiali degli ultimi anni da risolvere in 20 minuti ed è finalizzato ad aiutare il candidato a impostare al meglio il proprio percorso di studio.

Aggiornamenti disponibili su alphatest.it

Sul sito **alphatest.it** si possono scaricare gratuitamente i test ufficiali degli ultimi anni con tutte le soluzioni e i **commenti esplicativi dei singoli quesiti**. In particolare all'indirizzo **alphatest.it/Test-di-ammissione** sono disponibili i test ufficiali dei corsi di laurea in Medicina/Odontoiatria e Veterinaria.
Sulla stessa pagina vengono costantemente pubblicati gli aggiornamenti normativi sui test con le eventuali integrazioni agli argomenti e ai programmi d'esame.

App per iOS e Android

Per coloro che possiedono i dispositivi mobili iOS e Android è disponibile la App *AlphaTest* che contiene centinaia di quesiti tratti dalle prove ufficiali con soluzioni commentate dagli esperti Alpha Test. È possibile comporre un numero illimitato di prove simulate.

Segui Alpha Test sui social

Seguire Alpha Test sui profili Instagram, Facebook, Youtube e Spotify significa essere informati in tempo reale su tutto quello che riguarda i test, confrontarsi con migliaia di fan e ricevere aggiornamenti e consigli dai docenti. Alpha Test è anche su Twitter e Linkedin.

Indicazioni per i partecipanti ai corsi Alpha Test

Alpha Test:

- è **la prima** società in Italia specializzata nel preparare gli studenti ai test di ammissione all'università;
- è **l'unica** organizzazione con un'esperienza di 30 anni e migliaia di corsi già organizzati su tutto il **territorio nazionale**;
- i risultati di chi sceglie Alpha Test sono gli unici attestati da una primaria società di indagini di mercato da cui risulta che l'**84%** degli ammessi a medicina si è preparato con Alpha Test;
- dal 1987 a oggi ha **preparato con successo** ai test universitari **decine di migliaia di studenti** che si sono trovati in vantaggio rispetto alle altre aspiranti matricole;
- propone **corsi** con durata, programmi e costi differenziati a seconda della prova di selezione e delle esigenze dei singoli studenti, comprese **vacanze-studio** e **corsi residenziali**;
- vanta un corpo docente composto da oltre 200 esperti rigorosamente selezionati e costantemente formati: docenti e ricercatori universitari, professionisti e insegnanti con un'**esperienza didattica unica** e **specifica** nel campo della preparazione ai test universitari;
- ha sviluppato, per prima in Italia, una **metodologia didattica innovativa** e specifica per affrontare le prove a test, recentemente potenziata dall'ambiente digitale **Mydesk** riservato ai corsisti;
- effettua l'analisi e la discussione in aula delle **prove ufficiali** utilizzate dalle università negli anni passati;
- sottopone ai partecipanti ai corsi numerose **prove simulate** che vengono corrette individualmente mediante l'uso di **lettori ottici** simili a quelli per le correzioni dei test ufficiali; ciò consente ai partecipanti di verificare in tempo reale il proprio livello di preparazione e di apprendimento;
- ha sviluppato una collana di volumi specifici per i diversi test di ammissione, già scelti da oltre quattro milioni di studenti e **forniti ai partecipanti ai corsi** all'atto dell'iscrizione;
- ha sviluppato **AlphaTestAcademy.it**, la piattaforma di studio *on line* personalizzata, attivata gratuitamente a tutti coloro che si iscrivono a un corso;
- mette a disposizione degli studenti un servizio di esercitazione *on line* – all'indirizzo **testonline.it** – dove è possibile simulare i test di ammissione ai singoli corsi di studio.

Quanto premesso, unitamente ai risultati conseguiti dai partecipanti alle passate edizioni, ci consente di affermare che prepararsi a un test di ammissione frequentando lo specifico corso Alpha Test rappresenta la scelta migliore per chi è veramente motivato ad accedere al corso universitario desiderato e aumenta fino a sette volte la probabilità di ammissione rispetto a quella degli altri candidati.

Alpha Test e il suo corpo docente mettono a disposizione l'esperienza maturata e forniscono tutto l'aiuto necessario affinché i propri studenti possano prepararsi nel modo più rapido, completo ed efficace alla prova di selezione. Per accrescere ulteriormente la probabilità di successo **è essenziale anche l'impegno** degli studenti sotto forma di studio e di esercitazione **prima** e **durante** lo svolgimento del corso.

Per facilitare la preparazione preliminare, Alpha Test consegna, già all'atto dell'iscrizione, i volumi MANUALE DI PREPARAZIONE, ESERCIZI COMMENTATI, PROVE DI VERIFICA e 3000 QUIZ e la tessera con codice di attivazione per AlphaTestAcademy.it, valida fino al momento del test ufficiale. Consigliamo di leggere i libri (o almeno il manuale) prima dell'inizio del corso con l'obiettivo di acquisire almeno una conoscenza di base degli argomenti trattati. Questa raccomandazione vale in particolar modo per chi sceglie di frequentare uno dei corsi Alpha Test di durata minore.

Sempre al momento dell'iscrizione al corso, Alpha Test fornisce una guida operativa con istruzioni e consigli utili per avviare la preparazione anche prima dell'inizio delle lezioni e con importanti informazioni sul test di ammissione di interesse dello studente.

Durante il corso l'attenzione viene focalizzata in modo specifico sulle tipologie di quesiti previsti nella prova di ammissione di interesse. Viene inoltre esaminato e discusso con i docenti un consistente numero di esercizi diversi da quelli presenti nei libri e contenuti in apposite dispense aggiornate ogni anno e distribuite durante il corso esclusivamente ai partecipanti.

Informazioni e modalità di iscrizione ai corsi Alpha Test

Le iscrizioni ai corsi Alpha Test per la preparazione ai test di ammissione universitari sono sempre aperte sino all'esaurimento dei posti disponibili (i corsi sono riservati a un numero limitato di partecipanti per garantire le migliori condizioni di apprendimento); le informazioni aggiornate relative al calendario e alla quota di partecipazione di ciascun corso sono disponibili su alphatest.it o chiamando il numero verde 800 017 326.

Per chi ha già acquistato **presso un centro Alpha Test** l'ultima edizione dei libri in dotazione al corso, è prevista una riduzione della quota di iscrizione al corso pari al 100% del prezzo di copertina dei libri; se i libri sono stati acquistati **in libreria** tale riduzione è pari al 50% del prezzo di copertina.

L'iscrizione ai corsi e l'acquisto dei libri Alpha Test possono essere effettuati:

- **su Internet** all'indirizzo **alphatest.it/Corsi**;
- **telefonicamente**, chiamando il numero verde 800 017 326;
- presso uno dei **centri Alpha Test** (per conoscere il più vicino visitare il sito **alphatest.it/Corsi** o chiamare il numero verde 800 017 326);
- **compilando l'apposito modulo** di iscrizione scaricabile da alphatest.it, o richiedendolo al numero verde 800 017 326 o scrivendo a servizi@alphatest.it.

I libri Alpha Test si possono acquistare anche presso le **migliori librerie** di tutta Italia.

Chi desidera ricevere, gratuitamente e senza impegno, materiale informativo relativo ai corsi e/o ai libri Alpha Test, può visitare il sito internet **alphatest.it** o richiedere il catalogo gratuito a:

Alpha Test S.r.l.
via Mercalli, 14 – 20122 Milano
tel. 02 58 45 981 – fax 02 58 45 98 96
servizi@alphatest.it

Suggerimenti per affrontare al meglio i test

Per affrontare al meglio un test a risposta multipla è importante conoscere preventivamente le modalità di svolgimento e la natura delle diverse tipologie di esercizi, nonché le opportune "strategie" per valorizzare al massimo le proprie conoscenze e potenzialità.

I criteri adottati dalle università italiane per selezionare i candidati ai corsi universitari sono di tipo **comparativo**. Cioè per superare la selezione, **lo studente deve figurare tra i migliori** nella graduatoria dei candidati. In altre parole, per superare la selezione occorre svolgere il test di ammissione meglio di un certo numero di altri candidati. Dal 2011 i test di ammissione a base nazionale prevedono anche una soglia minima qualificante di 20 punti.

Prima di addentrarsi nell'analisi dei contenuti dei test e degli esercizi che li compongono, è opportuno considerare alcuni suggerimenti apparentemente banali, ma utili al fine di ottimizzare il risultato nella prova di ammissione.

Bando di concorso e informazioni sulla selezione

Il primo suggerimento di carattere generale è quello di **prestare grande attenzione a tutte le informazioni fornite dall'università e contenute nel bando di concorso**: esse sono infatti, insieme alle disposizioni del Ministero, le uniche informazioni **ufficiali** relative alle norme, alle modalità di selezione, alla struttura e ai contenuti della prova che regola l'ammissione al corso di studi scelto.

Regolamento e istruzioni

In sede d'esame, prima ancora dell'inizio della prova, vengono consegnate ai candidati le **norme alle quali attenersi durante l'intero svolgimento del test**. Tali norme riguardano, per esempio, il tempo a disposizione per lo svolgimento della prova, le modalità con cui indicare le risposte sull'apposita scheda e altre indicazioni su come comportarsi in sede d'esame e al termine del test. È necessario attenersi a tali informazioni per evitare di commettere errori banali (quale, per esempio, la compilazione errata della scheda per le risposte o l'omissione di una firma), che potrebbero compromettere l'esito della prova e quindi l'ammissione all'università.

In alcuni casi, all'interno del test gli esercizi sono preceduti da **istruzioni circa le modalità di risoluzione** dei quesiti e a volte anche da un esempio risolto. È importante in questi casi non aver fretta di cominciare a risolvere i quesiti, ma dedicare la massima attenzione alla lettura di queste istruzioni, indispensabili per capire la logica degli esercizi e per rispondere correttamente alle domande.

Domande a risposta multipla

I test che vengono utilizzati per l'ammissione all'università sono costituiti da domande **chiuse**, le cui risposte sono cioè predefinite: il candidato deve individuare la sola risposta esatta tra le alternative proposte. Per rispondere a una domanda *aperta* (non corredata da risposte prefissate) come per esempio "Qual è la capitale della Colombia?", occorre conoscere le informazioni necessarie alla formulazione della risposta. Nel caso di *domande a scelta multipla* è invece possibile procedere anche in maniera diversa. Si ipotizzi, per esempio, di dover rispondere al medesimo quesito, però a risposta multipla.

1 **Qual è la capitale della Colombia?**

- A Delhi
- B Buenos Aires
- C Bogotá
- D Brasilia

In questo caso è possibile determinare la risposta corretta procedendo in due modi distinti:

1. ragionando come se si trattasse di una domanda aperta: sapendo che la capitale della Colombia è Bogotá, si individua direttamente la risposta corretta (C) senza valutare le altre risposte proposte;
2. se, al contrario, non si conosce la risposta alla domanda, ma si ricordano gli altri accoppiamenti Paese/capitale, è possibile individuare la risposta corretta eliminando le alternative errate: sapendo che Delhi è la capitale dell'India, Buenos Aires dell'Argentina, Santiago del Cile e Brasilia del Brasile, per esclusione si può concludere che la risposta esatta è la C.

In altre parole, per rispondere correttamente a una domanda a scelta multipla non è sempre strettamente necessario conoscere la risposta esatta: a volte la soluzione può essere individuata indirettamente, escludendo le alternative errate.

Nel caso in cui, procedendo per esclusione, il candidato non riesca a eliminare tutte le alternative errate, il metodo di risposta per eliminazione permette comunque di aumentare le probabilità di individuare la risposta corretta: l'esclusione di una o più risposte riduce il numero delle alternative tra cui si rimane incerti e quindi incrementa la probabilità di individuare l'alternativa corretta anche rispondendo in modo casuale.

Un altro aspetto che caratterizza le prove a test è il fatto che l'assegnazione dei punteggi si basa solo ed esclusivamente sulle risposte indicate sull'apposita scheda: non hanno quindi alcuna rilevanza eventuali spiegazioni o giustificazioni alle risposte date e questo rappresenta un'ulteriore differenza importante rispetto ad altri tipi di valutazione.

Nei test di ammissione il tempo a disposizione risulta spesso appena sufficiente per rispondere a tutti i quesiti. È dunque molto importante gestirlo nel modo più conveniente.

Valore dei quesiti e gestione del tempo

Per gran parte dei test universitari ai quali questo libro si rivolge **tutti gli esercizi hanno lo stesso valore**: è dunque necessario evitare di dedicare eccessivi sforzi e tempo per risolvere un quesito particolarmente complesso. Poiché ogni risposta giusta fa guadagnare lo stesso punteggio, a parità di tempo impiegato conviene risolvere due esercizi semplici piuttosto che uno complesso.

Come i partecipanti ai corsi Alpha Test hanno modo di sperimentare durante lo svolgimento delle prove simulate dei test, il tempo rappresenta uno dei fattori critici per affrontare con successo un test di ammissione. Infatti, le prove sono spesso progettate e formulate in modo tale da permettere solo ai più preparati di terminare nel tempo concesso la totalità dei quesiti.

È dunque fondamentale impiegarlo razionalmente, calcolando, prima di iniziare la prova, il tempo medio a disposizione per ogni quesito (dato ovviamente dal tempo complessivo diviso per il numero di esercizi), ed evitando di dedicare ai singoli quesiti un tempo eccessivamente superiore a quello medio. Il suggerimento generale è di non superare il tempo medio nello svolgimento di un singolo esercizio, per più del 20%. Questa maggiorazione di tempo dedicato ai quesiti complessi viene infatti facilmente compensata dalla presenza di numerosi quesiti di natura nozionistica di veloce risoluzione.

Essendo dunque il tempo complessivo per il test di 2 ore e trenta minuti e il numero di esercizi da risolvere pari a 80, il tempo medio per quesito è pari a circa 2 minuti. Bisogna quindi cercare di non dedicare più di due minuti allo svolgimento del singolo quesito. Allo scadere di tale tempo limite, se non si è prossimi alla soluzione del quesito, è opportuno passare a quello successivo.

L'obiettivo da raggiungere è rispondere correttamente al maggior numero possibile di esercizi; si consiglia quindi, compatibilmente con i vincoli imposti dalle modalità di svolgimento della prova, di affrontare prima gli esercizi che si ritiene di saper risolvere più facilmente e velocemente, per passare poi a quelli più complessi che richiedono un dispendio di tempo maggiore.

Il consiglio, ove possibile, è di evidenziare con un opportuno segno di riconoscimento tali quesiti sul fascicolo contenente il test: sarà così possibile ritrovarli velocemente in un secondo tempo. Lo stesso consiglio vale per le domande a cui si è data una risposta che, compatibilmente con il tempo a disposizione, si vorrebbe verificare prima del termine della prova.

Scheda per le risposte e correzioni

Una volta individuata la risposta corretta a un quesito, il candidato deve segnarla su un'apposita *scheda per le risposte*, distinta dal fascicolo contenente gli esercizi. Si tratta cioè di segnare la risposta esatta in corrispondenza del numero dell'esercizio appena risolto. Per la correzione delle schede vengono utilizzati *elaboratori elettronici* dotati di *lettori ottici*, il candidato deve quindi rispondere contrassegnando in modo opportuno lo spazio (un "cerchietto" o "quadratino") corrispondente all'alternativa ritenuta esatta. È comunque consigliabile **limitare al minimo le correzioni**.
Sulle schede per le risposte sono solitamente presenti aree (con cerchi neri, codici a barre o altro) indispensabili al corretto funzionamento del sistema ottico di lettura e correzione. All'interno di tali aree è importante non apporre alcun segno di scrittura che potrebbe pregiudicare il corretto funzionamento del lettore.

Si raccomanda quindi di non apporre alcun segno al di fuori delle caselle previste e di non sgualcire o piegare la scheda.

parte prima

Competenza linguistica e ragionamento logico

1 | Conoscenza della lingua italiana e logica verbale

1.1 | Esercizi proposti

1 **La seguente frase seguente contiene un complemento d'agente. Qual è?**
Piazza del Campidoglio a Roma è stata progettata da Michelangelo Buonarroti.

A da Michelangelo Buonarroti
B Piazza del Campidoglio
C a Roma
D è stata progettata

2 **Individuare la frase che contiene un errore.**
1) Ho riscontrato un analogia
2) Fa' il tuo dovere
3) Se potessi, partirei domani
4) Qual è il tuo film preferito?

A La frase 1)
B Sono tutte corrette
C La frase 4)
D Sono tutte errate

3 **Quale delle seguenti proposizioni contiene un errore?**

A Claudio si avvale dell'aiuto di molti collaboratori
B Non immaginavo che si potesse rompere così facilmente
C Speravano di incontrare proprio te alla festa
D Io non so cosa fare, vedi un po' te

4 **Quale delle seguenti è una parola sdrucciola?**

A Barattolo
B Bicchiere
C Bacinella
D Bottone

5 **Individuare la frase in cui l'uso del gerundio è sintatticamente corretto.**

A Essendo in casa, verrei a farti visita
B Conoscendo la difficile situazione, ho preferito non fare domande invadenti
C Era stanchissimo a causa del continuo andando e tornando dalla casa al negozio
D Ballando tutta la sera, Francesca era stanca.

6 **Si scelga fra i seguenti il periodo corretto.**

A Ho comprato i quaderni, che ci puoi scrivere i tuoi compiti di tedesco
B Ho comprato i quaderni, nei quali ci puoi scrivere i tuoi compiti di tedesco
C Ho comprato i quaderni, dove puoi scrivere i tuoi compiti di tedesco
D Ho comprato i quaderni, dove puoi scriverci i tuoi compiti di tedesco

7 **Come si sillaba la parola goniometrista?**

A Go-nio-me-tri-sta
B Go-nio-met-ri-sta
C Go-nio-me-tris-ta
D Go-ni-o-me-tri-sta

8 **Quale delle seguenti proposizioni contiene un verbo *ausiliare*?**

A Mi serve la tua bici per andare in stazione
B Io sono colui che viene
C Ieri sono andato a pescare
D Ha una nuova fidanzata

9 **Quale dei seguenti può essere usato come verbo servile?**

A Andare
B Stare
C Cominciare
D Volere

10 **Qual è il participio passato di *elidere*?**

A Eluso
B Eliso
C Illuso
D Elido

11 ***Che voi foste usciti* è una forma di:**

A indicativo futuro anteriore
B congiuntivo trapassato
C congiuntivo presente
D congiuntivo imperfetto

12 **Individuare la terza persona plurale del trapassato prossimo del verbo *diffidare*:**

A abbiano diffidato
B diffidando loro
C avrebbero diffidato
D avevano diffidato

13 **Individuare la proposizione concessiva nel seguente periodo: «Sebbene le previsioni annunciassero cattivo tempo, oggi è una giornata perfetta se si vuole andare in montagna a campeggiare».**

A Sebbene le previsioni annunciassero cattivo tempo
B oggi è una giornata perfetta
C se si vuole andare in montagna
D a campeggiare

14 **Indicare, tra le seguenti frasi, quella che contiene un aggettivo sostantivato.**

1) Saverio è un ottimo cuoco

2) Preferisco un calciatore tenace e costante rispetto a uno geniale

3) Non c'è atteggiamento più fastidioso di chi adula solo i potenti

4) È sempre stato un ricco signore

A La 3
B La 1
C La 2
D La 1 e la 2

15 **Quale delle seguenti frasi contiene un complemento di mezzo o strumento?**

A Il Mar Tirreno si estende a ovest della penisola italiana
B Dopo la tua venuta, sono successe molte cose, alcune belle, altre no
C Quell'uomo dall'aria benevola è un noto attore di teatro
D Gigi si reca al lavoro in bici ogni giorno

16 **Individuare il soggetto della proposizione seguente:**

Per me, pattinare è la cosa più bella del mondo.

A Me
B Cosa
C Pattinare
D Mondo

17 **Quale tra le seguenti frasi non contiene un complemento di paragone?**

A Il Monte Bianco è la vetta più alta d'Italia
B Sono sicuro di arrivare al traguardo, sono allenata come te
C Ho le foto del nuovo ufficio e sono belle quanto le tue
D Non puoi giudicare qualcuno senza conoscerlo davvero

18 **Individuare la frase che contiene un complemento di materia.**

A I cuccioli di dalmata erano i protagonisti di *La carica dei 101*
B I cuccioli di dalmata erano apprezzati per il pelo chiazzato di macchie nere
C Crudelia Demon aveva un cuore di pietra
D L'allegra brigata visse avventure di ogni sorta

19 **Quale dei seguenti enunciati contiene una proposizione finale?**

A Per quanto mi riguarda, non dovresti andare al mare
B Devo andare a comprare delle verdure per il risotto
C Non capisco perché non ci sia luce in questa stanza
D Te lo dico perché tu ci rifletta

20 **Qual è un sinonimo di *esile*?**

A Esangue
B Allusivo
C Liso
D Sottile

21 **Qual è un sinonimo di *ragguardevole*?**
A Rispettoso
B Considerevole
C Conveniente
D Ossequioso

22 **Qual è un sinonimo di *assennato*?**
A Tormentato
B Spavaldo
C Dubbioso
D Nessuna delle altre alternative è corretta

23 **Cosa significa *pieve*?**
A Portatore di notizie
B Avviso di giacenza
C Chiesa con annesso battistero
D Periodo di tempo

24 **Che cosa significa *laconico*?**
A Prolisso, verboso
B Dalla forma romboidale
C Altezzoso, arrogante
D Di poche parole, conciso

25 **Qual è un sinonimo di *nemesi*?**
A Cirrocumulo
B Cantilena
C Rovesciamento
D Vendetta

26 **Quali tra le seguenti parole hanno significato analogo tra loro?**
1) Prillare
2) Girare
3) Settare
4) Disdire
A 2-3
B 1-2
C 1-3
D 1-4

27 **Quali tra le seguenti parole hanno un significato analogo tra loro?**
1) Perseguitare
2) Inseguire
3) Perseguire
4) Conseguire
A 1-3
B 1-2
C 2-3
D 1-4

COMPETENZA LINGUISTICA E RAGIONAMENTO LOGICO

28 **Quale tra i seguenti si può considerare un contrario di *propositivo*?**

A Fantasioso
B Vivace
C Inerte
D Punitivo

29 **Qual è il contrario di *irrequieto*?**

A Agitato
B Tranquillo
C Requieto
D Grullo

30 **Un contrario di *deplorabile* è:**

A biasimevole
B encomiabile
C esecrabile
D nocivo

31 **Completare la proposizione seguente con uno degli aggettivi proposti:**
La natura _____ di quelle isole attira molti turisti.

A lussuosa
B lussuriosa
C lussureggiante
D lussata

32 **Completare la frase seguente con uno degli aggettivi proposti:**
Nonostante avesse a disposizione i dati sufficienti per prendere una qualche decisione, Ruggero era ancora _____.

A risoluto
B rilassato
C titubante
D deciso

33 **Completare correttamente la frase seguente scegliendo le forme verbali adeguate.**
«Mi dispiace che tu non … incontrare Alberto, ma … partire molto presto».

A abbia potuto; ha dovuto
B potevi; ha dovuto
C potessi; è dovuto
D potresti; dovette

34 **Individua la frase in cui il pronome è usato correttamente.**

A Questo scrittore ha molto talento, ne sentiremo parlare ancora
B Io vado al cinema, vuoi venire anche te?
C Anna incontrava Laura tutti i giorni, ma solo di recente ha avuto occasione di parlargli
D Nelle difficoltà tutti devono fare del suo meglio con le proprie forze

35 Individuare la coppia di termini che completa la proporzione data.

Petalo: fiore = x: y

A x = equipaggio, y = marinaio
B x = radice, y = terra
C x = pagina, y = libro
D x = tram, y = tramviere

36 Individuare la coppia di termini che completa la proporzione data.

Neurone : x = y : molecola

A x = cellula, y = DNA
B x = proteina, y = vitamina
C x = sinapsi, y = nervi
D x = cervello, y = cellula

37 Individuare la coppia di termini che completa la proporzione data.

x : aggressivo = docile : y

A x = Malevolo, y = bonario
B x = Remissivo, y = battagliero
C x = Forte, y = debole
D x = Ostilità, y = mitezza

38 Individuare la coppia di termini che completa la proporzione data.

x : goniometro = y : odometro

A x = angolo, y = forza
B x = umidità, y = suono
C x = angolo, y = distanza
D x = umidità, y = distanza

39 Individuare la coppia di termini che completa la proporzione data.

x : nave = decollare : y

A x = Navigare, y = aeroplano
B x = Capitano, y = pilota
C x = Aeroplano, y = approdare
D x = Salpare, y = aeroplano

40 Scartare la parola intrusa tra le seguenti:

A refrattario
B recalcitrante
C indisciplinato
D indiscreto

41 Quali tra i seguenti verbi è il più appropriato per sostituire "prendere" nella frase: «Caterina ha finalmente preso la laurea»?

A Possedere
B Consegnare
C Conseguire
D Realizzare

42 **Quale delle seguenti alternative contiene una proposizione relativa?**

A Ho ritrovato quell'angolo di bosco dove da ragazzo passavo tanto tempo a leggere

B Non credere che sia facile ritornare qui dopo tanto tempo

C Che gentile sei stata a riaccompagnarmi a casa!

D Finché c'è vita c'è speranza

43 **Quale delle seguenti proposizioni contiene un errore lessicale?**

A Anche il nuovo acquisto, nel giro di poco tempo, finirà nell'ammasso di ciarpame che trabocca dal ripostiglio di casa

B Sebbene fosse solo interlocutorio, l'incontro svoltosi ieri mattina è stato molto proficuo

C Nello scorso anno questa luminare è stata insignita del titolo di Socia Onoraria senza contributo

D L'addestramento deve essere impartito al cane in specie di gioco, senza ricorrere ad alcun metodo coacervo

44 **Indicare la parola da scartare.**

A Prelia

B Modecina

C Satoba

D Videogi

45 **Indicare la parola da scartare.**

A Laponi

B Mora

C Zefirne

D Brilo

46 **Quale dei seguenti è un avverbio opinativo?**

A Abbastanza

B Appunto

C Ancora

D Giustamente

47 **Cosa significa *olofrastico*?**

A Connettivo

B Sostitutivo

C Divisivo

D Riduttivo

48 **Il significato di *limaccioso* è:**

A pauroso

B torbido

C levigato

D pigro

49 **Quale, tra le sillabe proposte nelle alternative, dà luogo a due parole di senso compiuto se premessa alla prima e aggiunta alla seconda delle sillabe seguenti?**

ti – ar

A te
B mi
C re
D mu

50 **Individua il rapporto anomalo:**

A Falegname – Martello
B Scultore – Scalpello
C Bibliotecario – Libreria
D Chirurgo – Bisturi

1.2 | Soluzioni e commenti

1 La risposta corretta è la **A**: il complemento d'agente indica nelle frasi con predicato in forma passiva la persona (o l'animale) che compie l'azione. In questo caso, Michelangelo Buonarroti, in quanto progettista, è l'agente, cioè colui che ha ideato e fatto realizzare Piazza del Campidoglio a Roma. Nei casi in cui sorgente dell'azione sia un oggetto inanimato si parla di complemento di causa efficiente (per esempio: «La casa è stata rasa al suolo dal terremoto»).

2 L'unica frase che contiene un errore è la 1): l'articolo indeterminativo al femminile singolare è sempre una e richiede l'apostrofo, davanti a parola che inizia per vocale, elidendo la -a. Invece, al maschile gli articoli sono *uno* davanti a consonante e *un*, senza apostrofo, davanti a vocale. L'alternativa corretta è pertanto la **A**. Le altre frasi, invece, non presentano alcun errore. La 4) è corretta perché davanti al verbo essere, ma anche in altri casi, *quale* può subire un troncamento in *qual*; essendo un troncamento e non un'elisione, non vuole l'apostrofo. Non presentano errori neanche le frasi 2) e 3): nello specifico della seconda, si consideri che il *fa'* è l'imperativo di fare che si può scrivere *fa'* come *fai*.

3 L'alternativa da scegliere è la **D**. *Te* non può essere usato come soggetto di una frase, perché è la forma del pronome personale complemento, quindi può essere usato solo come complemento oggetto o complemento diretto. Invece va usata la forma *Tu*, il pronome personale soggetto, seconda persona singolare.

4 Le parole della lingua italiana si dividono, secondo la posizione della sillaba tonica sulla quale cade l'accento tonico, in: tronche, piane, sdrucciole e bisdrucciole. Le parole tronche hanno l'accento sull'ultima sillaba (*onestà*), quelle piane sulla penultima (*pàne*), le sdrucciole sulla terzultima (*tàvola*) e le bisdrucciole sulla quartultima (*visitano*).Tutte le alternative del quesito riportano parole quadrisillabiche, ma solo *barattolo* è una parola sdrucciola perché l'accento tonico cade sulla terzultima sillaba. La risposta **A** è quella corretta.

5 Il *gerundio* è un modo indefinito del verbo (cioè la sua forma non indica persona né numero), pertanto fa da predicato in proposizioni subordinate implicite e, a seconda del contesto, può assumere valori diversi: causale, temporale, concessivo, modale, strumentale, condizionale. Se non è diversamente indicato, il gerundio ha lo stesso soggetto del verbo da cui dipende: così si riscontra nell'alternativa **B**, che è quella corretta, in cui *io* è il soggetto sottinteso sia di *ho preferito* sia di *conoscendo*. Quando non c'è coincidenza tra i soggetti dei due verbi, bisogna invece rendere esplicito il soggetto del gerundio: per questa ragione la frase in **A** è errata, dato che il soggetto di *verrei* (*io*) è diverso da quello di *essendo* (*tu*) (forme corrette: *Essendo tu in casa, verrei…*; *Dal momento che sei in casa, verrei…*). In **C** il gerundio è scorretto perché usato in luogo dell'infinito sostantivato (*andare e tornare*). Infine, in **D** l'errore sta nel tempo verbale: la condizione di *essere stanca* è conseguenza dell'azione di *ballare*, pertanto il gerundio dovrebbe essere di forma passata, che indica anteriorità dell'azione: *Avendo ballato … era stanca.*

6 I più evidenti errori che si riscontrano nelle opzioni dell'esercizio riguardano la doppia notazione di luogo: in **B**, la presenza del complemento di stato in luogo *nei quali* rende inutile e sbagliato l'uso nella stessa frase dell'avverbio di luogo *ci*. Lo stesso capita nell'alternativa **D**, in cui l'avverbio relativo di luogo *dove*, dovrebbe escludere l'avverbio di luogo *ci*. In **A**, invece, l'errore sta nella forma usata per esprimere il pronome relativo: *che* infatti può solo esprimere soggetto e complemento oggetto e non può sostituire le forme apposite per i complementi indiretti: per esempio *su cui*, *nei quali* ecc. L'alternativa corretta è la **C**.

7 La grammatica italiana possiede un certo numero di regole che sovrintendono alla *sillabazione* delle parole, tra cui: non si dividono i gruppi di consonanti inizianti con *s* (es.: fia-*sco*, ro-*spo*, mi-ni-*stro*), perciò la risposta C è errata); non si dividono dittonghi e trittonghi (es.: *cuo*-re , a-*iuo*-la), perciò la risposta D è errata; non si dividono i gruppi di consonanti costituiti da *b, c, d, f, g, p, t, v* + *l* oppure + *r* (es.: pe-*plo* , ca-*pra*), perciò la risposta B è errata. La corretta sillabazione è dunque *go-nio-me-tri-sta* (risposta corretta A).

8 I verbi ausiliari sono *essere* e *avere*, quando reggono il participio passato di un altro verbo. Ciò non si verifica nelle alternative B e D, dove *essere* e *avere* sono usati in forma propria. Si verifica invece nella alternativa C (*sono andato*), che è pertanto la risposta esatta. È interessante notare anche che *essere* e *avere* sono ausiliari di sé stessi (per esempio: *sono stato*; *ho avuto*).

9 La risposta corretta è la D: infatti, i verbi servili sono *potere, dovere, volere*, cioè verbi che reggono l'infinito di altri verbi, ai quali aggiungono una sfumatura di significato (possibilità, necessità, obbligo, volontà). Ovviamente *potere, dovere, volere* possono anche essere usati in forma propria, e cioè non servile. Ciò avviene quando essi sono seguiti non da un infinito ma da un complemento (per esempio: *voglio le ferie*) oppure quando sono usati da soli (per esempio: *io posso*).

10 Il participio passato di *elidere* (cioè "annullare, eliminare") è *eliso*. *Eluso* è il participio passato di *eludere, illuso* di *illudere*. *Elido* non è participio passato, ma prima persona singolare dell'indicativo presente di *elidere*. La risposta esatta è la B.

11 Le forme verbali si distinguono in *tempi semplici* (espressi all'attivo da una sola parola e al passivo dal verbo essere + participio passato del verbo) e *tempi composti* (espressi all'attivo da verbo ausiliare + participio passato e al passivo dal verbo essere + stato + participio passato). Per quanto detto, *foste usciti* è un tempo composto e ciò limita il campo di indagine alle sole alternative A e B. È comunque evidente che la forma verbale in questione non è un futuro: si può scartare dunque anche la A. In definitiva, *che voi foste usciti* è un congiuntivo trapassato, in cui *foste* è un congiuntivo imperfetto che, unito al participio passato *usciti* diviene trapassato. La risposta esatta è la B.

12 Eccettuata l'alternativa B, che presenta un tempo semplice, tutte le altre presentano tempi composti, così come è composto il trapassato prossimo. La A però riporta un congiuntivo passato e la C un condizionale passato. La risposta esatta è la D.

13 La risposta corretta è la A. La concessiva è una proposizione subordinata in cui si descrive un fatto o una situazione nonostante i quali si verifica quanto espresso nella proposizione principale. Possono avere il verbo di forma implicita (al gerundio o al participio passato) di forma esplicita, come nell'esercizio in esame. Il verbo è quasi sempre al *congiuntivo*: introdotto da congiunzioni e locuzioni (*benché, sebbene, quantunque, nonostante, se pure, per quanto* ecc.) o da aggettivi e pronomi indefiniti (*qualunque, chiunque, qualsiasi,* ecc.). Attenzione però: con la locuzione *anche se* hanno il verbo all'indicativo. L'unico dubbio possibile era con l'alternativa C, che propone però una proposizione condizionale.

14 Tutte le parti del discorso possono essere sostantivate, cioè usate con il valore di un nome. Nelle frasi proposte, solo la terza contiene un aggettivo utilizzato con questa modalità, come segnalato dall'articolo che lo precede: *i potenti*. La risposta corretta è quindi la A. È interessante osservare la seconda frase: *tenace* e *costante* sono aggettivi riferiti al sostantivo *calciatore*; qualche dubbio può sorgere rispetto all'espressione *uno geniale*, dove però è semplicemente sottinteso *calciatore*.

15 La risposta esatta è la D. Il complemento di mezzo, o strumento, indica la persona, l'animale o la cosa (materiale o immateriale) mediante i quali si compie l'azione espressa dal predicato verbale. Viene introdotto dalle preposizioni *con, di, in, per, mediante* ecc. Nella frase in esame *in bici* è il mezzo con cui *Gigi si reca al lavoro ogni giorno*.

16 La risposta corretta è la C. L'infinito sostantivato *pattinare*, infatti, può svolgere la funzione di soggetto o anche di altro complemento in una frase.

17 Il complemento di paragone esprime il secondo termine di un confronto. In un comparativo di maggioranza o minoranza, è introdotto dalla preposizione *di* (risposta A). In un comparativo di uguaglianza è introdotto da *come* o *quanto* (B e C). La risposta da indicare è la D.

18 Il complemento di materia descrive la sostanza di cui è composto un corpo (in senso proprio o figurato). Tra le alternative proposte, esso è presente solo nella C, per quanto *cuore di pietra* sia un complemento figurato di materia. Questa è dunque la risposta esatta. Quanto alle altre risposte: *dei 101* è complemento di specificazione; *di macchie* è complemento di mezzo; *di ogni sorta* è complemento di qualità.

19 La proposizione *finale* è la subordinata che indica lo scopo dell'azione espressa dalla principale. Può avere forma sia esplicita (ed è introdotta da *affinché, perché, che* ecc.) sia implicita con verbo all'infinito (introdotta da *per, a, di, da* ecc.). Si possono escludere con facilità le alternative A (che presenta una subordinata limitativa, introdotta da *per* ma al modo indicativo) e B, che presenta non una proposizione ma un complemento di fine. Nella C si riconosce una interrogativa indiretta (*perché non ci sia luce in questa stanza*). La risposta esatta è la D: *perché tu ci rifletta* esprime infatti il fine della frase principale *te lo dico*.

20 La risposta corretta è la D: infatti *esile* significa "sottile, gracile", per estensione anche "debole" e "inefficace". Tra le alternative proposte poteva creare qualche dubbio *esangue*, che rimanda anch'esso al concetto di debolezza. Tuttavia, il senso di *esile* è "di poca massa", il senso di esangue è "di poca energia", quindi non sono esattamente sinonimi.

21 *Ragguardevole* significa *degno di riguardo*, e dunque non si possono accettare né la D né la A (*rispettoso* oppure *ossequioso* è chi manifesta il riguardo). *Conveniente* può avere tanti significati (adatto, adeguato, vantaggioso ecc.), ma nessuno che si avvicini al significato di *ragguardevole*. La risposta esatta è così la B.

22 Sinonimi di *assennato* potrebbero essere *giudizioso, saggio, avveduto, ponderato, savio*: nessuna, quindi, delle alternative proposte. La risposta esatta è così la D.

23 *Pieve* (dal latino *plebs*, "popolo") indicava durante il Medioevo e nell'Italia centro-settentrionale, le circoscrizioni ecclesiastiche minori, dotate di una chiesa con battistero e altre cappelle sul territorio. La risposta corretta è quindi la C.

24 La risposta esatta è la D. *Laconico* (di poche parole), infatti, è aggettivo derivato dal nome greco dell'antica regione di cui Sparta era il capoluogo (Lakonia); e i suoi abitantisi esprimevano con proverbiale concisione. L'alternativa A descrive una persona eccessivamente eloquente, che parla anche troppo; l'alternativa C dà sinonimi di *borioso, presuntuoso*. Infine, la risposta che non c'entra è la B, la forma del rombo (risposta errata).

25 *Nemesi* (dal verbo *nemo*, "distribuisco") era il nome con cui gli antichi greci definivano la personificazione della giustizia divina, che distribuiva a ciascuno la punizione delle proprie colpe. Da qui il valore più esteso di *vendetta fatale*, che si realizza da sé nel corso degli eventi. La risposta esatta è quindi D.

26 Se non si conosce il significato di tutte le parole coinvolte nel quesito si può cominciare valutando gli abbinamenti con quelle già note. Tutti conoscono il significato del verbo *girare* (letteralmente: "muovere lungo una linea chiusa"), che non ha nulla in comune con *settare* (derivato dal verbo inglese *to set*, "impostare, regolare"): va esclusa la risposta **A**. Le restanti alternative coinvolgono tutte il verbo *prillare* (derivato da *prillo*, "trottola"), che significa "compiere giri completi"). Dal momento che *disdire*, per via del prefisso negativo *dis-*, significa "negare di aver detto, smentire, sconfessare", risulta che i verbi di senso analogo sono i numeri 1 e 2 e la risposta corretta è la **B**.

27 L'apparente difficoltà dell'esercizio sta nel fatto che i vocaboli coinvolti o sono composti, mediante un *prefisso*, del verbo *seguire* o suoi derivati (*per-seguitare*). Si tratta dunque di capire quale sfumatura di senso attribuiscano i vari prefissi per individuare le due forme con significato affine. In particolare: *in-* davanti a un verbo indica movimento (*in-gabbiare*), trasformazione (es. *in-giallire*) o rinforzo (es. *in-gigantire*); *per-* indica azione continuata (*per-durare*) o conclusa (*per-venire*); *con-* indica unione, modalità, mezzo ecc.: nel caso di *con-seguire* (raggiungere, ottenere) indica compimento. I verbi con significato simile sono dunque *inseguire* e *perseguire*: entrambi indicano l'impegno a raggiungere qualcosa. Attenzione: anche se *perseguire* e *perseguitare* hanno etimologia latina quasi identica, il secondo in italiano si è "specializzato" sul valore negativo di "affliggere, tormentare senza tregua" ecc. La risposta esatta è la **C**.

28 L'aggettivo in esame deriva da *pro-porre*: letteralmente, quindi, "porre, portare avanti", "promuovere, suggerire, consigliare". *Propositivo* indica dunque una qualità positiva e attiva di cambiamento, di progresso, il cui contrario è la negatività, l'inattività, la distruzione e l'inerzia. La risposta esatta è dunque la **C**.

29 *Irrequieto* è un aggettivo che deriva direttamente dal latino: *in-* (prefisso di negazione) + *requietus* (calmo, tranquillo). Si nota che in italiano è rimasto in uso solo l'aggettivo derivato dalla forma gemella *quieto*, mentre la forma *requieto* non esiste (mentre esistono i rispettivi sostantivi *quiete* e *requie*). *Irrequieto* significa quindi "agitato, turbolento, ansioso" ecc. e un suo contrario può essere *tranquillo*: la risposta da indicare è la **B**.

30 *Deplorare*, da cui deriva l'aggettivo *deplorabile*, discende dal verbo latino che significa "lamentarsi di qualcosa, rimproverare, biasimare". Sono suoi sinonimi, dunque, tutti gli aggettivi che significano "degno di biasimo, di critica, di censura, vergognoso" ecc. (risposte **A**, **C** e in parte **D**). L'unico aggettivo che esprime un concetto opposto è in **B**: degno di encomio, cioè di lode e di apprezzamento.

31 Per completare la frase è meglio non andare "a orecchio": l'esercizio infatti è giocato sull'assonanza dei termini proposti nelle alternative, che però hanno diversi significati perfino quando hanno parentela etimologica. Per esempio: gli aggettivi *lussureggiante*, *lussuosa* e *lussuriosa* derivano tutti da un vocabolo latino (*luxus*) che ha il senso primario di "abbondanza di vegetazione". Tale significato è appunto rimasto in *lussureggiante* (rigoglioso, verdeggiante, florido) e da esso originano altri valori per traslato: "ricchezza" e "sfarzo" (come in *lusso* e *lussuoso*), fino a "sensualità" e "dissolutezza" (come in *lussuria* e *lussurioso*). L'aggettivo *lussata*, invece, deriva da un vocabolo latino che ha la stessa grafia ma diverso significato: *luxus*, "slogatura, lussazione". La risposta esatta è dunque la **C**: date le opzioni, la natura di quelle isole può essere solo *lussureggiante*, cioè abbondare di vegetazione.

32 La congiunzione *nonostante* indica che quanto viene detto nella proposizione (cioè "avere a disposizione i dati sufficienti") non può ostacolare il verificarsi di quanto espresso nella principale (cioè "essere ancora …"). Dunque si può dedurre che tra gli aggettivi proposti bisogna scegliere quello che contrasta con la situazione introdotta da *nonostante*: solo *titubante* (indeciso, irresoluto) può esprimere questa contrapposizione e pertanto è **C** la risposta esatta: Ruggero, pur avendo gli elementi per decidere, ancora non è capace di farlo.

33 Questo esercizio di competenza sintattica richiede di applicare correttamente la concordanza dei tempi verbali, individuando l'unica alternativa che propone due forme adeguate. Per quanto riguarda il primo completamento, bisogna ricordare che verbi espressione di soggettività (indicanti giudizio, aspettativa, opinione, volontà, desiderio ecc.) richiedono nella proposizione dipendente il verbo al congiuntivo: per questa ragione possono essere scartate le alternative **B** e **D**. Per orientare la scelta invece tra **A** e **C** dobbiamo considerare il rapporto cronologico tra le azioni delle proposizioni da completare. Il senso del periodo ci dice che l'azione di *incontrare* avrebbe dovuto svolgersi *prima* della partenza di Alberto: questo porta a escludere la **C**, e individuare la risposta esatta nella **A**.

34 Si tratta di valutare la proprietà d'uso dei pronomi in ciascuna frase. I *pronomi personali* distinguono tra la *forma soggetto* e la forma *complemento*: nella frase **B** vediamo che *te* viene erroneamente usato come soggetto di *vuoi venire* in luogo di "tu". Nella **C**, si esemplifica il più banale ma anche il più frequente degli errori, cioè l'uso del pronome di terza persona maschile *gli* in luogo di "le"; nella **D**, infine, si nota l'uso scorretto del possessivo di terza persona singolare *suo* in luogo del plurale "loro" (dato che si riferisce a "tutti"). La risposta corretta è dunque la **A**, dove il pronome *ne* = "di lui".

35 Il *petalo* è un elemento costitutivo del *fiore*, come la *pagina* lo è del *libro* e il *marinaio* dell'*equipaggio*. È però solo l'alternativa **C** a presentare i termini della proporzione nell'ordine giusto, e questa è quindi la risposta esatta.

36 Il rapporto proposto dalla proporzione è di appartenenza: viene indicato un elemento e l'insieme di cui è parte. Il *neurone* è un *tipo di cellula*, come il *DNA* un *tipo di molecola*. La difficoltà dell'esercizio è accresciuta dal fatto che figura un'incognita in entrambi i membri della proporzione e in due posizioni diverse. La risposta corretta è la **A**.

37 La risposta esatta è la **B**. Infatti, *remissivo* ha un significato opposto a quello di *aggressivo*, così come *docile* rappresenta un contrario di *battagliero*. Entrambi i membri della proporzione sono dunque rappresentati da due aggettivi con significato opposto tra loro. L'alternativa **D** non è corretta perché produrrebbe una sequenza erronea tra sostantivo e aggettivo: nel membro di sinistra si avrebbe prima un sostantivo (*ostilità*) e poi un aggettivo (*aggressivo*) mentre il membro di destra sarebbe composto prima da un aggettivo (*docile*) e poi da un sostantivo (*mitezza*). Per quanto dunque la relazione avrebbe potuto rispondere a logica (*aggressivo* rappresenta un possibile aggettivo di *ostilità* così come *docile* rappresenta un possibile aggettivo di *mitezza*), l'alternativa è errata a causa dell'ordine con cui vengono presentati i termini.

38 La proporzione è costruita interamente sul rapporto tra strumento di misura e grandezza misurata. Le incognite sono due, ma individuarle non è difficile grazie al fatto che esse occupano la medesima posizione in entrambi i membri della proporzione. La soluzione dell'esercizio risulta più agevole sapendo già in partenza la grandezza misurata da almeno uno dei due strumenti. Molti , avranno usato a scuola il *goniometro*: l'emicerchio graduato che serve a misurare l'ampiezza degli angoli (dal greco *gonìa*, angolo e *metron*, misura). Si possono così eliminare la **B** e la **D** (per completezza, l'*umidità* si misura con l'*igrometro*, dal greco *ugrós*, "umido"). Per scegliere tra **A** e **C**, qualora non si sappia a cosa serva un *odometro*, può essere utile ricordare che in fisica molti termini collegati al concetto di *forza* derivano dal greco *dúnamis*: si pensi a *dinamica*, *dinamo* e anche a *dinamometro*, lo strumento che misura appunto l'intensità di una forza. La risposta esatta dunque la **A**, perché l'odometro (dal greco *odòs*, "strada") è lo strumento per misurare la distanza, il cammino percorso.

39 L'alternativa **B** può essere facilmente scartata in quanto, pur potendo essere il *capitano* di una nave l'equivalente del *pilota* di un aeroplano, in questo modo non appare nella proporzione il termine aeroplano. Le alternative **A**, e **C** sono errate in quanto i verbi *navigare* e *approdare* non stanno a una nave come il verbo *decollare* sta a un aeroplano. La risposta esatta è quindi la **D**. Infatti il verbo che indica la partenza di una nave è *salpare,* così come il verbo che indica la partenza di un aereo è *decollare.*

40 La risposta esatta è la **D**. Gli aggettivi *recalcitrante, refrattario* e *indisciplinato* descrivono tutti e tre atteggiamenti rispettivamente di ostilità, rifiuto e opposizione alle regole. *Indiscreto*, invece, si dice di persona che, nei rapporti con gli altri, va oltre i limiti concessi dalla convenienza o dall'educazione.

41 Anche se tutti i verbi proposti potrebbero essere utilizzati in modo sintatticamente corretto, non tutti risulterebbero sensati nel contesto («Caterina *ha posseduto* la laurea» non significa nulla, perché *possedere una laurea* è una azione di per sé continuativa e mai conclusa; si può solo dire che «Caterina *possiede* una laurea» o che la *possedeva*); altri darebbero alla frase un significato del tutto diverso da quello di partenza («Caterina *ha consegnato* la laurea»). L'unico verbo che consente alla frase di mantenere intatto il significato originario è *conseguire*. La risposta esatta è **C**.

42 Le *relative* sono subordinate introdotte da *aggettivi*, *pronomi* e *avverbi* relativi; quando sono *implicite*, presentano il verbo al participio o all'infinito. Dunque, si può agevolmente scartare l'alternativa **D**, in quanto la subordinata è di tipo temporale (*Finché c'è vita*). Qualche incertezza può invece presentarsi per le altre alternative, in cui il monosillabo *che* può essere erroneamente scambiato per il pronome relativo. In realtà, in **B** si tratta di una congiunzione dichiarativa a introdurre una proposizione *oggettiva*; in **C** si tratta invece di un *avverbio esclamativo* (= *quanto gentile sei stata*). La relativa si trova dunque nell'alternativa **A**, introdotta dall'*avverbio di luogo dove* (= *in cui*).

43 L'errore lessicale compare nell'alternativa **D**. La domanda si gioca infatti sul vocabolo *coacervo*, "mucchio, ammasso, accozzaglia" (dal verbo latino *coacervo*, "ammucchiare"). Esso è doppiamente sbagliato: infatti è usato come aggettivo quando invece è un sostantivo e non è appropriato per significato. Il vocabolo adatto, come si può ricostruire in base al contesto, è l'aggettivo *coercitivo*, "che obbliga, che costringe". Qualche dubbio poteva forse sorgere con l'alternativa **C**, riguardo al sostantivo *luminare* ("persona insigne in ambito intellettuale") riferito in tutta evidenza a una donna: si ricorda che *luminare* è un *nome di genere comune* per maschile e femminile, che si distingue nell'uso grazie alla concordanza di articoli, pronomi e aggettivi.

44 Per risolvere questo esercizio occorre preventivamente anagrammare ogni vocabolo proposto. Così facendo, le parole che si ottengono sono, rispettivamente: *aprile*, *domenica*, *sabato* e *giovedì*. Si tratta quindi di giorni della settimana a eccezione di *aprile* che è pertanto la soluzione del quesito. La risposta corretta è dunque la **A**.

45 Come nell'esercizio precedente, per prima cosa occorre anagrammare. Tutte le alternative si trasformano in nomi di città italiane (*Napoli, Roma, Firenze*), a eccezione della **D** il cui anagramma restituisce la parola *libro*. Questa è dunque la risposta corretta.

46 Gli avverbi *opinativi* o *di giudizio* sono quelli per mezzo dei quali si esprime un'opinione (dal verbo *opinare*), affermandola (*sì*), negandola (*non, no*), dubitandone (*forse*). *Appunto* è la risposta esatta (**B**), mentre *abbastanza, ancora* e *giustamente* sono avverbi di quantità, tempo e modo.

47 *Olofrastico* (dal greco *hólos*, che significa "tutto intero", più *phrastikós*, che significa "dichiarativo") si dice di un elemento della frase che da solo la sostituisce interamente. La risposta B è pertanto quella corretta. Per esempio, in italiano sono olofrastici gli avverbi *sì*, *no*, *certo*, *affatto* e *appunto* e le interiezioni *ecco* e *grazie*.

48 La risposta esatta è la B. *Limaccioso* infatti è un aggettivo che significa *vistosamente torbido, fangoso* (derivato da *limo*); suoi contrari, in riferimento a un fiume, sono *trasparente* e *cristallino*.

49 Si può verificare come l'alternativa B dia *miti* e *armi*. Questa è quindi la risposta esatta.

50 La risposta corretta è la C: la libreria non è per il bibliotecario uno strumento di lavoro, o comunque non un attrezzo, così come invece sono il martello, lo scalpello e il bisturi rispettivamente per il falegname, lo scultore e il chirurgo.

2 | Comprensione di testi

2.1 | Esercizi proposti

Brano 1 **In base alle informazioni contenute nel brano seguente, rispondere alle successive domande.**

Da un promontorio della collina Milton guardava giù a Santo Stefano. Il grosso paese giaceva deserto e muto, sebbene già interamente sveglio, come dichiaravano i comignoli che fumavano bianco e denso. Deserto era pure il lungo rettilineo che collegava il paese alla stazione ferroviaria, e vuota, dalla parte opposta, la diritta strada per Canelli, tutta visibile fin oltre il ponte metallico, fino allo spigolo della collina che copriva Canelli.

Sbirciò l'orologio al polso. Segnava le cinque e minuti ma si era certamente rallentato nella notte. Erano perlomeno le sei.

La terra era fradicia e nera, non faceva gran freddo e il cielo, sebbene grigio, era leggero ed ampio come da lunghi giorni non appariva. I calzoni di Milton erano schizzati di fango fin sulla coscia e gli scarponi erano due gnocchi di mota.

Si calava su Santo Stefano aggirando i macchioni scheletriti e puntando là dove sapeva esistere una passerella su Belbo. Quando arrivava a piombo delle sporgenze poteva intravvedere certi tratti del torrente. L'acqua era scura e pastosa, ma ancora lontana dallo straripare e la passerella era certamente in piedi. Il solo pensiero di dover passare a guado lo scuoteva come una febbre. Stava male, in particolare gli dolevano i polmoni, pareva si sfregassero l'uno contro l'altro con punte fattesi da cartilagine in metallo, e gli davano senso e sofferenza. Ad ogni passo gli cresceva dentro una sensazione di totale debolezza e miserabilità. «Non posso farlo in queste condizioni, non posso nemmeno tentare. Dovrei quasi sperare che non mi si presenti l'occasione». Ma scendeva.

Eppure aveva dormito magnificamente nel fienile sotto lo spartiacque. Si era addormentato di colpo, aveva fatto appena in tempo a finir di seppellirsi sotto il fieno, con appena un piccolo tunnel scavato davanti alla bocca. La pioggia crosciava sul tetto buono del fienile, violentissima e dolce. Un sonno di piombo, senza sogni, senza incubi, senza la minima interferenza della difficile, terribile cosa da fare l'indomani. L'aveva poi svegliato un canto di gallo, l'uggiolío di un cane a valle e il silenzio della pioggia. Subito era sgusciato via da sotto il monticello di fieno. Sobbalzando sul sedere si era trasportato sul bordo del fienile edera rimasto con le gambe penzoloni nel vuoto. Lì lo possedette la piena coscienza di sé, di Fulvia, di Giorgio e della guerra. Allora tremò, di un tremito unico ed interminabile che andò a trovargli fin i talloni, e pregò che la notte resistesse al giorno un po' meglio di quel che facesse.

Beppe Fenoglio, *Una questione privata*, 1963.

1 **Con l'espressione «i comignoli che fumavano bianco e denso» l'autore ha utilizzato:**

- **A** una metafora
- **B** una similitudine
- **C** una personificazione
- **D** nessuna delle precedenti

2 **Secondo quanto espresso in nel terzo paragrafo di questo brano, si può desumere che:**

- A dopo giorni soleggiati il tempo era peggiorato
- B finalmente si era un poco diradata la nebbia dei giorni precedenti
- C la pioggia dei giorni precedenti aveva lasciato spazio al gelo
- D nei giorni precedenti aveva piovuto molto

3 **Quando l'autore del brano, descrivendo il dolore ai polmoni, fa riferimento a «punte fattesi da cartilagine in metallo», intende:**

- A punte costituite da cartilagine metallica
- B punte costituite da cartilagine e metallo
- C punte composte da una materia che da cartilagine si era mutata in metallo
- D punte generatesi da una cartilagine metallica

4 **Considerando quanto affermato nel brano proposto, quale fra le seguenti affermazioni è corretta?**

- A è certo che Milton arriverà a Santo Stefano
- B Milton arriverà a Santo Stefano ma dovrà guadare il torrente
- C se Milton arriverà a Santo Stefano sarà passato grazie alla passerella
- D Milton probabilmente potrà attraversare il torrente sulla passerella

5 **Leggendo con attenzione l'ultimo paragrafo del brano, quale potrebbe essere tra le alternative proposte la corretta riformulazione di «pregò che la notte resistesse al giorno un po' meglio di quel che facesse»?**

- A si augurò che la notte resistesse al giorno meglio di quanto lui resistesse alla fatica
- B si augurò che la notte resistesse al giorno meglio di lui
- C desiderò che la notte potesse finire prima
- D sperò che la notte durasse più a lungo

Brano 2 **In base alle informazioni contenute nel brano seguente, rispondere alle successive domande.**

Il disegno è una forma della funzione semiotica che s'inserisce a metà strada tra il gioco simbolico – di cui presenta il medesimo piacere funzionale e il medesimo autotelismo – e l'immagine mentale, con la quale divide lo sforzo d'imitazione del reale. Luquet fa del disegno un gioco, ma resta il fatto che, anche sotto le sue forme iniziali, esso non assimila qualsiasi cosa a qualsiasi cosa e rimane, come l'immagine mentale, più vicino all'accomodamento imitatore. In effetti, costituisce sia una preparazione sia una risultante di questa, e tra l'immagine grafica e l'immagine interiore esistono innumerevoli interazioni poiché entrambe derivano direttamente dall'imitazione.

Nei suoi celebri studi sul disegno infantile, Luquet ha proposto stadi e interpretazioni a tutt'oggi ancora valide. Prima di lui, gli autori sostenevano due opinioni contrarie: gli uni ammettevano che i primi disegni infantili sono essenzialmente realisti, poiché si attengono fino a tardi a modelli effettivi senza disegni d'immaginazione, gli altri insistevano al contrario sull'idealizzazione di cui testimoniano i disegni primitivi. Luquet sembra aver troncato definitivamente il dibattito mostrando che il disegno del bambino fin verso gli 8-9 anni è essenzialmente realista nell'intenzione ma che il soggetto comincia con il disegnare ciò che sa di un personaggio o di un oggetto molto prima di esprimere graficamente ciò che vede del medesimo: osservazione fondamentale, di cui rinverremo tutta la portata a proposito dell'immagine mentale che, essa pure, è concettualizzazione prima di giungere a buone copie percettive.

Jean Piaget, *La psicologia del bambino*

6 **Secondo l'autore del brano, il disegno:**

A è un gioco simbolico
B prevede uno sforzo di imitazione del reale
C è un'immagine mentale
D condivide con l'immagine mentale l'autotelismo e il piacere funzionale

7 **Secondo quanto riportato nel brano, gli autori precedenti a Luquet:**

A riguardo al disegno infantile sostenevano due opinioni diverse tra loro
B erano d'accordo sul fatto che i primi disegni infantili sono realisti
C hanno dovuto aggiornare le proprie analisi sulla base dei suoi celebri studi sul disegno infantile
D hanno animato un dibattito che non ha alcuna possibilità di essere ripreso

8 **L'autore del brano:**

A non è d'accordo con Luquet sul fatto di pensare che il disegno abbia a che fare con il gioco
B ha una spiccata ammirazione per l'opera intellettuale di Luquet, che considera ineguagliabile
C trova caratteristiche comuni tra il disegno e l'immagine mentale
D tronca il dibattito che vedeva coinvolti gli autori precedenti a Luquet

9 **Secondo quanto riportato nel brano, Luquet ha dimostrato che il bambino:**

A tende a fare copie realistiche dal vivo di oggetti e personaggi
B impara a disegnare quello che sa di un personaggio o di un oggetto prima di imparare a disegnare come lo vede
C si attiene fino a tardi a modelli effettivi, senza disegni di immaginazione
D disegna le proprie immagini mentali, che sono concettualizzazioni, prima che copie percettive

10 **Nell'ultimo paragrafo del brano, il termine "soggetto" si riferisce:**

A a un bambino che ha già conosciuto il personaggio o l'oggetto che deve disegnare
B al bambino che non è in grado di esprimere graficamente ciò che vede in un personaggio o in un oggetto
C al bambino che disegna
D a ciò che il bambino ha intenzione di disegnare, personaggio od oggetto

Brano 3 **In base alle informazioni contenute nel brano seguente, rispondere alle successive domande.**

La piena comprensione di Piero della Francesca non poteva che essere in età moderna, e non tanto nelle interpretazioni della critica quanto nelle intuizioni dei pittori. Lo vediamo, ad esempio, in un'opera di Georges Seurat, la *Grande-Jatte*. Seurat è il primo che intuisce l'ordine matematico della composizione geometrica delle opere di Piero, ne intende la ricerca prospettica e l'incidenza della luce. In Seurat, per un atto critico, Piero sembra rivivere. Parimenti, Piero è essenziale per la visione di Cézanne, che si applica a trovare nella realtà le forme geometriche elementari del cono, della sfera, del cilindro, del cubo. Inevitabile, in seguito a questa esperienza, ritrovarne le proporzioni nei cubisti e, poco dopo, nella visione metafisica di Giorgio de Chirico e, ancora, nel nuovo ordine di *Valori* Plastici. La lezione di Piero è determinante anche nella formazione di Balthus; e non mancherà di incidere, in diverso modo, sulla pittura di Giovanni Colacicchi e di Giorgio Morandi. Con una così eloquente efficacia sull'arte tra Otto e Novecento, Piero della Francesca, intrinsecamente metafisico, non poteva non essere il pittore più moderno dell'intera storia dell'arte, determinando l'attenzione critica dei più straordinari studiosi del Novecento: di Bernard Berenson, che ne avrebbe ammirato la pittura non eloquente, e di Roberto Longhi, che ne individuò la sintesi prospettica di forma e colore. Con queste considerazioni, sembrerà evidente come osservare un affresco di Piero sia un'esperienza filosofica del tutto estranea a qualunque residuo narrativo o illustrativo. È un'esperienza così radicale, che Francesco Arcangeli poteva illustrarcene l'opera ponendo a confronto gli affreschi con le *Storie della Vera Croce* ad Arezzo – in particolare l'*Incontro tra Salomone e la regina di Saba* – con alcuni dei dipinti astratti di Piet Mondrian. Un confronto illuminante se si osserva lo spirito con cui Piero espone i personaggi nell'aulico spazio delle architetture, rendendo corpi geometrici le ancelle al seguito della Regina di Saba e i dignitari che accompagnano Salomone. Una formidabile potenza d'astrazione governa tutti gli episodi delle Storie – dal *Sogno di Costantino* al *Miracolo della Vera Croce* – in uno straordinario equilibrio. Lo stesso che troviamo in uno dei capolavori della maturità: la *Flagellazione di Cristo*, con il gruppo in primo piano e il soggetto religioso in secondo piano entro uno spazio prospettico di matematica precisione. Piero è mentale, astratto. Lo conferma nella *Pala di San Bernardino* a Urbino, ora a Brera: pura architettura dipinta, con evidenti richiami al mondo classico studiato a Roma. Piero è atarattico, lontano da ogni mozione degli affetti, da ogni declinazione sentimentale. Il suo Dio è immanente, calato nell'ordine delle cose.

Vittorio Sgarbi, *Gli anni delle meraviglie*, vol. II

---

11 Secondo l'autore del brano, la comprensione dell'opera di Piero della Francesca:

- A avviene nel Medioevo ma è perfezionata nel Novecento
- B è contemporanea al pittore, che quindi vede riconosciuti i suoi meriti artistici
- C non è ancora avvenuta pienamente
- D non poteva che avvenire in tempi moderni, attraverso l'opera di autori che intuiscono l'ordine matematico che sottende alle sue creazioni

---

12 Osservare un'opera di Piero della Francesca, secondo l'autore del brano, può rivelarsi un'esperienza di tipo:

- A narrativo e illustrativo
- B scientifico
- C illustrativo e didattico
- D filosofico

---

13 Quale delle seguenti affermazioni è contenuta nel brano?

- A Con una così eloquente efficacia sull'arte tra Otto e Novecento, Piero della Francesca non poteva non essere il pittore più controverso dell'intera storia dell'arte, insospettendo così i più straordinari studiosi del Novecento
- B La lezione di Piero della Francesca è determinante anche nella formazione di Seurat e non mancherà di incidere sulla pittura di Courbet
- C La lezione di Piero della Francesca è stato fondamentale soprattutto per i pittori francesi a cavallo tra Otto e Novecento
- D L'efficacia sull'arte tra Otto e Novecento dell'opera di Piero della Francesca, intrinsecamente metafisico, ha risvegliato l'attenzione critica dei più straordinari studiosi del Novecento

---

14 Il termine *atarattico*, riferito a Piero della Francesca:

- A descrive uno stato d'animo imperturbabile perché estraneo alla dimensione emotiva degli affetti
- B si riferisce all'approccio mentale del pittore verso la sua opera
- C è un termine tecnico che si riferisce all'abilità manuale del pittore
- D significa eloquente

---

15 Il carattere del brano è:

- A critico
- B scientifico
- C descrittivo
- D narrativo

Brano 4 **In base alle informazioni contenute nel brano seguente, rispondere alle successive domande.**

In Gran Bretagna, tra il 1907 e il 1921, si sviluppano numerose esperienze di educazione libertaria. In questi anni, in modo particolare, abbiamo una concentrazione di tante scuole e attività pedagogiche che si richiamano ai principi libertari. Da questo punto di vista la Gran Bretagna non fa eccezione rispetto ad altri paesi europei anche perché pure qui le condizioni storiche, culturali e sociali, risentono di un comune sentire europeo.
L'inizio del Novecento raccoglie l'eredità dei secoli passati e per la prima volta l'infanzia viene indicata e riconosciuta come un'entità a sé stante, degna di essere così studiata, rispettata e seguita con attenzione. Proprio nel 1900 una femminista svedese, Ellen Key, pubblica un libro che fin dal titolo proclama l'avvento del "secolo del bambino". In questo testo la Key riconosce fondamentale l'educazione del bambino come individuo socialmente inserito e quindi determinante per il futuro dell'intera società. Per educarlo è indispensabile, secondo l'autrice, che l'educatore, o l'adulto, si trasformi in bambino, in modo da poter cogliere e conservare la semplicità del carattere infantile, permettendo così anche la trasformazione del vecchio ordine sociale. Questo libro attrae i riformatori e i propugnatori di un rinnovamento radicale dell'educazione in tutta Europa e, in Gran Bretagna, si inserisce perfettamente in una tendenza filosofica che, muovendo da John Locke, attraversa tutto il periodo della rivoluzione del 1688-89, soprattutto nei suoi elementi più radicali. In particolare nella filosofia dell'empirismo di Locke, e nella sua contrapposizione con lo storicismo di Vico, noi possiamo trovare l'incipit di una tradizione di forte sperimentalismo e di autonomia, di libertà, di confronto e di tolleranza, che caratterizza anche la formazione di esperienze educative libertarie, spontaneamente createsi, grazie ad una visione culturale pragmatica e nonostante una ridotta presenza e influenza dell'anarchismo.

Francesco Codello, *La buona educazione*

16 **Lo sviluppo dell'educazione libertaria in Gran Bretagna:**

- A è un'eccezione rispetto al resto dell'Europa
- B prende avvio a seguito della pubblicazione del testo di EllenKey
- C si afferma contemporaneamente alla sua diffusione in Europa
- D ha luogo nonostante le condizioni sociali del Paese

17 **Secondo Ellen Key, l'agire di un adulto che si "trasformi" in bambino nell'ambito dell'educazione:**

- A confermerebbe l'avvento del "secolo del bambino"
- B faciliterebbe il cambiamento dell'ordine sociale
- C è indice di confronto e tolleranza
- D porrebbe le basi di un sentire comune europeo

18 **Quale tra le seguenti affermazioni NON è deducibile dal brano?**

- A Key riconosce l'importanza dei bambini vedendo in loro la società del futuro
- B Locke visse in epoca precedente rispetto a Ellen Key
- C L'empirismo è più vicino all'educazione libertaria dello storicismo
- D L'educazione libertaria nasce in Gran Bretagna

19 **Quale delle seguenti affermazioni NON è deducibile dal brano?**

- A In Gran Bretagna sono sorte diverse scuole pedagogiche nel corso del primo lustro del Novecento
- B L'inizio del secolo scorso si fa carico delle problematiche affrontate nei secoli precedenti
- C Il "secolo del bambino" vuole riscattare l'importanza sociale dell'infanzia, facendola divenire oggetto di studio
- D Il libro della Key è ben accolto nel clima culturale d'Oltremanica

20 **Dal brano si deduce che l'educazione libertaria:**

- A si rifà all'empirismo di Locke
- B si rifà allo storicismo di Vico
- C è anarchica
- D rompe con la tradizione filosofica inglese

Brano 5 **In base alle informazioni contenute nel brano seguente, rispondere alle successive domande.**

Il processo educativo è un continuo processo di sviluppo che ha come scopo a ogni stadio una nuova capacità di crescita. Questa concezione contrasta fortemente con altre idee che hanno influenzato la pratica. Il significato di questa concezione verrà messo meglio in luce con il chiarirne tale contrasto. Il primo contrasto si ha con l'idea che l'educazione è un processo di preparazione, un "prepararsi". Ciò a cui ci si prepara sono naturalmente la responsabilità e i privilegi della vita adulta. I bambini non sono considerati membri della società regolari e di pieno diritto, ma candidati; sono in lista d'attesa. Si va ancora un po' più in là quando si considera la vita degli adulti come priva di significato per sé stessa, ma come uno stadio preparatorio di tirocinio – per un'"altra vita". Questa idea non è che un'altra forma di quella del carattere privativo e negativo della crescita che già abbiamo criticato; perciò non staremo a ripetere le critiche, ma passeremo alle cattive conseguenze che derivano dal porre l'educazione su questa base.

In primo luogo questo implica una perdita di slancio. Il potere impulsivo non è utilizzato. I bambini vivono, per definizione, nel presente; questo non solo è un fatto al quale non si sfugge, ma è un bene. Il futuro come tale manca di corpo e di urgenza.

Prepararsi a qualcosa senza sapere a che cosa, né perché, significa gettare la leva che già esiste, per cercare un potere impulsivo in una vaga possibilità, e da ciò discende, in secondo luogo, un premio assegnato alla tergiversazione e alla procrastinazione. L'avvenire al quale ci si prepara è lontano; passerà tanto tempo prima che diventi presente. Perché aver fretta di prepararsi? La tentazione di rimandare è tanto più grande per il fatto che il presente offre tante occasioni meravigliose, e porge tanti inviti all'avventura. Naturalmente l'attenzione e l'energia vanno a questi; ne consegue anche qui un'educazione, ma un'educazione minore di quella che si sarebbe ottenuta se tutto lo sforzo fosse stato dedicato a creare condizioni della maggior carica educativa possibile. Un terzo risultato indesiderabile è la sostituzione di una norma convenzionale media di aspettazione e di bisogni, a una norma che tenga conto dei poteri specifici dell'individuo sotto istruzione. Si sostituisce a un giudizio, severo e rigoroso, basato sui lati forti e deboli dell'individuo, un'opinione vaga ed oscillante che ha di mira ciò che il giovane dovrebbe, in media, diventare in un avvenire più o meno remoto; per esempio alla fine dell'anno, quando avvengono le promozioni, o al momento di entrare all'università oppure di cominciare ciò che, a paragone del periodo di tirocinio, si considera il serio problema della vita. È impossibile sopravvalutare la perdita che risulta dallo sviare l'attenzione dal punto strategico a un punto relativamente improduttivo: proprio il presunto successo – riuscire a ottenere una preparazione per l'avvenire – è un insuccesso. In fine il principio della preparazione rende necessario ricorrere su larga scala all'uso dei surrogati dei motivi di piacere e di dolore. Poiché l'avvenire non ha un potere stimolante e direttivo, quando è separato dalle possibilità del presente, bisogna agganciarvi qualcosa per farlo funzionare. S'impiegano allora promesse di ricompense e minacce di pena. Il lavoro sano, eseguito per ragioni concrete è come fatto vitale e in gran parte inconscio. Lo stimolo risiede nella situazione alla quale si è concretamente posti di fronte. Ma se s'ignora questa situazione, agli alunni bisogna dire che, se non seguono il corso stabilito, ne deriverà una punizione; mentre se lo seguono possono aspettarsi in avvenire delle ricompense per i loro sacrifici presenti. Tutti sanno quanto si è dovuto ricorrere ai sistemi di punizioni da parte di concezioni educative che trascurano le possibilità presenti in favore di una preparazione per l'avvenire. Poi nel disgusto per la durezza e l'impotenza di questo metodo, il pendolo oscilla fino all'altro estremo [1], e la dose di informazioni necessarie per il futuro è ricoperta di zucchero in modo da indurre gli alunni a prendere qualcosa che non vorrebbero. Naturalmente non vi è dubbio che l'educazione deve preparare per l'avvenire. Se l'educazione è crescita, deve realizzare progressivamente le possibilità presenti, e così rendere gli individui più adatti ad affrontare i bisogni ulteriori. Il crescere non è cosa che si compia a tempo perso: è un ininterrotto cammino verso l'avvenire. Un ambiente, a scuola e fuori, che fornisca condizioni che utilizzino adeguatamente le capacità presenti dell'immaturo, certamente provvede all'avvenire che procede dal presente. L'errore non sta nel dare importanza alla preparazione per i bisogni futuri, ma nel fare di questi la molla principale degli sforzi presenti. Poiché il bisogno di prepararsi per una vita in continuo sviluppo è grande, è necessario che ogni energia sia dedicata a rendere l'esperienza presente più ricca e significativa possibile. Allora, mentre il presente si fonde insensibilmente nel futuro, viene provveduto al futuro.

John Dewey, *Democrazia e educazione*

---

21 Secondo quanto riportato nel brano, la tentazione di rimandare la preparazione:

A è legata al fatto che l'avvenire al quale ci si prepara è lontano
B tutte le altre risposte sono corrette
C deriva dall'idea di prepararsi a qualcosa senza sapere a che cosa, né perché
D è il frutto di una particolare educazione autoritaria

---

22 Secondo quanto riportato nel brano, a che scopo sono usate promesse di ricompense e minacce di pena nell'educazione?

A Nessuna delle altre risposte è corretta
B Per far fare agli alunni qualcosa che non vorrebbero
C Per far cogliere al meglio agli alunni le possibilità presenti, a discapito della preparazione per l'avvenire
D Per spronare gli alunni a un lavoro sano, eseguito per ragioni concrete e come fatto vitale

---

23 Nel brano, l'espressione «il pendolo oscilla fino all'altro estremo [1]»:

A riguarda l'alternarsi delle ricompense alle punizioni in un certo processo educativo
B sottolinea il disgusto per la durezza e l'impotenza del metodo dei sacrifici
C introduce la descrizione di un metodo opposto a quello descritto nelle righe precedenti
D nessuna delle altre risposte è corretta

---

24 L'autore del brano sostiene che:

A l'educazione non si cura di realizzare per gradi le possibilità presenti
B l'educazione non deve necessariamente preoccuparsi del futuro degli individui
C l'educazione a volte può preparare per il futuro
D l'educazione deve preparare per il futuro

---

25 L'autore del brano sostiene che:

A è un errore dare importanza alla preparazione per i bisogni futuri
B il presente si fonde e si trasforma visibilmente nel futuro
C i bisogni futuri sono la molla indispensabile degli sforzi presenti
D il bisogno di prepararsi per una vita in sviluppo è grande

Brano 6 In base alle informazioni contenute nel brano seguente, rispondere alle successive domande.

I bambini che frequentano le elementari non si chiedono «perché?». La loro morale si basa soprattutto sull'obbedienza alla volontà dei genitori. I ragazzini che frequentano le medie sono interessati più ai rapporti con i coetanei che con gli insegnanti. La loro identità si costituisce prevalentemente sull'appartenenza al gruppo di cui condividono le regole e i modelli di comportamento. L'*io sociale*, a quel livello d'età, prevale sull'*io individuale*. Essere approvati dal gruppo, sentirsi in sintonia con i suoi ideali, condividere le sue regole, costituisce una risorsa fondamentale per l'accettazione e la valorizzazione di sé. Nella scuola media inferiore, poi, il gruppo-classe svolge una funzione importante nel fluidificare i rapporti tra insegnanti e alunni, temperando la contrapposizione frontale tra le parti.

Nelle scuole superiori invece i ragazzi, ormai entrati nella piena adolescenza, si confrontano con motivazioni autonome rispetto all'attesa degli adulti. La domanda «perché mai dovrei stare seduto per mezza giornata nel banco?» diventa molto più perentoria. Spesso non scorgono alcun nesso tra il sapere e il saper fare e tutto risulta inutile e tedioso. Tanto più che le aspettative della scuola tendono a rimanere le stesse, come se il procedere dell'età non richiedesse un diverso "contratto scolastico". È vero che la scuola non può limitarsi all'insegnamento, alla trasmissione di procedure e contenuti di sapere, ma deve anche saper educare. Tuttavia l'educazione è molto difficile in una società che non ha più valori incontestabili da proporre, granitiche certezze da trasmettere, concezioni della vita condivise da tutti. La riforma prevede di organizzare l'educazione intorno alla formazione del cittadino, dei diritti e doveri che ne conseguono, ma si tratta sinora più di un progetto che di una realtà.

---

26 Secondo quanto riportato nel brano, la scuola tende:

- **A** a recuperare le concezioni della vita condivise da tutti
- **B** a ricercare la contrapposizione frontale fra le parti
- **C** ad applicare la sperimentazione di nuovi modelli educativi
- **D** ad avere le medesime aspettative per le diverse età degli alunni

---

27 A proposito della riforma che orienta l'educazione sulla formazione del cittadino e sui diritti e doveri che ne derivano, l'autore del brano pensa che:

- **A** sia un'utopia
- **B** una volta implementata, consentirà efficacemente alla scuola di non limitarsi all'insegnamento e alla trasmissione di procedure e contenuti di sapere
- **C** ha buone opportunità per divenire realtà
- **D** al momento sia solo un proponimento

---

28 In base a quanto affermato nel brano, qual è l'origine della demotivazione allo studio che caratterizza i ragazzi delle scuole superiori?

- **A** Il maggior interesse che ripongono nel gruppo al quale appartengono
- **B** La pretesa della scuola di educare e non solo di trasmettere sapere
- **C** L' incapacità di cogliere il nesso tra sapere e vita pratica
- **D** La mancanza di nesso tra apprendimento scolastico e contratto scolastico

---

29 Nel brano si afferma che lo studente della scuola media inferiore:

- **A** costruisce il proprio *Sé* in relazione al gruppo dei coetanei dei quali ricerca l'approvazione
- **B** è impegnato a valorizzare il proprio *Sé* nel conflitto con gli adulti
- **C** definisce il proprio *Sé* in modo autonomo e indipendente dal giudizio altrui
- **D** ricerca la propria identità conformandosi alle aspettative dei genitori e degli insegnanti

---

Come già accennato, alcune università, per le sezioni relative a Scienze dei Beni culturali, Scienze sociologiche e Scienze dell'Educazione e Scienze pedagogiche (per esempio a Salerno) hanno in passato utilizzato nei test di ammissione esercizi di comprensione di testi in lingua inglese. La struttura dell'esercizio e le tecniche risolutive non variano rispetto a quanto visto finora, anche se naturalmente occorre conoscere la lingua inglese almeno a un livello scolastico. Si vedano i seguenti esempi.

Brano 7 Leggere il brano seguente e rispondere alle relative domande.

La storia dell'umanità, così come ci è tramandata, è un enorme vuoto di dati. A cominciare dalla teoria dell'Uomo cacciatore, gli studiosi del passato hanno lasciato poco spazio al ruolo delle donne nell'evoluzione culturale o biologica. Al contrario: si è deciso che le vite degli uomini dovessero rappresentare il percorso di tutto il genere umano. E così non sappiamo nulla di come vivesse l'altra metà: sulle donne, spesso, non vi è altro che silenzio.

Ed è un silenzio onnipresente, che pervade tutta la nostra cultura. Cinema, giornalismo, letteratura, scienza, urbanistica, economia: le storie che ci raccontiamo riguardo al nostro passato, al presente e al futuro sono tutte contrassegnate – deturpate – da una «presenza-assenza» che ha la sagoma di un corpo femminile. È il *gender data gap*: la mancanza di dati di genere.

Ma il problema non finisce qui. Quei silenzi, quei vuoti, hanno effetti che si ripercuotono sulla vita quotidiana delle donne in modi che a volte potrebbero sembrare marginali: ci sono donne che tremano dentro uffici la cui temperatura è regolata in base alle esigenze maschili, altre che devono fare acrobazie per raggiungere un ripiano comodissimo per un uomo di statura media, ma troppo alto per loro. Sono cose antipatiche, di sicuro anche ingiuste, ma almeno non si rischia la pelle. Non è come avere un incidente su un'auto con dispositivi di sicurezza che non tengono conto delle misure femminili. Non è come avere un attacco di cuore che non viene diagnosticato perché i sintomi sono considerati «atipici». In situazioni come queste, vivere in un mondo costruito a misura di maschio può costare la vita. [...]

Nel mondo contemporaneo, dunque, la necessità di colmare il vuoto dei dati di genere diventa ancor più urgente. Al giorno d'oggi l'intelligenza artificiale aiuta i medici a formulare le diagnosi, esamina i curriculum e talvolta intervista i candidati per un posto di lavoro: il problema è che i dati di cui dispone sono molto lacunosi. E poiché gli algoritmi sono spesso protetti in quanto software proprietario, nessuno può sapere se l'incompletezza dei dati è stata in qualche modo tenuta in considerazione. A giudicare dalle prove che abbiamo sotto gli occhi, non sembra affatto così.

Numeri, tecnologie, algoritmi sono elementi cruciali delle realtà che racconteremo in questo libro, ma sono solo metà della storia. La parola «dati» non è che un sinonimo di «informazioni», e le informazioni, si sa, provengono da molte fonti. Le statistiche, certo, ma anche l'esperienza umana. Per questo io sostengo che se vogliamo progettare un mondo che funzioni per tutti c'è bisogno anche delle donne. Se le decisioni che condizionano la nostra vita vengono prese soltanto da maschi con la pelle bianca, di sana e robusta costituzione, nove volte su dieci di nazionalità americana, anche questo è un vuoto di dati; proprio come lo è, nel campo della ricerca medica, l'assenza di informazioni sul corpo delle donne. Senza contare che l'esclusione a priori della prospettiva femminile alimenta una sorta di involontaria propensione al maschile che vorrebbe, spesso in buona fede, spacciarsi per assenza di connotazioni di genere. È questo che intendeva Simone de Beauvoir quando diceva che gli uomini tendono a confondere il loro punto di vista con la verità assoluta. [...]

Se già scarseggiano i dati per la popolazione femminile in generale (perché non li raccogliamo, oppure non li separiamo da quelli dei maschi), quando si tratta di donne di colore, o disabili, o di estrazione proletaria, l'assenza di dati diventa totale. Non è che non vengano raccolti: il problema è che non vengono distinti (o «disaggregati») dalle informazioni relative agli uomini. Per esempio, le statistiche sulla rappresentanza proporzionale in vari ambiti, dalle cattedre universitarie ai ruoli cinematografici, sono suddivise in base al sesso o alla provenienza etnica, ma le donne che appartengono alle etnie minoritarie finiscono sempre per confondersi nei gruppi più ampi. [...]

La mia tesi è che il vuoto dei dati di genere sia al tempo stesso causa ed effetto di quella sorta di non-pensiero che concepisce l'umanità come quasi soltanto maschile. Vi mostrerò quanto sia frequente e diffuso questo inganno, e in che modo esso distorca i dati apparentemente oggettivi che condizionano una parte sempre più ampia delle nostre vite. Vi mostrerò che persino nel nostro mondo iperrazionale guidato da inflessibili supercomputer le donne sono ancora in buona parte il «secondo sesso» di cui parlava Simone de Beauvoir, un secondo sesso che rischia di essere trattato – quando va bene – come una sottocategoria dell'umano.

Caroline Criado Perez, *Invisibili*, Einaudi, 2020.

---

30 Nel passaggio «le storie che ci raccontiamo riguardo al nostro passato, al presente e al futuro sono tutte contrassegnate – deturpate – da una «presenza-assenza» che ha la sagoma di un corpo femminile», il termine *sagoma* è sinonimo di:

- A presenza
- B modello
- C volume
- D forma

31 Con la frase «Non è come avere un attacco di cuore che non viene diagnosticato perché i sintomi sono considerati 'atipici'», l'autrice allude a una situazione in cui:

A l'attacco di cuore non viene diagnosticato perché i parametri di riferimento per la diagnosi sono quelli di un cuore maschile

B la funzionalità alterata del cuore prima di un attacco non consente una diagnosi affidabile

C i sintomi di un paziente non consentono di diagnosticare un attacco di cuore a causa di altre patologie

D il medico che formula la diagnosi dedica poca attenzione a una paziente in quanto donna

32 Nella prima metà del brano, l'autrice svolge un discorso:

A di tipo argomentativo, ovvero presenta una serie concatenata di argomenti al fine di sostenere una tesi

B di tipo narrativo, ovvero racconta una storia o un frammento di essa

C di tipo regolativo, ovvero orienta o determina il comportamento del lettore

D di tipo espositivo, ovvero illustra fatti e concetti con lo scopo di arricchire le conoscenze del lettore

33 Qual è la migliore sintesi di quanto esposto nel penultimo paragrafo?

A Nei confronti delle donne appartenenti a minoranze etniche la discriminazione è maggiore

B I dati relativi alle donne appartenenti a minoranze etniche e alle classi popolari sono i più scarsi perché le elaborazioni statistiche non sono sufficientemente approfondite

C I dati relativi alle donne appartenenti a minoranze etniche sono i più scarsi perché esse non partecipano alle rilevazioni statistiche

D Le statistiche relative alle donne più emarginate risentono delle difficoltà nella raccolta dei relativi dati

34 Leggendo il brano, ci si può aspettare che il libro che l'autrice sta presentando:

A prenderà in considerazione esclusivamente i dati su cui si basano le tecnologie, per dimostrare quanto il *gender data gap* incida negativamente sulla vita delle donne nella società contemporanea

B sarà un tentativo di colmare, almeno parzialmente, il *gender data gap*, grazie alla pubblicazione di una gran mole di dati inediti relativi alle donne, comprese quelle delle minoranze etniche

C sarà interamente dedicato a illustrare il concetto di *gender data gap*

D svilupperà una lettura del *gender data gap*, mostrandone le ricadute sulla vita delle donne e cercando di metterne in luce anche gli aspetti più nascosti

35 In relazione al passaggio «nel nostro mondo iperrazionale guidato da inflessibili supercomputer», il termine in*flessibile* è sinonimo di:

A iper efficiente

B intransigente

C infaticabile

D super tecnologico

2.2 | Soluzioni e commenti

1 Questo quesito nasconde un'insidia. Le alternative, infatti, elencano figure retoriche di significato che possono essere scartate facilmente, tranne una, la personificazione, cioè l'attribuzione di tratti, comportamenti, pensieri e azioni umani a oggetti inanimati. Nel nostro caso i *comignoli che fumavano* potrebbero trarre in inganno, ma "fumare", nel suo significato di "emettere, produrre fumo", non richiede un soggetto umano (come sarebbe stato invece se i camini avessero per esempio "soffiato"). La soluzione è pertanto la **D**.

2 Si può rispondere a questo quesito scartando le alternative errate a partire da quanto ritroviamo nel paragrafo: se *il cielo, sebbene grigio, era leggero ed ampio come da lunghi giorni non appariva*, significa che il tempo non era peggiorato (**A** errata); se *la terra era fradicia* e *i calzoni di Milton erano schizzati di fango fin sulla coscia e gli scarponi erano due gnocchi di mota*, molto probabilmente nei giorni precedenti aveva piovuto molto, ma quel giorno *non faceva gran freddo*. Anche la **C** è pertanto errata. Tanta umidità potrebbe anche essere stata causata da una nebbia particolarmente densa e prolungata ma, se il cielo era *leggero ed ampio*, la nebbia non poteva essersi diradata soltanto "un poco", come proposto dalla **B**: possiamo dunque optare per la piovosità dei giorni precedenti e scegliere la risposta **D** (soluzione), trovandone poi conferma anche in un passaggio successivo in sui si dice che la notte precedente *la pioggia crosciava sul tetto buono del fienile*.

3 Il quesito non è semplice e perciò conviene procedere per gradi. Escludiamo subito la risposta **B** considerando che "cartilagine in metallo" non equivale a "cartilagine e metallo". Osserviamo poi che se "cartilagine in metallo" stesse per "cartilagine metallica", il verbo dovrebbe essere "fatte (di/da)" e non "fattesi (da)": escludiamo così la **A** e la **D**. Ci dobbiamo a questo punto chiedere se possa trattarsi di una mutazione della materia (da cartilagine a metallo), "Farsi" può però significare anche "divenire", "diventare" (si è fatto tardi), ed quindi **C** la soluzione al quesito.

4 Occorre prima di tutto individuare dove rintracciare nel brano le informazioni utili a rispondere. Si tratta, in particolare, dell'attraversamento del torrente, ed è sul quarto paragrafo che dobbiamo concentrare l'attenzione: *L'acqua era scura e pastosa, ma ancora lontana dallo straripare e la passerella era certamente in piedi. Il solo pensiero di dover passare a guado lo scuoteva come una febbre.* Sappiamo inoltre che aveva smesso di piovere, mentre non sono dati altri elementi, né qui né altrove nel testo, per avere certezze, né sulla passerella né sull'arrivo di Milton a Santo Stefano. **A** e **B** esprimono invece certezze e possono quindi essere escluse. Per la **C** vale analogo ragionamento: infatti è vero che non sappiamo se Milton arriverà a Santo Stefano, ma non possiamo essere certi nemmeno che se ciò accadrà sarà grazie alla passerella. La soluzione è dunque la più cauta risposta **D** (nel seguito del romanzo Milton arriverà a Santo Stefano attraversando il torrente sulla passerella).

5 Il testo è evocativo ma non oscuro: non dovrebbe essere difficile stabilire che la migliore riformulazione è la **D**. Scartate la **A** e la **B**, che propongono un confronto tra la capacità di resistere della notte e quella di Milton che non si ritrova nel testo, si tratta di interpretare il desiderio del protagonista, la sua speranza relativamente alla durata del giorno e/o della notte. Ricostruendo la narrazione sviluppata nel brano alla luce del quesito, notiamo che Milton si sveglia e sa che quel giorno dovrà compiere quella *terribile cosa*: per allontanarla, desidera che la notte possa durare più a lungo, lasciare spazio al giorno più tardi.

6 L'autore del brano afferma che il disegno del bambino si pone a metà strada tra il gioco simbolico e l'immagine mentale, e che con quest'ultima divide lo sforzo d'imitazione della realtà circostante. La risposta esatta è così la **B**.

7 Prima di Luquet, gli autori sostenevano opinioni opposte tra loro: da una parte, ammettevano che i primi disegni infantili sono sostanzialmente ancorati al reale poiché si rifanno a modelli effettivi slegati dalla dimensione immaginativa; dall'altra, insistevano sull'idealizzazione di cui sono prova i disegni primitivi. La risposta A è pertanto quella corretta.

8 L'approccio del bambino nel disegno, fin verso gli 8-9 anni è – secondo Luquet – intenzionalmente realista, ma il bambino inizia a disegnare ciò che sa di un personaggio o di un oggetto prima di rendere graficamente il modo in cui lo vede. L'immagine mentale è infatti per Luquet concettualizzazione prima che tentativo di rappresentazione del reale ma tra l'immagine mentale o interiore e l'immagine grafica esistono numerose interazioni, poiché entrambe derivano direttamente dall'istinto imitativo del bambino. L'alternativa C deve quindi essere la risposta esatta.

9 Luquet esprime chiaramente la sua interpretazione del disegno infantile come atto semiotico: il bambino, infatti, rappresenta disegnando ciò che sa del soggetto (quindi restituisce, del soggetto, l'immagine mentale che conserva interiormente) prima ancora di dare voce al suo richiamo mimetico della realtà. La risposta B risulta essere quindi quella corretta.

10 Non è difficile individuare nella C la risposta esatta: il soggetto non può che essere il bambino che disegna.

11 L'autore esprime chiaramente la sua opinione in apertura del brano: crede infatti che la vera interpretazione dell'opera di Piero della Francesca – per le sue implicazioni matematiche e geometriche e per il rigore prospettico che sta alla base di ogni suo dipinto, dove niente è spazialmente lasciato al caso – potesse avvenire sono in epoca moderna. La risposta D è quindi corretta. Il primo vero interprete dell'opera di Piero della Francesca è stato, secondo l'autore, Georges Seurat, seguito da Paul Cézanne, dai cubisti, di Piet Mondrian e da Giorgio Morandi in Italia.

12 Nel brano l'autore mostra come il carattere essenziale della pittura di Piero della Francesca sia di tipo formale (ordine matematico, geometria, colore, valenza metafisica). Per questo osservare un suo dipinto conduce a una comprensione filosofica (risposta D corretta) più che narrativa o illustrativa (A o C errate).

13 La risposta esatta è la D. In questo caso è facile individuare la risposta procedendo per esclusione. La A è facilmente scartabile perché in nessun punto del brano si dice – ma neanche vagamente si può leggere tra le righe – che Piero della Francesca sia un pittore controverso, né che la sua opera sia guardata con sospetto dalla critica recente. La B non è corretta per due ragioni: l'influenza dell'opera di Piero della Francesca su quella di Seurat non ha riguardato la sua formazione (e comunque ciò non è affermato nel brano); Courbet è un pittore che nel brano non viene citato affatto. La C potrebbe essere oggetto di una deduzione, ma non è assolutamente un'affermazione contenuta nel brano (quindi da scartare).

14 Come si può verificare attraverso una ricerca del significato del termine, *atarattico* (più comune: *atarassico*), significa "immune da affetti, passioni, emozioni" (risposta A). L'aggettivo deriva dal greco *a-* (prefisso privativo) + *tarasia*, "turbamento", cioè "senza turbamento".

15 Il brano non è evidentemente scientifico, narrativo o giornalistico. Più difficile è scartare "descrittivo" (alternativa C). In realtà però, qui non si descrive l'opera di un autore, ma se ne analizzano la natura e l'influenza sull'opera di artisti moderni. L'alternativa corretta è dunque la A.

16 La soluzione a questa domanda si trova nel primo capoverso del brano. Lo sviluppo dell'educazione libertaria si diffonde in Europa – e contemporaneamente in Gran Bretagna – agli inizi del Novecento. Non è quindi esatto dire che in Gran Bretagna il fenomeno è isolato rispetto al resto d'Europa (escludere risposta A), né che prende le mosse dall'opera di Key (escludere risposta B), né che la diffusione dell'educazione libertaria avviene nonostante le condizioni sociali del Paese (escludere risposta D) perché è proprio il comune sentire europeo – frutto di condizioni sociali, storiche e culturali affini – che alimenta questa vocazione libertaria. La risposta esatta è la A.

17 La soluzione al quesito si trova circa a metà del brano ed è riportata dall'alternativa B. Secondo l'autrice svedese, se l'adulto si "cala" nella parte del bambino – assumendone la prospettiva infantile e conservandone il carattere autentico – favorisce la trasformazione del vecchio ordine sociale perché solo il bambino socialmente inserito riesce ad avere un ruolo determinante nella società futura. Le risposte A, C e D offrono interpretazioni non desumibili dal brano.

18 La soluzione da indicare è la D. La vocazione libertaria si sviluppa in Europa, contemporaneamente nei suoi vari Stati. Dal brano non si deduce che questo orientamento sia nato specificamente in Gran Bretagna.

19 La risposta al quesito si trova nel primo capoverso del brano, che afferma: «In Gran Bretagna, tra il 1907 e il 1921, si sviluppano numerose esperienze di educazione libertaria. In questi anni, in modo particolare, abbiamo una concentrazione di tante scuole e attività pedagogiche che si richiamano ai principi libertari». Il *primo lustro* è invece il primo quinquennio. Perciò la A è l'alternativa da indicare.

20 Le ultime righe del brano spiegano che le prime esperienze educative libertarie inglesi si muovono nel solco della tradizione filosofica dell'empirismo inglese di Locke (D errata, A corretta), in contrapposizione allo storicismo (B errata) e con ridotta presenza di temi anarchici (C errata).

21 La soluzione esatta è in questo caso facilmente individuabile nell'alternativa B. Dal brano si evince che la tentazione del bambino di "rimandare" – in altre parole, il suo vivere nel presente – nasce da diverse sensazioni: la lontananza nel tempo dell'avvenire, l'incertezza di ciò che riserva il futuro, il carattere privativo dell'educazione e la ricca offerta di esperienze avventurose dell'età infantile.

22 Secondo Dewey, ricompense e punizioni sono surrogati dei motivi di piacere e di dolore. Dal momento che il bambino non considera il futuro interessante né stimolante (proprio perché sganciato dalla dimensione del presente), per rendere funzionali ed efficaci le direttive dell'adulto è necessario agganciarle a invitanti promesse o paurose minacce. In questo modo si mette in moto l'attenzione del soggetto verso un obiettivo futuro, anche quando ciò significa portare a termine qualcosa che non si vorrebbe. La risposta corretta è pertanto la B.

23 L'espressione «il pendolo oscilla fino all'altro estremo [1]» si riferisce alla contrapposizione con quanto detto poco prima nel brano. In particolare, ai metodi punitivi di una certa concezione educativa che ignora i bisogni del presente a favore delle potenzialità future, Dewey contrappone quel metodo educativo che per rendere invitante l'avvenire, lo infarcisce di stimoli e mette l'individuo nella condizione di ricevere ciò che in realtà non vorrebbe. La soluzione esatta è quindi la C.

24 L'autore del brano sostiene che l'educazione, in quanto percorso di crescita e cammino, deve preparare il soggetto sfruttando le sue capacità nel presente di affrontare le possibilità dell'avvenire. La soluzione esatta è dunque la D.

25 La soluzione esatta è, anche in questo caso, la **D**. L'autore del brano conclude sottolineando l'intrinseca necessità di prepararsi per una vita in continuo e progressivo sviluppo. Questa necessità si traduce nella inevitabile fusione del presente nel futuro, anche se il soggetto non ne è consapevole. Preoccuparsi del presente, prendendosene cura, significa già provvedere al futuro.

26 Secondo l'autore del brano, la scuola deve saper educare e non solo trasmettere sapere e conoscenze. Partendo da questo presupposto, l'autore ritiene che uno dei limiti della scuola stia nel non modificare le aspettative nei confronti degli alunni con il procedere dell'età (la risposta esatta è la **D**). Infatti, lo studente, a partire dalle elementari, poi alle medie e più ancora alle superiori, sviluppa progressivamente motivazioni autonome nei confronti dell'adulto; la scuola, di conseguenza, dovrebbe tener conto di questi passaggi evolutivi nel modificare il "contratto scolastico".

27 L'autore dichiara apertamente, in chiusura del brano, che il progetto di riforma dell'educazione orientato verso la formazione del cittadino è ancora lontano dall'essere una realtà. La risposta esatta è così la **D**. Non si spinge fino a definirla un'utopia (è facile quindi escludere la risposta **A**), mentre le alternative **B** e **C** non sono desumibili dal brano.

28 La risposta esatta è la **C**. I ragazzi delle scuole superiori – secondo l'autore del brano – non riconoscono l'utilità dell'educazione perché sfugge loro la connessione tra il sapere e il saper fare, tra la teoria appresa o apprendibile sui banchi di scuola e la pratica nella vita di tutti i giorni. Demotivati da questa assenza di nesso, sviluppano verso la scuola disinteresse e noia.

29 Lo studente della scuola media inferiore – a differenza del bambino della scuola elementare, che si relaziona essenzialmente con i genitori attraverso un rapporto di obbedienza – sviluppa il proprio *Sé* in relazione al gruppo-classe, che assume un importante ruolo nel gioco delle parti interpretate da insegnanti e alunni. Fuori dalla scuola, costruisce la propria identità nel gruppo dei pari, così che l'*io sociale* prevale sull'*io individuale*. La risposta esatta è pertanto la **A**.

30 La risposta corretta è la **D**. Rileggendo e analizzando il periodo proposto, ricaviamo che la *sagoma* è quella della *presenza-assenza*, ovvero del *vuoto di dati* citato già nel primo paragrafo e poi definito *gender data gap* nel quinto. Nelle ricostruzioni storiche, ma anche a tutt'oggi, scrive l'autrice, vi è una mancanza di dati relativi alle donne, e questa mancanza ha la *sagoma*, cioè la forma di un corpo femminile, nel linguaggio figurato del testo.

31 Prestando attenzione alle alternative proposte alla luce del contenuto complessivo del brano, vediamo che la **B** e la **C** si scartano facilmente, perché propongono considerazioni su sintomi, patologie e preparazione del medico che non sono argomenti trattati.

Tra le due opzioni restanti, la **D** potrebbe trarre in inganno solo in un primo momento, visto che propone sì una situazione di discriminazione della donna, ma non dovuta al *vuoto di dati* di cui il brano tratta. La situazione cui l'autrice fa riferimento è invece quella indicata dall'alternativa **A** (soluzione). Scorrendo il testo, infatti, in [3] troviamo esempi che dimostrano come il mondo sia *costruito a misura di maschio* (si veda la fine del paragrafo). Nella prima parte le donne *tremano dentro uffici* e *fanno acrobazie* perché gli ambienti di lavoro sono progettati e regolati secondo parametri maschili; nella seconda parte le donne rischiano la vita perché le auto sono costruite secondo misure maschili e perché anche i parametri diagnostici in medicina sono ricavati da statistiche in cui le donne sono sottostimate o assenti, a causa del *gender data gap*.

32 La risposta esatta è la **A**. Le quattro alternative propongono e descrivono correttamente le tipologie testuali individuate dal modello di classificazione funzionale più diffuso, elaborato da Egon Werlich. Non vi sono dubbi che nei paragrafi dal primo al sesto l'autrice sviluppi un testo di tipo argomentativo. L'attacco dell'ultimo paragrafo «La mia tesi è che [...]» toglie ogni dubbio.

33 Per rispondere occorre mettere a fuoco l'argomento specifico del paragrafo sesto, cioè l'assenza di dati relativi alle donne *di colore, o disabili, o di estrazione proletaria*, come si ricava dal primo periodo. Non è la generica discriminazione nei loro confronti (A errata). Tali dati *non è che non vengano raccolti*, chiarisce l'autrice, e sono dunque disponibili (C e D errate), ma *il problema è che non vengono distinti (o «disaggregati») dalle informazioni relative agli uomini*. Le informazioni sulle donne delle minoranze o proletarie, insomma, *finiscono sempre per confondersi nei gruppi più ampi*, restano cioè indistinte entro le elaborazioni relative o alle donne in generale, o alle minoranze in generale: il problema è dunque un'insufficiente approfondimento delle elaborazione statistiche, come sostenuto dalla risposta B, soluzione al quesito.

34 L'opzione D appare subito l'ipotesi più plausibile ed è in effetti la risposta esatta al quesito. Nell'ultimo paragrafo del brano, l'autrice anticipa ai lettori che nel libro mostrerà loro «quanto sia frequente e diffuso questo inganno, e in che modo esso distorca i dati apparentemente oggettivi che condizionano una parte sempre più ampia delle nostre vite e che persino nel nostro mondo iperrazionale guidato da inflessibili supercomputer le donne sono ancora in buona parte il 'secondo sesso'».

35 A una prima lettura, tutti e quattro gli aggettivi proposti potrebbero essere riferiti ai supercomputer e sostituire nel testo l'aggettivo "inflessibile" (che significa letteralmente "che non si flette, che non si piega", "rigido", e che in senso figurato indica "chi non cede a pressioni e a influenze esterne, non desiste per alcun motivo dal proprio proposito"). Bisogna allora stabilire quale sia il senso attribuito al termine dall'autrice nel contesto del brano: i *supercomputer* che guidano il *nostro mondo iperrazionale* sono da lei chiamati in causa in quanto, nell'opinione comune, essi sono "oggettivi", cioè, in un certo senso, "non cedono a pressioni e a influenze". Possiamo dunque scartare le opzioni A, C e D, che indicano caratteristiche riferite all'efficienza dei computer. Tra le alternative restanti, poi, "spietato" ha un'accezione eccessivamente negativa, non presente nel testo mentre è "intransigente" il sinonimo da indicare (B soluzione),.

3 | Problemi di natura matematica

3.1 | Esercizi proposti

1 **Quale delle seguenti frazioni è la maggiore?**

- A 3/5
- B 8/9
- C 10/12
- D 5/6

2 **30 è il 60% di:**

- A 90
- B 180
- C 40
- D 50

3 **Il 10% di *X* è pari a 15; *X* è il 30% di *Y*. Quanto vale *Y*?**

- A 500
- B 300
- C 1.500
- D 250

4 **Lo stipendio di Daniele è stato ridotto del 20%. Se prima guadagnava 1.800 euro, quanti ne guadagnerà ora?**

- A 1.640 euro
- B 1.550 euro
- C 1.600 euro
- D 1.440 euro

5 **Tra 150 persone si trovano 30 maggiorenni. Quale percentuale del gruppo di persone è minorenne?**

- A 20%
- B 30%
- C 70%
- D 80%

6 **Nel gennaio del 2017 Stefano ha pagato la sua nuova moto 7.000 euro. A giugno dello stesso anno la moto aveva perso il 10% del suo valore iniziale, mentre a dicembre la perdita dal valore iniziale era del 30%. Quanto valeva in più la moto a giugno rispetto a dicembre?**

A 30%
B 1.400 euro
C 2.100 euro
D 700 euro

7 **Lavorando insieme, Aldo, Giovanni e Giacomo fabbricano 10 tubi in 2 ore; Aldo da solo impiegherebbe 5 ore e Giovanni da solo ne impiegherebbe 10. Quanto impiegherebbe Giacomo da solo a fabbricare i 10 tubi?**

A 10 ore
B 5 ore
C 30 minuti
D 3 ore

8 **Giorgio impiega 4 giorni per costruire una barca. Mario ne impiega 6 e Alfredo 12. Quanto tempo impiegano i tre insieme per costruire la stessa barca?**

A 2 giorni
B 3 giorni
C 36 ore
D 4 giorni

9 **Se un bambino mangia dapprima 1/3 di un barattolo di marmellata e poi i 3/4 della parte rimanente, che parte del contenuto iniziale rimane alla fine?**

A 1/4
B 5/12
C 1/6
D 1/12

10 **Se tre muratori, lavorando allo stesso ritmo, impiegano 40 minuti per demolire una parete, quanto impiegherebbe uno solo di essi a demolire la stessa parete?**

A 110 min
B 2 ore
C 100 min
D 25 min

11 **Lanciando in aria 2 monete qual è la probabilità di ottenere 1 testa e 1 croce?**

A 1/4
B 1/2
C 3/4
D 4/4

12 **In una gara di Formula 1, Hamilton impiega esattamente 21 giri di un percorso lungo 5.000 metri per raggiungere e "doppiare" Alonso. Sapendo che Hamilton guadagna su di lui 5 secondi al giro, a che velocità sta andando Alonso approssimativamente?**

A 171,5 km/h
B 18 m/sec
C 20 min
D 180 km/h

13 **Un rappresentante ha percorso la strada dalla città A alla città B in *x* ore. Nel viaggio di ritorno, lungo la stessa strada, la sua velocità media è raddoppiata. Quale delle seguenti espressioni rappresenta il numero totale di ore impiegate dal rappresentante per effettuare l'intero viaggio?**

A 2/3 *x*
B 3/2 *x*
C 5/3 *x*
D 2*x*

14 **Alfonso pedala in bicicletta a una velocità costante di 45 metri al minuto, mentre Marisa pedala a una velocità costante di 0,8 metri al secondo. Se partono insieme lungo lo stesso percorso, quanti metri separeranno i due dopo un'ora?**

A 120
B 162
C 168
D 180

15 **Piero ha due libri più di Matteo, che ne possiede la metà di Luca, mentre Enrico ne ha il quadruplo di Luca. Se i quattro amici posseggono complessivamente 122 libri, quanti di questi sono di proprietà di Matteo?**

A 17
B 10
C 12
D 23

16 **Se quattro panettieri, lavorando allo stesso ritmo, impiegano 2 ore per preparare 10 kg di pane, quanto impiegherebbe uno solo di essi per preparare 5 kg di pane?**

A 2 ore
B 4 ore
C 8 ore
D 12 ore

17 **Un fiorista ha a disposizione 672 rose, 816 margherite e 624 garofani. Vuole confezionare mazzi tutti uguali in modo da esaurire tutti i fiori a disposizione e in modo che ciascun mazzo contenga il massimo numero possibile di fiori della stessa tipologia. Quanti fiori complessivi conterrà ciascun mazzo?**

A 48
B 17
C 96
D 44

18 In un sacchetto sono contenute molte palline rosse, nere e bianche. Quante palline bisogna estrarre come minimo dal sacchetto, per essere sicuri di averne almeno due dello stesso colore?

A 4
B 6
C 3
D Tutte

19 Una sarta confeziona un abito ogni 2 settimane. Quante sarte devono lavorare per confezionare 3 abiti ogni settimana?

A 2
B 3
C 6
D 20

20 Una scatola contiene 12 penne: 8 rosse e 4 nere. Qual è la probabilità che estraendo due penne dalla scatola queste siano entrambe nere?

A 9/25
B 1/3
C 1/11
D 6

21 In un sacchetto ci sono 8 caramelle alla menta e 2 alla frutta. Quante caramelle alla frutta bisogna aggiungere per fare in modo che la probabilità di estrarre una caramella alla frutta sia pari a 1/3?

A 4
B 6
C 5
D 2

22 Se 3 kg di pomodori, del peso di 600 grammi ciascuno, costano 4 euro, quanto costa una dozzina degli stessi pomodori?

A 9,00 euro
B 8,60 euro
C 8,20 euro
D 9,60 euro

23 Se $\log_x 196 = -2$, quanto vale x?

A 7
B 1/7
C 14
D 1/14

24 **Luca invia 10.000 euro a Pippo che ne spende una quota imprecisata. Il resto viene da Pippo "girato" ad Andrea che, dopo avere speso il 75% di quanto ricevuto, ha ancora disponibili 1.200 euro. Quale quota percentuale della somma originaria ha speso Pippo?**

A Il 48%

B Il 52%

C Il 75%

D Il 65%

25 **Una scatola contiene 12 cioccolatini: 4 sono fondenti e 8 al latte. Tre cioccolatini vengono estratti a caso dalla scatola, uno dopo l'altro. Qual è la probabilità che i tre cioccolatini estratti siano al latte?**

A 3/12

B 12/55

C 7/11

D 14/55

26 **A quanto ammonta lo sconto se il prezzo di 10.000 euro è ribassato del 15%?**

A 1.200 euro

B 1.000 euro

C 1.500 euro

D 2.000 euro

27 **Un'urna contiene 10 palline: 6 rosse e 4 bianche. Qual è la probabilità che estraendo due palline dall'urna queste siano rosse?**

A 9/25

B 3/10

C 1/3

D 1/4

28 **Gli abitanti di Timbuctu sono 420.000 e i 4/7 sono di sesso femminile. Se ogni 250 abitanti di sesso maschile ci sono 200 persone minorenni di sesso femminile, qual è il rapporto tra abitanti di sesso femminile maggiorenni e non?**

A 3/2

B 5/3

C 2/5

D 2/3

29 **Una lepre e una tartaruga, che si muovono rispettivamente a 40 km/h e 10 km/h, fanno una gara; la lepre concede alla tartaruga un vantaggio di 15 chilometri. Quanto tempo impiega la lepre a raggiungere la tartaruga?**

A 1 ora

B 30 min

C 45 min

D 25 min

30 **Il 40% degli studenti di una scuola è rappresentato da ragazze. Di queste, l'80% sono brune. Sapendo che le ragazze non brune sono 160, quanti sono in totale gli studenti della scuola?**

- A 200
- B 400
- C 5.000
- D 2.000

31 **A un concorso pubblico vengono ammessi 3 candidati su 15. Sapendo che per tale concorso vi sono 335 candidati, si determini il numero di posti disponibili.**

- A 23
- B 67
- C 45
- D 30

32 **Un supermercato occupa una superficie rettangolare e ha al suo interno tre linee di scaffali. Calcolare, sulla base della piantina riportata in figura, la superficie calpestabile del supermercato.**

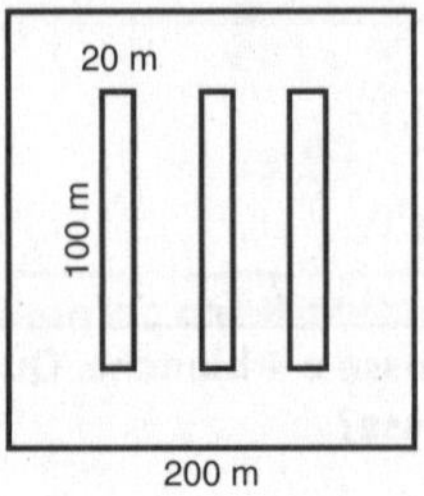

- A 20.000 m^2
- B 24.000 m^2
- C 16.000 m^2
- D 30.000 m^2

33 **Un test è costituito da 10 quesiti per ognuno dei quali sono presentate 4 risposte alternative (di cui una sola è esatta). Si determini la probabilità di indovinare, rispondendo a caso, tutte e dieci le risposte.**

- A 1/40
- B 1/4
- C 1/10
- D $(1/4)^{10}$

34 **Qual è la somma che, impiegata per 4 mesi a un tasso di interesse annuo del 4%, frutta 800 euro?**

- A 30.000 euro
- B 8.000 euro
- C 16.000 euro
- D 60.000 euro

35 **Individuare il numero mancante identificato dal punto interrogativo.**

21	+	3	:	4	6
–		x		+	
10	x	…	+	2	42
+		:		:	
1	x	2	+	…	8
12		?		1	

A 13
B 6
C 11
D 4

36 **Individuare il numero mancante identificato dal punto interrogativo.**

…	x	…	:	…	?
x		x		x	
4	+	3	+	5	12
:		:		:	
1	+	2	+	1	4
28		9		10	

A 7
B 2
C 22
D 21

37 **Individuare il numero mancante identificato dal punto interrogativo.**

30	+	6	–	12	+	8	32
:		x		+		:	
…	+	…	+	…	+	…	?
x		:		–		x	
3	x	2	x	5	:	3	10
18		15		10		6	

A 15
B 16
C 17
D 18

38 **Individuare il numero mancante identificato dal punto interrogativo.**

9	:	3	x	5	:	5	3
+		+		+		–	
6	+	5	+	8	+	3	22
–		+		–		+	
…	x	…	x	…	:	…	?
13		13		7		4	

A 30
B 60
C 32
D 40

39 **Individuare il numero mancante identificato dal punto interrogativo.**

35	:	…	x	12	60
–		x		+	
…	x	…	:	4	?
+		:		–	
3	x	…	x	5	30
15		14		11	

A 7
B 13
C 42
D 23

40 **Cinque carpentieri, lavorando allo stesso ritmo, impiegano 12 giorni per realizzare un mosaico. Quanto impiegherebbe un solo carpentiere a compiere lo stesso lavoro?**

A 36 giorni
B 6 giorni
C 120 giorni
D 60 giorni

41 **Qual è la probabilità che, lanciando due dadi da gioco tradizionali, la somma delle facce sia uguale a 3?**

A 3/12
B 1/18
C 3/36
D 1/12

42 **Claudia e Elena mangiano 10 mandarini in 10 minuti. Claudia mangia 4 volte i mandarini mangiati da Elena. Quanto impiegherà Elena da sola a mangiare 12 mandarini?**

A 10 min
B 60 min
C 50 min
D 30 min

43 **Per 150 studenti che si iscrivono all'università, se ne laureano 25. Tra quanti non si laureano, 3 su 5 hanno abbandonato l'università prima del terzo anno. Per 600 studenti iscritti, quanti sono quelli che abbandonano l'università dal terzo anno in poi?**

A 200
B 300
C 125
D 175

44 **La circonferenza di equazione $x^2 + y^2 - 2x = 0$ ha il centro:**

A sull'asse x
B sull'asse y
C sulla retta $x = y$
D nel punto di coordinate (0, 2)

45 **Il fatturato annuo di una società è sceso da 450 a 360 milioni di euro. Calcolare il decremento percentuale.**

A 25%
B 20%
C 15%
D 90%

46 **Cinque persone si dividono una somma di denaro. Se il denaro, anziché per cinque, fosse stato diviso per quattro, ciascuno avrebbe ricevuto 40 euro in più. A quanto ammonta la somma di denaro da dividere?**

A 800 euro
B 620 euro
C 300 euro
D 250 euro

47 **Una coppia di amici parte per un viaggio in macchina. La loro velocità di crociera sarebbe costantemente pari a 120 km/h, senonché una coda li costringe a procedere a 10 km/h per un tratto lungo 4 km. Quale ritardo accuserà la macchina all'arrivo a causa della coda?**

A 24 min
B 26 min
C 2 min
D 22 min

48 **Alla festa di compleanno di Marika sono stati invitati tutti gli amici di infanzia, tutti i compagni di scuola e tutti i colleghi del conservatorio. Gli amici di infanzia sono la metà più uno dei compagni di scuola e il numero di colleghi del conservatorio è uguale a quello degli amici di infanzia meno tre. Sapendo che Marika ha fatto stampare 47 inviti e che non vi sono elementi comuni ai tre gruppi di persone, quanti sono i suoi compagni di scuola?**

A 13
B 24
C 20
D 26

49 **Se il sestuplo di *z* diviso 3 è uguale al quadruplo di 10/2 quanto vale *z*?**

A 10
B 8
C 5
D 12

50 **Se:**
@ + # = $ – #
 # = 2
$ = 3
Allora @ è uguale a:

A 0
B –2
C 1
D –1

3.2 | Soluzioni e commenti

1 Da un primo sguardo alle alternative proposte si può eliminare immediatamente la A: infatti il basso denominatore e il basso numeratore indicano quantità molto lontane dall'unità. Ci si accorge inoltre, semplificando, che 10/12 è pari a 5/6 e quindi nessuna delle due può essere l'alternativa che si cerca perché si avrebbero due soluzioni al quesito. Senza svolgere calcoli si arriva, quindi, a individuare nella B la risposta esatta.

2 Per trovare la quantità cercata si deve risolvere la seguente equazione:

$$30 = 60\% \cdot X \text{ , cioè:}$$

$$30 = \frac{60}{100} \cdot X \text{ che ha come risultato } X = 50.$$

La soluzione al quesito è, quindi fornita dall'alternativa D.

3 Se 15 = 10% di *X*, significa che *X* = 150. Ma 150 è il 30% di Y, il cui valore sarà:

$$150 = \frac{30}{100} \cdot Y = 500.$$

La soluzione al quesito è, quindi, fornita dall'alternativa A.

4 Per trovare la soluzione del quesito è necessario calcolare il 20% di 1.800 e sottrarlo a 1.800.

$$X = \frac{20}{100} \cdot 1800 = 360$$

La soluzione è, dunque, fornita dall'alternativa D, essendo 1440 = 1800 – 360.

5 La percentuale dei maggiorenni è data da:

$$\% \text{ maggiorenni} = \frac{30}{150} = \frac{1}{5} = 20\%$$

Di conseguenza la percentuale dei minorenni è data da:

% minorenni = 100% – 20% = 80% (risposta esatta D).

6 La differenza di valore tra giugno e dicembre è pari al 20% del valore iniziale della moto (cioè 30% – 10%). Basta, quindi, trovare il 20% di 7.000 euro, che è pari a 1.400 euro per individuare nella B la soluzione al quesito.

7 Si tratta di una classica forma di "problemi di lavoro". Inizialmente si individua la quantità di lavoro svolta, nell'unità di tempo (1 ora), dai diversi soggetti:

- Aldo fabbrica 10/5 = 2 tubi in 1 ora;
- Giovanni fabbrica 10/10 = 1 tubo in 1 ora;
- i tre insieme fabbricano 10/2 = 5 tubi in 1 ora.

Per ottenere il numero di tubi che Giacomo è in grado di fabbricare da solo nell'unità di tempo, bisogna sottrarre il numero di tubi che Aldo e Giovanni fabbricano insieme (2 + 1 = 3), al numero di tubi che tutti e tre insieme fabbricano in un'ora (5):

5 – 3 = 2 = numero di tubi fabbricati da Giacomo nell'unità di tempo.

Il ragionamento conclusivo è il seguente: se Giacomo in 1 ora fabbrica 2 tubi, per fabbricarne 10 impiegherebbe 5 ore (risposta esatta B).

8 Poiché Giorgio impiega 4 giorni per costruire una barca, in un giorno egli compie 1/4 del lavoro. Analogamente, Mario e Alfredo compiono in un giorno rispettivamente 1/6 e 1/12 del lavoro; i tre soggetti insieme compiono quindi in un giorno:

1/4 + 1/6 + 1/12 = 1/2   del lavoro complessivo.

Per l'intero lavoro sono dunque necessari 2 giorni; la risposta corretta è quindi la **A**.

9 Sia x la quantità di marmellata contenuta inizialmente nel barattolo. Il bambino mangia inizialmente 1/3 di x e quindi nel barattolo rimangono i 2/3 di x. In seguito mangia i 3/4 di ciò che ancora resta e quindi la rimanenza finale è pari a 1/4 dei 2/3 di x, ossia 2/12 = 1/6 della quantità iniziale. La risposta esatta è quindi la **C**.

10 I tre soggetti hanno lo stesso ritmo di lavoro, quindi per demolire la stessa parete un solo muratore impiega 40 · 3 = 120 minuti = 2 ore (risposta esatta **B**).

11 Si tratta di un problema di probabilità complessa, dato cioè dalla combinazione delle probabilità di due eventi tra loro indipendenti. Poiché è indifferente quale delle due monete sia testa e quale croce, i 4 *casi possibili* sono indicati nella tabella seguente:

1ª moneta	2ª moneta
T	T
T	C
C	T
C	C

È evidente che i casi favorevoli sono 2 (TC e CT). Quindi la probabilità di ottenere 1 testa *e* 1 croce è pari a 2/4 = 1/2 (risposta corretta **B**).

12 Al compimento del ventesimo giro di Alonso, Hamilton ne ha compiuti 21, rubando 5 secondi a giro. Ciò significa che per fare un giro Hamilton in media impiega 5 x 20 = 100 secondi (5 secondi per ogni giro che fa Alonso, portano complessivamente al giro in più di Hamilton). Ne consegue che per fare un giro Alonso impiega esattamente 105 secondi (5 in più di Hamilton). A questo punto si conosce sia lo spazio (5.000 metri), sia il tempo (105 secondi) ed è agevole calcolare la velocità di Alonso applicando la formula: V = S/T.

In questo caso si ha che:

5.000/105 = 47,6

che rappresentano i metri al secondo (risposta **B** errata).

Per avere i chilometri all'ora si moltiplica per 3600 (numero di secondi in un'ora) e si divide per 1.000 (ora la distanza è ancora espressa in metri).

Il risultato dell'operazione è circa 171,5 km/h. La soluzione è fornita dall'alternativa **A**.

13 A parità di distanza, se la velocità raddoppia, il tempo si dimezza. Pertanto il tempo impiegato al ritorno sarà x/2. Il numero totale di ore impiegate per compiere l'intero viaggio è dunque pari a:

$$x + \frac{x}{2} = \frac{3}{2}x$$ (risposta **B**).

14 Innanzitutto è necessario riportare le due velocità alla stessa unità di misura:

$$v_{Alfonso} = 45\ \frac{m}{min}\ ;\quad v_{Marisa} = 0,8\ \frac{m}{s} = 0,8 \cdot 60\ \frac{m}{min} = 48\ \frac{m}{min}$$

Se si suppone Alfonso fermo, rispetto a lui Marisa ha una velocità di (48 – 45) m/min. Quindi dopo 1 h la distanza fra i due è pari a:

$$s = v \cdot t = 3\ \frac{m}{min} \cdot 60\ min = 180\ m$$

La risposta corretta è la **D**.

---

15 Detto x il numero di libri posseduti da Matteo, si ha che:

- Piero possiede $x + 2$ libri;
- Matteo possiede x libri;
- Luca possiede $2x$ libri;
- Enrico possiede $8x$ libri.

I quattro amici posseggono complessivamente 122 libri e quindi si ha:

$(x + 2) + x + 2x + 8x = 122$ da cui $x = 10$.

La risposta esatta è quindi la **B**.

---

16 Poiché per preparare 10 chilogrammi di pane quattro panettieri impiegano 2 ore, per preparare 5 chili di pane impiegheranno 1 ora. Poiché i 4 panettieri lavorano allo stesso ritmo, per compiere lo stesso lavoro un singolo panettiere impiegherà quindi 1 h · 4 = 4 ore (risposta esatta **B**).

---

17 Per sapere quanti sono i mazzi totali che il fiorista prepara è necessario trovare il Massimo Comun Divisore tra 672, 816 e 624. Il MCD si ottiene moltiplicando tra loro i divisori (che siano numeri primi) comuni tra i numeri considerati. Nel nostro caso, i fattori primi comuni sono 3 2^4 (16), perciò il MCD è 48. Si presti però attenzione: 48 non è il valore cercato, perché indica il numero dei mazzi che si possono formare usando lo stesso numero di fiori: ma noi dobbiamo trovare quanti fiori contiene ciascuno di questi mazzi. Per trovare questo valore si deve dividere ciascun gruppo di fiori per 48, ottenendo 14 rose, 17 margherite e 13 garofani per mazzo, con un totale di 44: la soluzione al quesito è fornita dall'alternativa **D**.

---

18 Diversamente da ciò che potrebbe sembrare inizialmente, per rispondere non è necessario conoscere il numero di palline contenute nel sacchetto. Tenendo conto che l'esercizio richiede il numero minimo di estrazioni per essere *certi* di avere due palline di ugual colore, si ragioni ipotizzando sempre di estrarre colori diversi.

Prima estrazione: la pallina estratta è bianca, rossa o nera.
Seconda estrazione: la seconda pallina estratta ha uno degli altri due colori disponibili.
Terza estrazione: la terza pallina estratta ha il terzo e ultimo colore presente nella scatola.

Quarta estrazione: se le prime tre palline estratte erano di colori diversi (una rossa, una nera e una bianca) il colore della quarta pallina deve necessariamente coincidere con uno di quelli già estratti. La risposta esatta è la **A**.

---

19 Una sarta confeziona un abito ogni 2 settimane e quindi in 1 settimana confeziona mezzo abito. Pertanto, per confezionare 3 abiti in una settimana, occorrono 6 sarte (risposta corretta **C**).

---

20 La probabilità che la prima penna pescata sia nera è pari a 4/12 (=1/3). Dopo l'estrazione, le penne sono diventate 11 e la probabilità di pescarne una seconda nera è 3/11. Quindi la probabilità totale è $\frac{1}{3} \cdot \frac{3}{11} = \frac{1}{11}$. La risposta corretta è la **C**.

21 La probabilità di estrarre una caramella alla frutta, in base alla definizione di probabilità, è data dal rapporto tra il numero di casi favorevoli e il numero di casi possibili. Pertanto se x è il numero di caramelle alla frutta da aggiungere, allora si ottiene:

- numero casi favorevoli = numero caramelle alla frutta = $2 + x$;
- numero casi possibili = numero totale di caramelle = $10 + x$;
- $P(E) = \frac{x+2}{10+x} = \frac{1}{3}$ da cui $3(x+2) = 10 + x$ ossia $x = 2$

La risposta corretta è quindi la **D**.

22 Poiché ogni pomodoro pesa 600 grammi, il numero di pomodori contenuto in 3 kg è pari a3000 g / 600 = 5. Se 5 pomodori costano 4 euro, per ottenere il costo di una dozzina, basta impostare la proporzione $5 : 4 = 12 : x$ da cui $x = 9{,}60$ euro (risposta esatta **D**).

23 La risposta corretta è la **D**, infatti, per la definizione di logaritmo, occorre trovare il valore di x per cui:

$$x^{-2} = 196 \rightarrow \frac{1}{x^2} = 196 \rightarrow x^2 = \frac{1}{196} \rightarrow x = \frac{1}{\sqrt{196}} = \frac{1}{14}$$

24 Chiamando x la quota spesa da Pippo, l'affermazione contenuta nel testo si traduce nella seguente equazione:

$$(10.000 - x) - \frac{75}{100} \cdot (10.000 - x) = 1200$$

dove $(10.000 - x)$ è la quota somma girata ad Andrea e $75/100 \cdot (10.000 - x)$ è la quota spesa da Andrea.

Risolvendo l'equazione si ottiene:

$$\frac{1}{4} \cdot (10.000 - x) = 1.200 \Rightarrow x = 5.200 \text{ euro}$$

La risposta esatta è dunque la **B** (5.200 è appunto il 52% di 10.000).

25 La probabilità che il primo cioccolatino estratto sia al latte è pari a 8/12 = 2/3. Dopo la prima estrazione, nella scatola sono rimasti 11 cioccolatini di cui 7 al latte e quindi la probabilità che la seconda estrazione dia come risultato un cioccolatino al latte (supposto al latte il primo estratto) è pari a 7/11. Allo stesso modo, dopo la seconda estrazione sono rimasti 10 cioccolatini di cui 6 al latte; pertanto la probabilità che il terzo cioccolatino estratto sia al latte (supposti al latte i primi due) è pari a 6/10.

Per il teorema delle probabilità composte, la probabilità che i 3 eventi tra loro indipendenti si verifichino contemporaneamente cioè uno dopo l'altro è data dal prodotto delle probabilità dei singoli eventi:

$P = 2/3 \cdot 7/11 \cdot 3/5 = 14/55$; per cui la risposta corretta è la **D**.

26 Per calcolare il valore di uno sconto del 15% su 10.000 euro è scontata del 15% si applica la formula:

sconto = costo · tasso di sconto

e si ottiene:

sconto = 10.000 · 0,15 = 1.500 (risposta esatta **C**).

27 La probabilità che la prima pallina pescata non sia rossa è pari a 6/10 (cioè 3/10 + 3/10, la somma delle probabilità di pescare una pallina bianca o verde. Dopo l'estrazione, le palline sono diventate 9 e la probabilità di pescarne una seconda non rossa è 5/9 (cioè 3/9 + 2/9, la somma delle probabilità di pescare una delle restanti palline verdi o bianche). Quindi la probabilità totale è $\frac{6}{10} \cdot \frac{5}{9} = \frac{1}{3}$. La risposta corretta è la **C**.

28 Per risolvere il quesito è necessario fare diversi calcoli. Bisogna, innanzi tutto, trovare il numero di persone di sesso maschile e femminile. Le donne saranno i 4/7 di 420.000, cioè 240.000 e gli uomini quindi 180.000 (420.000 – 240.000). Se ogni 250 uomini ci sono 200 donne minorenni significa, semplificando, che i queste ultime saranno pari ai 4/5 (200/250) di 180.000 e cioè 144.000. Le donne maggiorenni saranno allora pari a 96.000 (240.000 – 144.000), il rapporto tra queste e le minorenni quindi sarà pari a 2/3 (96.000/144.000) e la soluzione al quesito verrà fornita dall'alternativa **D**.

29 Lo spazio che separa la lepre dalla tartaruga è pari a 15 km e la velocità relativa della lepre rispetto alla tartaruga è pari a 30 km/h. Il tempo necessario alla lepre per raggiungere la tartaruga è:

$$t = \frac{15 \text{ km}}{30 \text{ km/h}} = 30 \text{ min}$$ (risposta esatta **B**).

30 Le ragazze brune sono l'80% del totale delle ragazze; quindi 160 (ragazze non brune) rappresenta il 20% del numero complessivo di ragazze. Pertanto il numero di ragazze della scuola è pari a:

$$x \cdot 20\% = 160 \text{ da cui si ricava } x = \frac{160}{20} \cdot 100 = 800$$

Poiché le ragazze costituiscono il 40% degli studenti, il numero complessivo di studenti è pari a:

$$\frac{800}{40} \cdot 100 = 2.000$$

Quindi, l'alternativa corretta è la **D**.

31 Il problema può essere risolto impostando la seguente proporzione:

$3 : 15 = x : 335$

da cui si ricava x = 335 : 3/15 = 67 (risposta esatta **B**).

32 Il supermercato ha una superficie rettangolare e quindi la sua area complessiva è data da $200 \text{ m} \cdot 150 \text{ m} = 30.000 \text{ m}^2$. Ogni linea di scaffali occupa una superficie pari a $100 \text{ m} \cdot 20 \text{ m} = 2.000 \text{ m}^2$. Pertanto la superficie calpestabile del supermercato è data da: $30.000 - 6.000 = 24.000 \text{ m}^2$. La risposta corretta è quindi la **B**.

33 La probabilità di individuare la risposta corretta rispondendo in modo casuale a una singola domanda (con 4 alternative, di cui una sola esatta) è pari a 1/4. La probabilità di indovinare rispondendo a caso a tutte e dieci le domande si calcola applicando il teorema delle probabilità composte. Poiché i 10 eventi (individuare casualmente la risposta esatta di ciascuna domanda) sono tra loro indipendenti, la probabilità che si verifichino contemporaneamente è data dal prodotto delle probabilità dei singoli eventi:

$$\underbrace{\frac{1}{4} \cdot \frac{1}{4} \cdot \frac{1}{4} \cdot \ldots \cdot \frac{1}{4}}_{\text{10 volte}} = (1/4)^{10}$$

La risposta corretta è quindi la **D**.

34 Ricordando che 4 mesi sono un terzo di anno, si ricava la somma investita applicando la seguente formula:

$$\text{somma} = \frac{\text{interesse}}{\text{tasso} \cdot \text{tempo}} = \frac{800}{4\% \cdot \frac{1}{3}} = \frac{800}{4} \cdot 100 \cdot 3 = 60.000$$

per cui la risposta corretta è la **D**.

35 Per ricavare il numero incognito richiesto (rappresentato dal punto interrogativo) occorre dapprima calcolare il numero mancante sulla seconda riga. Moltiplicando tale numero per 10 e aggiungendo 2 il risultato deve essere 42; quindi il numero mancante è 4:
10 x 4 (= 40) + 2 = 42.

A questo punto la seconda colonna risulta: 3 x 4 (= 12) : 2 = 6. Quindi la risposta corretta è la **B**.

36 Per trovare il numero indicato dal punto interrogativo è necessario completare la prima riga; per farlo bisogna considerare le singole . Il numero mancante nella prima colonna è 7 (infatti 7 x 4 : 1 = 28), il numero mancante della seconda colonna è 6 e quello della terza è 2. Il numero sostituito dal "?" è, quindi, il risultato dell'operazione: 7 x 6 : 2, quindi 21. La soluzione al quesito è fornita, dunque dall'alternativa **D**.

37 È necessario completare la seconda riga per trovare il numero sostituito dal punto interrogativo. Lavorando sulle singole colonne si trova che i numeri mancanti sono rispettivamente 5 per la prima, 5 per la seconda, 3 per la terza e 4 per la quarta. La somma di questi quattro numeri ha come risultato 17 (**C** soluzione del quesito).

38 Per poter individuare il numero sostituito dal punto interrogativo è necessario completare l'ultima riga della matrice, risolvendo le operazioni in colonna. I numeri mancanti, partendo dalla prima colonna sono: 2, 5, 6 e 2; operando poi nel modo indicato dalla matrice, si ottiene come risultato un valore pari a 30. L'alternativa **A** è, quindi, la soluzione del quesito.

39 Per trovare il numero sostituito dal punto di domanda, è necessario completare la seconda la seconda riga; per farlo bisogna integrare i numeri mancanti di altre operazioni. Si comincia risolvendo la prima colonna: 35 – *23* + 3 = 15. In seguito si va a completare la prima riga (35 : *7* × 12 = 60) e quindi la terza (3 × *2* × 5 = 30). In tal modo si può arrivare a definire il numero mancante nell'operazione della seconda colonna: 7 × *4* : 2 = 14. A questo punto è ricostituita l'operazione della seconda riga, da cui ricavare il numero richiesto che ne è il risultato: 23 × 4 : 4 = *23*. La soluzione al quesito è, dunque, fornita dall'alternativa **D**.

40 Dal momento che i cinque carpentieri lavorano allo stesso ritmo, uno di essi in un giorno svolge un lavoro pari a:

$$\frac{1}{5} \cdot \frac{1}{12} = \frac{1}{60} \text{ del lavoro totale.}$$

Quindi per compiere da solo l'intero lavoro un carpentiere impiega 60 giorni.

Alternativamente si può calcolare che un solo carpentiere impiega cinque volte il tempo impiegato dal gruppo per realizzare il mosaico: 12 giorni · 5 = 60 giorni (risposta esatta **D**).

Si osservi che l'alternativa **B** è facile da scartare poiché propone un valore inferiore a 12 (se 5 persone impiegano 12 giorni è impossibile che una persona sola impieghi un tempo minore).

41 La probabilità di un evento è definita come il rapporto tra il numero di casi favorevoli all'evento e il numero di casi possibili. Si tratta quindi di valutare quanti sono i casi favorevoli, sapendo che i casi possibili sono 36 ($6 \cdot 6$).

1° dado	2° dado
1	2
2	1

Nei due casi riportati nella tabella, la somma dei dadi è pari a 3; dunque i casi favorevoli sono 2 e la probabilità dell'evento è $P = 2/36 = 1/18$ (risposta esatta **B**).

42 Detti x i mandarini di Elena, si può scrivere $x + 4x = 10$, da cui si ricava che, in 10 minuti, Claudia ha mangiato 8 mandarini ed Elena 2. Ma se Elena mangia 2 mandarini ogni 10 minuti significa che per mangiarne 12 impiega 60 minuti. La risposta corretta è quindi la **B**.

43 Su 150 iscritti, 125 non si laureano (150 – 125) . Di essi, 50 lasciano dopo il terzo anno ($125 \cdot 2/5$). Per conoscere il loro numero su 600 iscritti, è sufficiente impostare la seguente proporzione:

$150 : 50 = 600 : x$ da cui si ricava $x = \dfrac{600 \cdot 50}{150} = 200$ (risposta corretta **A**).

44 Nell'equazione proposta dal quesito manca il termine in y, quindi ci si trova nel caso particolare $b = 0$: il centro si trova sull'asse delle x (risposta **A**). Infatti, data l'equazione generale della circonferenza $x^2 + y^2 + ax + by + c = 0$, le coordinate del centro sono:

$$C\left(-\frac{a}{2}; -\frac{b}{2}\right)$$

45 Applicando la formula per il calcolo della variazione percentuale, si ottiene:

$\dfrac{360 - 450}{450} \cdot 100 = -20\%$ (risposta corretta **B**).

46 Sia x la quantità di denaro percepita da ciascuna persona dividendo per 5 la somma iniziale di denaro. Poiché la somma iniziale da dividere non cambia, vale la seguente equazione: $x \cdot 5 = (x + 40) \cdot 4$ da cui si ricava $x = 160$. Pertanto la somma di denaro da dividere è pari a $160 \cdot 5 = 800$ euro (risposta esatta **A**).

47 Alla velocità di crociera, la macchina percorrerebbe 4 km in 2 minuti dato che:

$$t = \frac{4\text{ km}}{120\text{ km/h}} = \frac{1}{30}\text{h} = 2\text{ min.}$$

A causa della coda, la velocità della macchina scende a 10 km/h; quindi 4 km vengono percorsi in un tempo pari a:

$$t = \frac{4\text{ km}}{10\text{ km/h}} = \frac{2}{5}\text{ h} = 24\text{ min.}$$

Il ritardo causato dalla vettura è dunque pari a 24 – 2 = 22 minuti (risposta esatta **D**).

48 Se I = amici di infanzia, S = compagni di scuola e C = colleghi del conservatorio, si possono scrivere le seguenti relazioni:

$I + C + S = 47$;

$I = S/2 + 1$;

$C = I - 3 = S/2 + 1 - 3 = S/2 - 2$.

Sostituendo la seconda e la terza nella prima, in modo da esprimere la prima equazione solo in funzione di S si ha:

$S/2 + 1 + S/2 - 2 + S = 47$ cioè $2S = 48$, da cui $S = 24$. La soluzione al quesito è, dunque, fornita dall'alternativa **B**.

49 Parlare di sestuplo di *z* (cioè $6z$) diviso 3 è come dire il doppio di *z* ($2z$). Così, il quadruplo di 10/2 è uguale a $2 \cdot 10 = 20$. Se $2z = 20$ allora $z = 10$ e la soluzione al quesito risulta essere l'alternativa **A**.

50 In base ai dati forniti la parte destra dell'equazione ($ – #) fornisce come risultato 1. Per avere lo stesso risultato nella parte sinistra, sapendo che # è uguale a 2, il simbolo @ deve assumere il valore di – 1, come correttamente proposto dall'alternativa **D**.

4 | Diagrammi insiemistici

4.1 | Esercizi proposti

Per ciascuno degli esercizi seguenti, indicare la rappresentazione insiemistica che soddisfa la relazione esistente tra i 3 termini dati (le alternative proposte in ciascun esercizio si riferiscono ai diagrammi numerati raffigurati qui sotto).

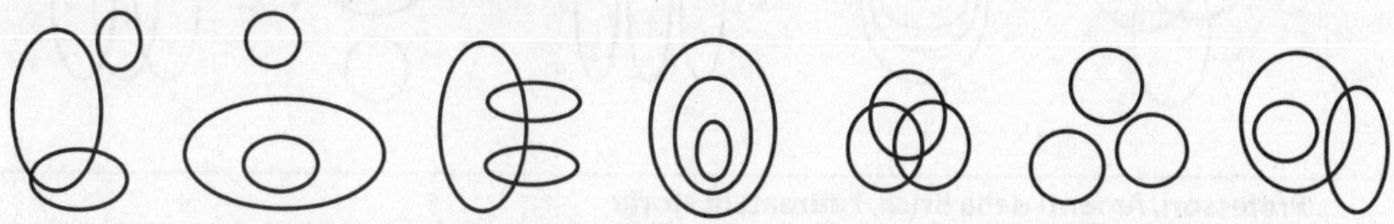

1 **Articoli, verbi transitivi, nomi propri.**

A Diagramma 5
B Diagramma 7
C Diagramma 2
D Diagramma 6

2 **Lettere della parola "preparazione", Lettere della parola "arpa", Lettere della parola "soluzione".**

A Diagramma 6
B Diagramma 7
C Diagramma 4
D Diagramma 3

3 **Musei di arte moderna, Musei francesi, Quadri.**

A Diagramma 1
B Diagramma 2
C Diagramma 3
D Diagramma 4

4 **Intestino, Organi dell'apparato digerente, Proteine.**

A Diagramma 7
B Diagramma 2
C Diagramma 6
D Diagramma 5

5 **Avvocati, Architetti, Persone bionde.**

- A Diagramma 4
- B Diagramma 2
- C Diagramma 3
- D Diagramma 6

Per ciascuno degli esercizi seguenti, indicare la rappresentazione (A, B, C, D o E) che soddisfa la relazione insiemistica esistente tra i 3 termini dati (le alternative proposte per ciascun esercizio sono quelle raffigurate qui sotto).

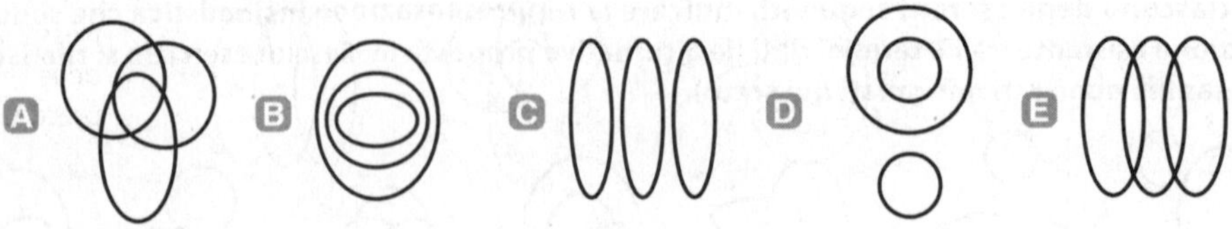

6 **Professori, Amanti della lirica, Laureati in storia**
A B C D E

7 **Polmoni, Tumori, Sigarette**
A B C D E

8 **Medici, Ingegneri, Autori di articoli scientifici**
A B C D E

9 **Diplomati, Medici, Laureati**
A B C D E

10 **Dirigenti, Giovani, Operai**
A B C D E

11 **Medicinali, Polmoniti, Antibiotici**
A B C D E

12 **Racchette, Sport, Tennis**
A B C D E

13 **Insetti, Animali, Mosche**
A B C D E

14 **Mucche, Pecore, Allevatori**
A B C D E

15 **Dischi, Chitarre, Cantanti**
A B C D E

16 Atei, Cattolici, Coniugati

A B C D E

17 Attori, Italiani, Biondi

A B C D E

Per ciascuno degli esercizi seguenti, indicare il diagramma (A, B, C, D o E) che soddisfa la relazione insiemistica esistente tra i tre termini dati (le alternative proposte per ciascun esercizio sono quelle raffigurate qui di seguito).

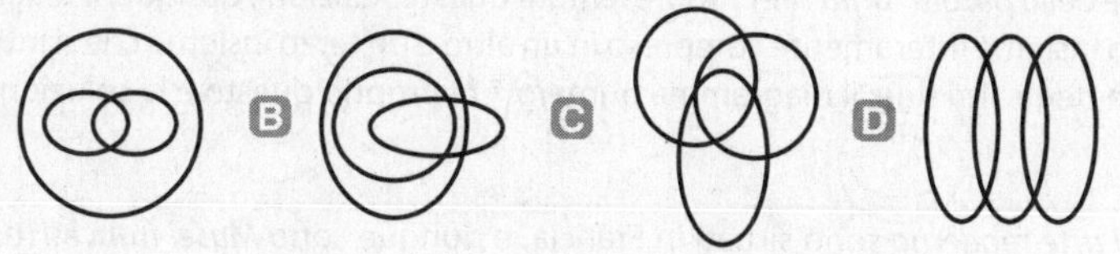

A B C D E Nessuna delle precedenti

18 Bruni, Italiani, Coloro che si chiamano Mario

A B C D E

19 Cani, Uomini, Mammiferi

A B C D E

20 Donne lavoratrici, Donne maggiorenni, Donne

A B C D E

21 Studenti, Persone con più di 40 anni di età, Laureati

A B C D E

22 Medici, Malattie, Pazienti

A B C D E

23 Poeti, Italiani, Romani

A B C D E

24 Tedeschi, Attori, Francesi

A B C D E

25 Scrittori, Pittori, Laureati

A B C D E

4.2 | Soluzioni e commenti

1 *Articoli, Verbi transitivi* e *Nomi propri* rappresentano tre insiemi interamente separati tra loro, cioè senza alcun elemento in comune; il diagramma che rappresenta correttamente la relazione insiemistica è il numero 6 e la soluzione è la D.

2 L'insieme *Lettere della parola "arpa"* è interamente compreso dall'insieme *Lettere della parola "preparazione"*: tutti gli elementi di quello sono infatti anche elementi di quest'ultimo, ma non viceversa. Inoltre, alcuni elementi dell'insieme *Lettere della parola "preparazione"* appartengono anche all'insieme *Lettere della parola "soluzione"*, che invece non ha alcun elemento condiviso con l'insieme *Lettere della parola "arpa"*. Per rappresentare queste relazioni, dunque, il diagramma dovrà mostrare un insieme interamente compreso in un altro e un terzo insieme che si interseca solo con il maggiore degli altri due: il diagramma numero 7 fa proprio questo e la soluzione dell'esercizio è la B.

3 Alcuni *Musei di arte moderna* sono situati in Francia, e dunque sono *Musei francesi*; esistono dei *Musei di arte* che non sono *francesi* o *Musei francesi* che non sono di *arte moderna*. Tra i due insiemi esiste quindi un rapporto di intersezione. Sebbene i *Musei* contengano dei *quadri*, tra questo insieme e quello dei *Musei* non esiste alcun rapporto di appartenenza o intersezione. Il diagramma che soddisfa la relazione insiemistica richiesta è quindi il numero 1 e la soluzione è la A.

4 L'insieme *Intestino* è un insieme cosiddetto "unitario" poiché è costituito da un solo elemto. Esso è parte dell'insieme *Organi dell'appartato digerente*, per cui il rapporto tra questi due insiemi è di inclusione del primo nel secondo. Nessun rapporto hanno, invece, questi due insiemi con l'insieme *Proteine*: il diagramma 2 è quindi quello corretto e la B è la soluzione del quesito.

5 *Avvocati* e *Architetti* sono due insiemi distinti (infatti l'iscrizione a un ordine professionale esclude che ci si possa iscrivere a un altro). Tra gli *Avvocati*, come tra gli *Architetti* ci possono essere *Persone bionde*, come possono esistere *Persone bionde* al di fuori di questi due insiemi. La relazione corretta è quindi quella mostrata dal diagramma 3 (C soluzione del quesito) con l'insieme *Persone bionde* che interseca gli altri due insiemi (che sono tra loro separati).

6 La rappresentazione insiemistica corretta prevede in questo caso l'intersezione di ciascun insieme con gli altri due, sia tutti sia separatamente (alternativa corretta: A). Esistono infatti *Professori* che sono *Amanti della lirica* e che sono *laureati in storia*, ma anche professori che amano la lirica ma non sono laureati in storia o che non sono né l'una né l'altra cosa e così via.

7 Anche se esiste una relazione logica tra i tre termini in esame, questa non ha alcuna rilevanza dal punto di vista insiemistico. Infatti l'insieme *Polmoni*, (sebbene questi ultimi possano essere colpiti da tumore), non presenta elementi comuni con l'insieme *Tumori*. Allo stesso modo, *Sigarette* e *Polmoni* sono correttamente rappresentati come due insiemi distinti, sebbene le sigarette possano causare danni ai polmoni. La soluzione esatta è dunque rappresentata dall'alternativa C.

8 *Medici* e *Ingegneri* indicano due categorie distinte di professionisti e sono quindi rappresentati da due insiemi tra loro separati. Sia gli uni che gli altri possono inoltre essere (così come possono non essere) *autori di articoli scientifici*. La risposta esatta è dunque la E, dove l'insieme centrale rappresenta gli *Autori di articoli scientifici*. Si ricorda che non è necessario che vi sia corrispondenza tra l'ordine con cui vengono presentati i termini e l'ordine con il quale si succedono gli insiemi nella rappresentazione.

9 Gli elementi dell'insieme *Medici* sono tutti compresi nell'insieme *Laureati*, i cui elementi a loro volta appartengono tutti all'insieme *Diplomati*. Il diagramma B mostra la relazione corretta.

10 La rappresentazione insiemistica corretta prevede in questo caso l'intersezione dell'insieme *Giovani* con ciascuno degli altri due. Esistono infatti dirigenti giovani così come dirigenti anziani e, analogamente, esistono operai giovani così come operai anziani. I due insiemi *Dirigenti* e *Operai* sono invece tra loro separati, dal momento che l'essere dirigente implica la non appartenenza alla categoria degli operai. La risposta esatta è dunque la **E**.

11 In questo esercizio risulta evidente che la soluzione esatta deve presentare un insieme (*Antibiotici*) interamente contenuto in un insieme più grande (*Medicinali*), perché gli antibiotici sono un tipo di medicinali. L'insieme *Polmoniti*, invece, sebbene i suoi elementi siano malattie curabili con gli antibiotici, non condivide elementi con l'insieme *Medicinali* e quindi rimane separato dagli altri due (risposta **D**).

12 Il tennis è uno sport e dunque la soluzione a tale esercizio deve rappresentare un insieme (*Tennis*) interamente contenuto in un altro insieme (*Sport*). L'insieme *Racchette* è invece completamente separato. L'alternativa **D** è dunque quella che soddisfa le relazioni esistenti tra i tre termini dati. Si osservi che *Tennis* identifica un insieme unitario, cioè di un solo elemento.

13 Dal momento che le *Mosche* sono *Insetti* e che gli insetti sono una classe di *Animali*, la soluzione di tale esercizio è rappresentata dall'alternativa **B**.

14 In questo esercizio, i tre termini identificano elementi propri di insiemi privi di intersezioni e, quindi, correttamente rappresentati dall'alternativa **C**.

15 Sebbene esistano evidenti connessioni logiche tra i termini presentati, da un punto di vista insiemistico i tre insiemi *Dischi*, *Chitarre* e *Cantanti* sono tra loro separati (alternativa **C**).

16 I primi due termini individuano insiemi distinti per definizione, ciascuno dei quali si interseca invece con la categoria dei *Coniugati*. L'alternativa corretta è dunque la **E**.

17 La rappresentazione insiemistica che soddisfa la relazione tra i tre termini dati è quella indicata dall'alternativa **A**. Esistono infatti attori italiani e non, attori biondi e non, italiani biondi e non.

18 La soluzione è rappresentata dall'alternativa **C**. I tre insiemi sono infatti caratterizzati da un legame di intersezione, sia a due a due sia tutti e tre contemporaneamente.

19 Sia gli *Uomini* sia i *Cani* sono *Mammiferi*. I primi due insiemi sono dunque anche sottoinsiemi del terzo, restando però del tutto separati tra loro. Tra le rappresentazioni proposte, non ne esiste alcuna corrispondente alla situazione (anche la **A** va esclusa, perché i due sottoinsiemi hanno una intersezione). La risposta corretta è data dall'alternativa **E**.

20 Gli insiemi *Donne lavoratrici* e *Donne maggiorenni* si intersecano tra loro, poiché esistono donne che lavorano e sono maggiorenni ma anche donne maggiorenni che non lavorano e donne lavoratrici minorenni. I due insiemi, per definizione, sono entrambi contenuti nell'insieme *Donne*; la rappresentazione corretta è dunque la **A**.

21 La soluzione esatta è in questo caso rappresentata dall'alternativa **C**. È opportuno chiarire che una persona può appartenere all'insieme *Studenti* pur essendo già *Laureata*.

22 La rappresentazione corretta deve mostrare, in questo caso, un insieme (*Medici*) che interseca un altro insieme (*Pazienti*), e poi un terzo insieme separato (*Malattie*). Dovendo quindi individuare la soluzione tra le alternative proposte, quella corretta non può che essere la **E**.

23 I *Romani* sono tutti *Italiani* per definizione. L'insieme dei *Poeti* interseca i primi due nel modo raffigurato dall'alternativa **B**.

24 I due insiemi *Tedeschi* e *Francesi* sono disgiunti e ognuno di essi interseca l'insieme *Attori*. La risposta corretta è quindi la **D**.

25 La risposta esatta è la **C**. Infatti, vi sono scrittori laureati e no, pittori laureati e no, infine scrittori e pittori che non sono laureati.

5 | Problemi di natura logica

5.1 | Esercizi proposti

Leggere il testo del seguente problema e rispondere alle domande successive.

Luisa, Marcella, Giulia e Riccardo devono sostenere l'esame finale di lingua inglese il giorno venerdì 14 ottobre e desiderano ripassare insieme almeno per una volta, solamente al pomeriggio o alla sera, prima dell'esame. Si risponda ai quesiti che seguono sapendo che:

- Luisa può studiare soltanto lunedì sera, martedì sera, mercoledì sera e giovedì pomeriggio e sera.
- Marcella può studiare soltanto lunedì sera, mercoledì sera, giovedì sera e martedì pomeriggio e sera.
- Giulia può studiare soltanto mercoledì sera e giovedì sera, martedì pomeriggio e lunedì pomeriggio e sera.
- Riccardo può studiare i pomeriggi e le sere del martedì e del giovedì, il pomeriggio del lunedì e la sera del mercoledì.

1 Se il gruppo dovesse incontrarsi due volte, i giorni potrebbero essere:

A mercoledì e giovedì
B martedì e mercoledì
C lunedì e venerdì
D martedì e giovedì

2 Quale dei quattro studenti ha il maggior numero di disponibilità?

A Luisa
B Marcella
C Giulia
D Riccardo

3 Se Luisa decidesse di studiare tutte le sere:

A avrebbe almeno due compagni di studio per sera
B l'incontro con gli altri tre studenti potrebbe avvenire soltanto lunedì o martedì
C dovrebbe studiare da sola il lunedì sera
D non riuscirebbe mai a incontrare Riccardo

4 Se l'esame venisse anticipato a giovedì mattina, quale delle seguenti affermazioni sarebbe esatta?

1) I quattro studenti non riuscirebbero mai a studiare tutti insieme
2) Luisa non potrebbe mai studiare al pomeriggio
3) Giulia e Marcella potrebbero studiare insieme tre volte

A La 1), la 2) e la 3)
B Soltanto la 1) e la 2)
C Soltanto la 1) e la 3)
D Soltanto la 2) e la 3)

5 **Daniele vorrebbe aggiungersi al gruppo di studio. Qualora il gruppo accettasse di studiare tutti insieme, Daniele dovrebbe essere disponibile:**

A giovedì pomeriggio
B martedì pomeriggio
C lunedì sera
D mercoledì sera o giovedì sera

Leggere il testo del seguente problema e rispondere alle domande successive.

Un semitono è l'intervallo più piccolo possibile tra due note.
La nota T è un semitono più alta della nota V
La nota V è un tono intero più alta della nota W
La nota X è un tono intero più bassa della nota T
La nota Y è un tono intero più bassa della nota W

6 **Quale delle seguenti soluzioni indica la sequenza delle note dalla più bassa alla più alta?**

A X, Y, W, V, T
B Y, W, X, V, T
C W, V, T, Y, X
D Y, W, V, T, X

7 **Se viene aggiunta una nota Z, quale delle seguenti condizioni non può essere vera?**

A Z è più alta di T
B Z è più bassa di Y
C Z è più bassa di W
D Z è compresa tra W e X

8 **Quale delle seguenti affermazioni è falsa?**

A La nota W è di un tono più bassa della nota V
B La nota T è di un tono più alta della nota X
C La nota Y è di un tono più bassa della nota X
D La nota X è più alta della nota W

9 **Quale delle seguenti affermazioni sarebbe vera se la nota W fosse più alta di un tono?**

A La nota W sarebbe più alta della nota V
B La nota T sarebbe più bassa della nota W
C La nota W coinciderebbe con la nota V
D La nota X coinciderebbe con la nota W

Leggere il testo del seguente problema e rispondere alle domande successive.

In Polinesia ci sono quattro minuscoli isolotti (si consideri irrilevante la loro dimensione) uguali per forma, allineati ed equidistanti: da sinistra a destra i loro nomi sono rispettivamente A, B, C, D. Rispondere alle domande che seguono sapendo che:

- in uno di essi è sepolto un tesoro e in un altro c'è un naufrago;
- la distanza tra un isolotto e quello successivo è di 1 km;
- su due degli isolotti c'è una palma, ma dove c'è una palma non c'è il naufrago né vi è sepolto il tesoro;
- il tesoro è nel secondo isolotto a destra rispetto a quello del naufrago, e adiacente all'isolotto del tesoro ce n'è uno solo con la palma;
- il tesoro fu accuratamente nascosto dal capitano Flint a una profondità di un metro sotto la sabbia.

10 **In quale isolotto è nascosto il tesoro?**

A A B B C C D D

11 **Si risolva la seguente somma: distanza in km fra i due isolotti con le palme + distanza fra l'isolotto con la palma situato più a sinistra e l'isolotto in cui si trova il tesoro.**

A 2 B 4 C 5 D 7

12 **Si risolva la seguente somma: distanza in km fra l'isolotto con la palma situato più a sinistra e l'isolotto con il naufrago + distanza fra l'isolotto con il naufrago e l'isolotto in cui si trova il tesoro.**

A 5 B 7 C 3 D 2

13 **Su quale isolotto si trova il naufrago?**

A A B B C C D D

14 **Considerando tutti gli isolotti, qual era il più prossimo al capitano Flint nel momento in cui scavava?**

A A B B C C D D

Leggere il testo del seguente problema e rispondere alle domande successive.

Sei amici d'infanzia, tutti nati fra il 1965 e il 1970, si ritrovano per caso e ricordano i vecchi tempi. I loro cognomi sono: Perotti, Forloni, Amadei, Garavaglia, Banfi, Candiani. È inoltre noto che:

1. le ultime due cifre degli anni bisestili sono divisibili per quattro;
2. Banfi compie gli anni tre giorni dopo Garavaglia;
3. Perotti compie gli anni due giorni prima di Forloni;
4. Amadei ha la sfortuna di poter festeggiare il suo compleanno nel giorno giusto solo una volta ogni quattro anni, ma, quando può, la festa è doppia, perché il suo amico Candiani ha il suo compleanno il giorno dopo;
5. Candiani mette sulla torta una candelina in meno rispetto ad Amadei e a Banfi;
6. due degli amici festeggiano il proprio compleanno lo stesso giorno, ma con un numero diverso di candeline;
7. uno (e solo uno) dei personaggi è nato il 13 marzo 1966;
8. Forloni ha compiuto nel marzo 1995 ventisei anni;
9. Garavaglia è nato il 15 marzo 1968.

15 **Quando è nato Candiani?**

A Nel primo trimestre del 1968

B Nel primo trimestre del 1969

C Nel secondo trimestre del 1967

D Nel terzo trimestre del 1969

16 **Qual è la differenza di età tra Banfi e Perotti?**

A Perotti è più giovane di circa tre anni

B Perotti è più giovane di circa due anni

C Banfi è più giovane di circa due anni

D Banfi è più giovane di circa un anno

17 Qual è la somma degli anni di nascita (considerando solo le ultime due cifre) dei tre amici più giovani?

A 205
B 204
C 203
D 206

18 Ordinando i sei amici in base alla data di nascita (dal più anziano al più giovane), qual è la differenza d'età tra il secondo e il terzo?

A Un giorno
B Circa quindici giorni
C Quasi un anno
D Quasi due anni

19 Chi compie gli anni per primo durante il corso dell'anno?

A Banfi
B Forloni
C Amadei
D Candiani

20 In data 15 marzo 2017 i sei amici si ritrovano per festeggiare due compleanni. Chi sono i due festeggiati e quanti anni compiono?

A Banfi (49) e Garavaglia (49)
B Forloni (48) e Garavaglia (49)
C Amadei (51) e Forloni (49)
D Candiani (47) e Banfi (49)

Rispondere ai seguenti quesiti.

21 Non vi è motivo di escludere la possibilità di vita su Urano. Dunque dobbiamo intraprendere l'esplorazione di questo pianeta.
L'argomentazione sopra riportata presuppone che:

A la vita su Urano esista
B Urano sia l'unico pianeta del Sistema solare sul quale è possibile incontrare forme di vita
C la ricerca della vita sia una ragione sufficiente per l'esplorazione dei pianeti
D nessuno prima abbia mai tentato l'esplorazione di Urano

22 Alla domanda: «Quanti cugini hai?» Luca risponde: «Se il numero dei miei cugini è divisibile per sei, allora è pari».
Basandosi sulla precedente proposizione, individuare quale delle seguenti alternative è esatta:

A il numero dei cugini di Luca è un multiplo di sei
B il numero dei cugini di Luca è un numero pari
C se il numero dei cugini di Luca non è divisibile per sei, è un numero dispari
D non è possibile aggiungere alcuna informazione certa sul numero dei cugini di Luca

23 Quale delle seguenti affermazioni è logicamente equivalente a: «Gli assenti non hanno mai ragione»?

A) I presenti hanno sempre ragione

B) I presenti non hanno torto

C) Chi ha torto è sempre assente

D) Gli assenti hanno sempre torto

24 Se le tre affermazioni riportate di seguito sono vere, quale fra le alternative proposte è vera?

1) Luca ama la pesca

2) Chi è pigro ama la pesca

3) Gino è pigro

A) Luca è pigro

B) Gino ama la pesca

C) Chi ama la pesca è pigro

D) Chi non ama la pesca è pigro

25 Quale delle seguenti informazioni aggiuntive rispetto alle tre dell'esercizio precedente consentirebbe di concludere che Luca è pigro?

1) Chi ama la pesca è pigro

2) Gino ama la pesca

3) Luca e Gino sono amici

A) La 1

B) La 3

C) La 1 e la 2

D) Né la 1, né la 2, né la 3

26 Marco: «Giorgio suona il sassofono meglio di tutti, è lui il campione del nostro gruppo».

Giorgio: «Alessandro suona il sassofono meglio di tutti, è lui il campione del nostro gruppo».

Alessandro: «Io non suono il sassofono meglio di tutti, non sono io il campione del gruppo».

Matteo: «Io non suono il sassofono meglio di tutti, non sono io il campione del gruppo».

Se solo una delle quattro affermazioni precedenti è vera, chi è il campione del gruppo nel suonare il sassofono?

A) Non è possibile stabilirlo

B) Matteo

C) Alessandro

D) Giorgio

27 Il partito guidato dall'onorevole Rossi riscuote particolare successo tra gli imprenditori e i lavoratori autonomi e assai meno presso i lavoratori dipendenti. In vista delle prossime elezioni politiche, sarebbe dunque opportuno che l'onorevole Rossi proponesse misure economiche a favore dei lavoratori dipendenti.
Tutte le seguenti affermazioni indeboliscono l'argomentazione sopra riportata tranne una. Quale?

- A Le proposte dell'onorevole Rossi non sono mai apprezzate dai lavoratori dipendenti
- B Le misure economiche a favore dei lavoratori dipendenti sono inevitabilmente sfavorevoli per i lavoratori autonomi e per gli imprenditori
- C Le misure economiche a favore dei lavoratori dipendenti sono inconciliabili con un programma di risanamento della finanza pubblica
- D Le ragioni per le quali l'onorevole Rossi non è gradito ai lavoratori dipendenti non riguardano il programma economico di quest'ultimo

28 Anna dice a Luigi: «Se domenica farà bello, andrò al mare. Se starà bene, porterò anche la nonna». È domenica pomeriggio; Luigi vede Anna a passeggio sotto i portici di piazza San Carlo. Allora sicuramente:

- A fa bello, ma la nonna di Anna non sta bene
- B non fa bello e la nonna non sta bene
- C fa bello, ma la nonna non ha voluto andare
- D non fa bello

29 In una scuola milanese gli studenti studiano l'inglese e/o il francese. Il 70% studia l'inglese e il 60% studia il francese. Quale percentuale di studenti studia entrambe le lingue?

- A 65%
- B 30%
- C I dati del problema sono insufficienti per rispondere
- D 10%

30 I 300 seggi in un Parlamento sono divisi tra i 5 partiti politici presenti. Non ci sono due partiti con lo stesso numero di posti e ciascun partito ha almeno 10 posti. Quale è il numero massimo di seggi che può avere il terzo più grande partito?

- A 95
- B 94
- C 93
- D 92

31 La Commissione del Turismo bandisce il Premio Traveller. I premi sono indicati di seguito.
1° premio: un viaggio di due settimane alle isole Comore;
2° premio: un viaggio di tre giorni a Venezia;
3° premio: uno zaino.
A chi saprà effettuare una corretta previsione circa l'esito del concorso verrà consegnato, a scelta della giuria, o il primo o il secondo premio. Coloro che invece faranno una previsione errata riceveranno il terzo premio come consolazione. Ipotizzando che voi vogliate il primo premio, quale delle seguenti previsioni dovete esprimere per obbligare la giuria a soddisfare il vostro desiderio?

- A Non riceverò il terzo premio
- B Riceverò il secondo premio
- C Non riceverò il secondo premio
- D Non riceverò il primo premio

32 **Recenti ricerche hanno mostrato che le università che hanno introdotto il numero programmato sono riuscite a conseguire una significativa riduzione del numero di studenti che abbandonano gli studi prima della laurea. È dunque opportuno che tutte le università introducano il numero programmato.**

L'argomentazione sopra riportata presuppone che:

- **A** vi è una percentuale elevata di studenti che abbandonano gli studi prima della laurea
- **B** le università che hanno introdotto il numero programmato sono ancora poche
- **C** la riduzione del numero di studenti che abbandonano gli studi prima della laurea è una ragione sufficiente per l'introduzione del numero programmato
- **D** il numero programmato consente di migliorare la didattica

33 **Data una coppia di genitori, ogni figlio (maschio o femmina) può dire di avere almeno 3 fratelli e 3 sorelle. Quanti sono come minimo i figli di questa coppia?**

- **A** 6
- **B** 7
- **C** 8
- **D** 9

34 **A una gara podistica partecipano 100 persone: fra loro almeno una è donna. Prendendo a caso due persone, almeno una sarà sempre un uomo. Quanti sono gli uomini iscritti?**

- **A** 50
- **B** 77
- **C** 90
- **D** 99

35 **Una vettura di grossa cilindrata pesa 1.400 kg più di una piccola city car. Insieme pesano 2.000 kg. Quanto pesa la city car?**

- **A** 1.700
- **B** 600
- **C** 300
- **D** 400

36 **«Solamente dopo la firma si può chiudere il contratto». Se la precedente informazione è corretta, quale delle seguenti affermazioni NON rappresenta una conclusione corretta?**

- **A** Se il contratto non è stato chiuso allora non è stato firmato
- **B** Se il contratto è stato firmato allora può essere chiuso
- **C** Se il contratto è stato chiuso allora è stato firmato
- **D** Se il contratto non è stato firmato allora non può essere chiuso

37 **«Se gli studenti si applicano, conseguiranno la promozione».**

Se quanto affermato è vero, quale delle seguenti affermazioni è vera?

- **A** Se uno studente si applica, conseguirà il massimo risultato
- **B** Verranno promossi solo gli studenti che si sono applicati
- **C** Se uno studente non si applica, verrà bocciato
- **D** Se uno studente è stato promosso è possibile che si sia applicato

38 **Marianna dice a Simona: «Se mi dai 5 euro, avrò il doppio dei tuoi soldi». Simona risponde: «Se mi dai tu 5 euro, avremo gli stessi soldi». Quanti euro hanno rispettivamente Marianna e Simona?**

- A 40 e 35
- B 15 e 10
- C 35 e 25
- D 25 e 20

39 **«Solo se Walter esce incontra Fabrizio».**
Se quanto affermato è vero, quale delle seguenti è certamente vera?

- A Walter e Fabrizio sono amici
- B Nulla si può dire di quel che accade se Walter non esce
- C Se Walter esce incontra sicuramente Fabrizio
- D Se Walter ha incontrato Fabrizio significa che è uscito

40 **Nessuno di quanti sono stati destinatari della promozione per il rinnovo del contratto ha telefonato al call center. Qualcuno di quelli che hanno telefonato al call center ha chiesto il rinnovo del contratto. Possiamo pertanto dedurre che:**

- A nessuno tra i destinatari della promozione ha chiesto il rinnovo del contratto
- B non tutti quelli che hanno chiesto il rinnovo del contratto sono stati destinatari della promozione
- C qualcuno tra i destinatari della promozione non ha chiesto il rinnovo del contratto
- D qualcuno tra i destinatari della promozione ha chiesto il rinnovo del contratto

5.2 | Soluzioni e commenti

1 L'esercizio non richiede deduzioni, ma solo di saper usare i dati noti. I quesiti relativi al testo del problema possono essere risolti compilando una tabella a doppia entrata in cui inserire le informazioni disponibili.

	Lunedì		**Martedì**		**Mercoledì**		**Giovedì**	
	Pom.	Sera	Pom.	Sera	Pom.	Sera	Pom.	Sera
Luisa		X		X		X	X	X
Marcella		X	X	X		X		X
Giulia	X	X	X			X		X
Riccardo	X		X	X		X	X	X

Le caselle barrate con una X indicano la disponibilità dello studente. Osservando la tabella è possibile constatare come gli unici due giorni in cui tutti i quattro studenti sono disponibili sono il *mercoledì sera* e il *giovedì sera*. La risposta esatta è dunque la A.

2 Osservando la tabella è facile notare che il numero maggiore di X è presente nella riga corrispondente a *Riccardo* (6). La risposta esatta è dunque la D.

3 La risposta esatta è la **A**. Infatti la tabella mostra che ogni sera, oltre alla disponibilità di Luisa (prima riga) vi è sempre la disponibilità di almeno altri due studenti. La **B** è errata in quanto né il lunedì sera né il martedì sera sarebbero disponibili tutti gli altri tre studenti. La **C** è errata in quanto anche il lunedì sera Luisa avrebbe due compagni di studio (Marcella e Giulia). La **D** è errata in quanto Luisa potrebbe incontrare Riccardo sia martedì sera sia mercoledì sera sia giovedì sera.

4 La 1) è falsa in quanto, anche escludendo il giovedì, i quattro studenti avrebbero l'opportunità di trovarsi tutti insieme il mercoledì sera; la 2) è esatta in quanto l'unico pomeriggio disponibile per Luisa era proprio quello di giovedì; la 3) è esatta in quanto Giulia e Marcella potrebbero studiare insieme lunedì sera, martedì pomeriggio e mercoledì sera. La risposta da indicare è la **D**.

5 La risposta esatta è la **D**. Infatti *mercoledì sera* e *giovedì sera* sono le uniche occasioni in cui i quattro studenti sono tutti disponibili.

6 Anche in questo caso, per rispondere è sufficiente organizzare i dati noti. Il metodo migliore è tracciare uno schema grafico per visualizzarli e poter poi rispondere più agevolmente a tutte le domande. Le relazioni date consentono di rappresentare la *sequenza delle note* (partendo dalla nota più bassa a sinistra fino a quella più alta):

La distanza maggiore tra Y e W sta a indicare che l'intervallo tra le due note non è di un *semitono*, come per le altre, ma di un *tono*. Dallo schema appena visto risulta che la risposta corretta è la **B**.

7 La domanda chiede di individuare *la condizione che non può essere vera*. Poiché W e X sono a distanza di un semitono e poiché un semitono è l'intervallo più piccolo possibile tra due note, Z non può essere compresa tra W ed X. La risposta da indicare è dunque la **D**.

8 A questa domanda si può rispondere semplicemente esaminando lo schema tracciato inizialmente. Poiché il testo richiede di individuare l'affermazione falsa, la risposta da indicare è la **C**. La nota Y è infatti di un tono e mezzo più bassa della nota X e non di un tono soltanto.

9 La risposta esatta è la **C**. Se la nota W fosse più alta di un tono, verrebbe a coincidere, come altezza nella scala, con la nota V.

10 Ancora una volta, per risolvere i quesiti dell'esercizio è necessario compilare uno schema che ricapitoli le informazioni fornite. Si tratta poi di dedurne la collocazione sui quattro isolotti delle due palme, del naufrago e del tesoro.

Isolotto	A	B	C	D
Oggetto				

Sapendo che il tesoro si trova nel secondo isolotto a destra rispetto a quello del naufrago (penultima informazione), bisogna concludere che il tesoro è sepolto o nell'isolotto C o in D: infatti il naufrago deve stare o sull'isolotto A o su B, gli unici che riescono ad avere altri due isolotti a destra (e rispettare la condizione data). Inoltre, poiché l'isolotto del tesoro ha come adiacente un solo isolotto con la palma, se ne deduce che deve essere l'isolotto D. Ne segue che l'isolotto con il naufrago è B, mentre A e C sono gli isolotti con le palme. Da cui:

Isolotto	A	B	C	D
Oggetto	palma	naufrago	palma	tesoro

Osservando lo schema è possibile concludere che il tesoro è sepolto sull'isolotto D. La risposta esatta è dunque la **D**.

11 Essendo gli isolotti distanti 1 km fra loro, la distanza fra i due isolotti con le palme (A e C) è pari a 2 km e quella fra l'isolotto con la palma più a sinistra (A) e l'isolotto con il tesoro (D) è pari a 3 km. Ne segue che la somma è pari a 5. La risposta esatta è dunque la **C**.

12 La distanza fra l'isolotto con la palma situato più a sinistra (A) e l'isolotto con il naufrago (B) è pari a 1 km, mentre quella fra l'isolotto con il naufrago (B) e l'isolotto in cui si trova il tesoro (D) è pari a 2 km. La somma è dunque pari a 3 km. La risposta esatta è quindi la **C**.

13 Il naufrago è situato sull'isolotto B. La risposta esatta è dunque la **B**.

14 Si tratta in questo caso di una domanda tranello. Verrebbe infatti intuitivo rispondere che l'isolotto più vicino al capitano Flint nel momento in cui scavava era l'isolotto più vicino a quello del tesoro, ossia C. In realtà, l'isolotto più prossimo a Flint era proprio l'isolotto del tesoro, ossia D. D'altra parte, a tale conclusione è possibile giungere anche sulla base della parte iniziale del quesito, che spinge a considerare tutti gli isolotti. La risposta esatta è dunque la **D**.

15 Per rispondere alle domande bisogna inserire in uno schema le informazioni disponibili e integrarle con opportune deduzioni. Si può cominciare inserendo in tabella i dati direttamente noti:

Persona	**Giorno del compleanno**	**Anno di nascita**
Garavaglia	15 marzo	1968 [9]
Banfi	3 giorni dopo Garavaglia [2]	
Amadei		
Candiani		
Perotti	2 giorni prima di Forloni [3]	
Forloni	marzo [8]	

Sulla base delle successive informazioni si possono operare semplici deduzioni: se *Amadei* festeggia ogni quattro anni, è nato un 29 febbraio e l'anno deve essere il 1968 perché (nell'intervallo 1965-1970 indicato dal testo) è l'unico anno con le ultime due cifre divisibili per quattro; *Candiani*, il cui compleanno cade il giorno dopo quello di Amadei, è nato perciò il 1° di marzo ma è più giovane di Amadei un anno; *Banfi* è del 1968 come Amadei e il suo compleanno cade tre giorni dopo quello di Garavaglia, cioè il 18 marzo. In tabella si riportano in corsivo i dati nuovi:

Persona	**Giorno del compleanno**	**Anno di nascita**
Garavaglia	15 marzo	1968
Banfi	*18 marzo* (si ricava da [2])	*1968* (si ricava da [4]e [5])
Amadei	*29 febbraio* (si ricava da [4])	*1968* (si ricava da [1])
Candiani	*1° marzo* (si ricava da [4])	*1969* (si ricava da [5])
Perotti	2 giorni prima di Forloni	
Forloni	marzo	*1969* (si ricava da [8])

Avendo, siamo ora in grado di usare le informazioni residue che prima non sapevamo a chi riferire. Per esempio, mancando l'anno di nascita del solo *Perotti* è ovvio attribuire a lui la data fornita dalla [7]. A questo punto ci manca di stabilire solo il giorno di compleanno di Forloni: grazie alla [3] sappiamo che cade due giorni dopo quello di Perotti e deve essere il 15 marzo. In questo modo è anche verificata la condizione posta dalla [6], per cui due amici condividono il giorno ma non l'anno di nascita. Ecco la tabella completa con i nuovi dati in corsivo:

Persona	Giorno del compleanno	Anno di nascita
Garavaglia	15 marzo	1968
Banfi	18 marzo	1968
Amadei	29 febbraio	1968
Candiani	1° marzo	1969
Perotti	*13 marzo* (si ricava da [7])	*1966*(si ricava da [7])
Forloni	*15 marzo* (si ricava da [3])	1969

A questo punto possiamo rispondere alla domanda: Candiani è nato nel primo trimestre del 1969 e la risposta esatta è dunque la **B**.

16 Banfi è nato il 18 marzo 1968 e Perotti è nato il 13 marzo 1966. Banfi è dunque più giovane di circa due anni. La risposta esatta è quindi la **C**.

17 I tre amici più giovani sono Forloni (15 marzo 1969), Candiani (1 marzo 1969) e Banfi (18 marzo 1968). La somma degli anni di nascita considerando solo le ultime due cifre è dunque pari a 206 (69+69+68). La risposta esatta è quindi la **D**.

18 Il secondo per anzianità è Amadei (29 febbraio 1968) e il terzo Garavaglia (15 marzo 1968). La risposta esatta è dunque la **B**.

19 Il primo a compiere gli anni è Amadei (29 febbraio). La risposta esatta è dunque la **C**.

20 La risposta esatta è la **B**. Il 15 marzo è infatti il compleanno di Forloni, nato nel 1969, e di Garavaglia, nato nel 1968: compiono rispettivamente 48 e 49 anni nel 2017.

21 L'argomentazione è composta da una premessa (*Non vi è motivo di escludere la possibilità di vita su Urano*) e da una conseguente conclusione (*Dunque dobbiamo intraprendere l'esplorazione di questo pianeta*). Essendo le due strettamente legate, la logica sottostante è che se esiste la possibilità di vita su un pianeta, allora tale pianeta deve essere esplorato. In altre parole, la ricerca della vita è una ragione sufficiente per l'esplorazione dei pianeti (risposta **C**). L'alternativa **A** è errata in quanto l'argomentazione di partenza si limita ad affermare la possibilità di vita su Urano. Analogamente, l'alternativa **B** è errata in quanto l'argomentazione di partenza si limita a considerare il caso di Urano e non afferma nulla circa gli altri pianeti del Sistema solare. Infine, l'alternativa **D** è errata in quanto l'argomentazione di partenza non fornisce indicazioni che consentano di escludere che qualcuno abbia già tentato, magari senza successo, l'esplorazione di Urano.

22 La risposta di Luca (*Se il numero dei miei cugini è divisibile per sei, allora è pari*) rappresenta una tautologia: è evidente che un numero divisibile per sei è anche pari. Trattandosi inoltre di un condizionale («Se …») tale risposta non offre alcuna informazione utile. Sono dunque da scartare sia l'alternativa **A** sia la **B**. L'alternativa **C** è errata in quanto un numero non divisibile per sei potrebbe comunque essere pari. In altre parole, potrebbe darsi il caso che il numero dei cugini di Luca sia pari pur non essendo divisibile per sei. La risposta esatta è quindi la **D**.

23 *Avere ragione* e *avere torto* sono due condizioni che si escludono a vicenda (o è vera l'una o è vera l'altra); inoltre, in ambito logico, non esiste una terza possibilità (*tertium non datur*). Dire dunque che *gli assenti non hanno mai ragione* equivale a dire che essi *hanno sempre torto* (risposta esatta **D**). Le alternative **A** e **B** sono errate perché dall'affermazione di partenza sugli *assenti* non è possibile trarre alcuna deduzione circa i *presenti*: non è pertanto possibile dire nulla, senza informazioni ulteriori, sull'avere ragione o torto dei presenti. L'alternativa **C** è una fallacia logica, in quanto rovescia la relazione insiemistica fra *assenti* e *coloro che hanno torto*. L'insieme dei primi, infatti, è sottoinsieme dei secondi e non viceversa: possono esistere cioè persone che *hanno torto* e che non appartengono all'insieme *assenti*; quest'ultima possibilità non contraddice l'affermazione iniziale.

24 La risposta esatta è la B. Infatti, per la proprietà transitiva, se Gino è pigro e chi è pigro ama la pesca, allora Gino ama la pesca. In altre parole, poiché *Gino* è un elemento dell'insieme *pigri* e quest'ultimo è sottoinsieme dell'insieme *amanti della pesca*, è evidente che *Gino* è un elemento anche dell'insieme *amanti della pesca*. L'alternativa A è errata in quanto il fatto che i pigri amino la pesca non implica necessariamente che tutti gli amanti della pesca siano pigri. Vi possono anche essere amanti della pesca che non sono pigri. L'alternativa C è errata per lo stesso motivo.

25 La risposta esatta è la A. Infatti, poiché Luca ama la pesca, la 1), specificare che chi ama la pesca è pigro, permette di concludere, per la proprietà transitiva, che Luca è pigro. La 2), affermando che Gino ama la pesca, altro non fa che fornire in modo diretto un'informazione che era già stata ricavata in modo indiretto nell'esercizio precedente. Infine, la 3) è del tutto irrilevante e priva di contenuto informativo ai fini della conclusione che interessa (Luca è pigro).

26 È importante ricordare che una sola delle affermazioni è vera. Se fosse vera l'affermazione di Marco (Giorgio è il campione) sarebbe vera anche quella di Matteo: dunque il campione non può essere Giorgio. Se fosse vera l'affermazione di Giorgio (Alessandro è il campione) sarebbe vera anche quella di Matteo: dunque nemmeno Alessandro è il campione. Dal momento che l'affermazione di Giorgio non può essere vera, è vera quella di Alessandro e se quest'ultima è vera significa che non è vera quella di Matteo. Il campione è quindi Matteo (risposta B).

27 La risposta esatta è la C. Infatti, l'argomentazione di partenza si compone di una premessa («Il partito guidato dall'onorevole Rossi riscuote particolare successo tra gli imprenditori e i lavoratori autonomi e assai meno presso i lavoratori dipendenti») e di una conclusione («In vista delle prossime elezioni politiche, sarebbe dunque opportuno che l'onorevole Rossi proponesse misure economiche a favore dei lavoratori dipendenti»). La conclusione suppone dunque l'efficacia di realizzare proposte economi per aumentare il consenso del partito guidato dall'onorevole Rossi. È solo smentendo tale supposta efficacia che si indebolisce l'argomentazione, e non sostenendo l'inconciliabilità delle proposte con il risanamento della finanza pubblica. Sia l'alternativa A, sia la B, sia la D contrastano tale efficacia. L'alternativa C avrebbe indebolito l'argomentazione di partenza solo se questa si fosse basata anche sulla conciliabilità delle misure economiche a favore dei lavoratori dipendenti con il risanamento della finanza pubblica.

28 L'esercizio esprime due condizioni, l'una successiva all'altra, entrambe *sufficienti*:

1) "se domenica farà bello": condizione sufficiente perché Anna vada al mare;

2) "se la nonna starà bene": condizione sufficiente e successiva alla 1) perché Anna porti la nonna con sé al mare.

Da quanto detto sopra è dunque possibile trarre con certezza solo le seguenti conclusioni:

1a) se Anna non va al mare, allora non ha fatto bello;

2a) se Anna non porta anche la nonna, allora la nonna non sta bene.

Sulla base della prima conclusione risulta evidente che, poiché Anna non è andata al mare, il tempo certamente non è bello. Ciò consente di escludere le alternative A e C. Poiché però le due condizioni sono in successione tra loro, dalla presenza di Anna in città non possiamo concludere alcunché circa la salute della nonna. Infatti, solo il verificarsi della prima condizione può darci elementi utili circa il verificarsi della seconda condizione. Se Anna fosse andata al mare, la presenza o meno della nonna ci avrebbe detto qualcosa sulla sua salute. La risposta al quesito è dunque la D: poiché Anna non è andata al mare, l'unica certezza è che il tempo non è bello.

29 La risposta esatta è la B. Infatti, ogni studente della scuola ha tre possibilità: o studia solo l'inglese, o studia solo il francese, o studia entrambe le lingue. Si tratta di capire come si ripartiscono, in termini percentuali, gli studenti della scuola nei tre gruppi. Se il 70% studia l'inglese, ciò significa che il rimanente 30% studia solo il francese. È stata così individuata la percentuale degli studenti del primo gruppo. Se inoltre il 60% degli studenti studia solo il francese, se ne deduce che la per-

centuale di studenti che studiano solo l'inglese è pari al 40%. In questo modo si conosce la percentuale di studenti del secondo gruppo. Il terzo gruppo (studenti che studiano sia l'inglese sia il francese) sarà dunque composto dal 30% (100% – 30% – 40%) degli studenti della scuola.

---

30 Il punto cruciale dell'esercizio sta nell'espressione "massimo numero": se un partito deve avere il *massimo numero possibile* dei seggi, tutti gli altri devono per forza averne il *minimo possibile*. Per calcolare questi numeri bisogna allora procedere come segue, rispettando tutti i vincoli stabiliti dal problema:

- se ciascun partito ha almeno 10 seggi, allora il quinto partito deve averne esattamente 10 e il quarto partito, di conseguenza, giusto uno in più, cioè 11;
- i restanti 279 seggi saranno dunque divisi tra gli altri tre partiti, in modo che i primi due abbiano solo la quantità di seggi strettamente sufficiente a renderli appunto primo e secondo: cioè rispettivamente 2 seggi e 1 seggio in più del terzo;
- il terzo partito deve pertanto contare appena meno di 279 : 3 = 93 seggi, per consentire il vantaggio degli altri due. Ne ha allora 94 il primo, 93 il secondo e 92 il terzo.

La risposta esatta è dunque la **D**.

---

31 Per arrivare alla soluzione occorre procedere verificando le alternative proposte. Si valuti dapprima l'alternativa **A**: se la giuria decide di darvi il terzo premio, la previsione non è valida e dunque è corretto che vi venga assegnato il terzo premio. Ne segue che questa prima alternativa non obbliga la giuria a darvi il primo premio. Alternativa **B**: se la giuria vi attribuisce il secondo premio, avrete azzeccato la previsione, la giuria avrà dunque agito correttamente scegliendo di darvi il secondo premio (la giuria è libera di scegliere fra il primo e il secondo premio) e dunque non avrete ottenuto quanto desiderato. Alternativa **C**: in questo caso la giuria non può darvi né il secondo premio (perché non avreste indovinato la previsione) né il terzo premio (perché avreste indovinato la previsione e dunque vi spetterebbe o il primo o il secondo premio). Ne consegue che in questo caso la giuria sarebbe obbligata a darvi il primo premio. La risposta esatta è dunque la **C**.

---

32 L'argomentazione è composta da una premessa ("recenti ricerche hanno mostrato che le università che hanno introdotto il numero programmato sono riuscite a conseguire una significativa riduzione del numero di studenti che abbandonano gli studi prima della laurea") e da una conseguente conclusione ("È dunque opportuno che tutte le università introducano il numero programmato"). Essendo le due proposizioni strettamente legate, la logica sottostante è che se un certo strumento consente di ridurre il numero di abbandoni degli studi, allora tale strumento deve essere utilizzato. In altre parole, la riduzione del numero di abbandoni degli studi è una ragione sufficiente per l'introduzione del numero programmato. La risposta esatta è dunque la **C**. L'alternativa **A** è errata in quanto il punto di partenza riguarda solo la possibilità di ridurre la percentuale di studenti che abbandonano gli studi prima della laurea, ma non fornisce alcuna indicazione circa il loro numero. Analogamente, l'alternativa **B** è errata in quanto il testo non fornisce alcun dato circa il numero di università che già hanno introdotto il numero programmato. L'alternativa **D**, infine, è errata in quanto non è stato introdotto il tema degli effetti sulla qualità della didattica prodotti dall'introduzione del numero programmato.

---

33 Proviamo a a considerare il caso di un figlio maschio della coppia: per avere almeno 3 fratelli e 3 sorelle bisogna che in tutto i maschi siano almeno 4 (cioè il soggetto stesso più altri 3) e le femmine 3. Considerando invece il caso di una figlia femmina, per avere almeno 3 fratelli e 3 sorelle, bisogna che i maschi siano almeno 3 e le femmine almeno 4. Unendo i due casi, si può ricavare che la coppia deve avere almeno 4 maschi e 4 femmine: in totale almeno 8 figli. La **C** è la soluzione del quesito.

PARTE PRIMA

34 Per risolvere il quesito l'informazione cruciale è la seconda: qualunque coppia si sorteggi, non si avranno mai due donne. Quindi alla gara podistica è iscritta una sola donna (se fossero anche solo due, non si avrebbe la certezza, sorteggiando due persone a caso, di trovare sempre almeno un uomo, avrei una possibilità di sorteggiare due donne. Gli uomini iscritti alla gara saranno, allora, 99 e la soluzione quella fornita dall'alternativa **D**.

35 Il quesito è assai semplice, purché lo si legga con attenzione. L'alternativa **B** (errata) gioca appunto sulla distrazione che può far considerate 1.400 kg come il peso dell'auto di grossa cilindrata e non come la *differenza* di peso tra le due auto.

Sottraendo invece tale differenza al peso complessivo, si possono considerare le due auto come se avessero peso uguale: 2.000 kg – 1.400 kg = 600 kg. Dividendo per due il risultato si ottiene il peso della city car: 300 kg. A controprova, si verifica che 300 + 1400 = 1700 kg è il peso dell'altra auto; sommandolo a quello della city car si ottiene appunto 2.000 kg. La risposta esatta è la **C**.

36 L'esercizio configura una condizione necessaria ma non sufficiente: solo se si verifica l'evento A (= *firma*) può verificarsi l'evento B (= *chiusura del contratto*). Sono lecite solo due deduzioni:

- se non A allora non B (= se non c'è firma allora non si può chiudere il contratto);
- se B allora A (= se si può chiudere il contratto, allora c'è stata firma).

A questo punto è semplice valutare quali alternative di risposta sono *ricavabili con certezza*: se il contratto non è stato firmato, non può essere chiuso (alternativa **D** corretta); se il contratto è stato chiuso, allora è stato firmato (alternativa **C** corretta); se il contratto è stato firmato può venire chiuso (alternativa **B** corretta), in quanto la firma non è condizione sufficiente al verificarsi dell'evento ma solo un prerequisito obbligatorio. La deduzione NON corretta è quella dell'alternativa **A**: come è già stato spiegato, anche dopo la firma la chiusura del contratto non è scontata, ma solo possibile e la mancata chiusura del contratto può dipendere da altre ragioni.

37 Il fatto che uno studente si applichi è condizione *sufficiente* per la promozione: l'applicazione però non è indispensabile, possono verificarsi anche altre condizioni che consentono di essere promossi. È quindi solo possibile, ma *non necessario*, che uno studente promosso si sia applicato. Ciò dimostra che la risposta corretta è la **D** e che l'alternativa **C** è errata. L'alternativa **A** è sbagliata perché la promozione non corrisponde al massimo risultato, mentre l'alternativa **B** è sbagliata perché pone l'impegno degli studenti quale condizione *necessaria* affinché essi siano promossi.

38 Per risolvere l'esercizio conviene partire dalle alternative e provare a verificare se queste soddisfano le condizioni poste dal quesito. Ci si accorge così che la riposta esatta è **C**. Poniamo infatti che Marianna abbia 35 euro e Simona 25: quando Simona dà 5 euro all'amica, le restano 20 euro mentre Marianna ne ha 40, cioè il doppio. Se invece è Marianna a dare 5 euro a Simona, entrambe ne avranno 30.

39 L'affermazione data indica una condizione *necessaria* perché si verifichi un fatto: *solo se* Walter esce (evento A) allora capita che incontri Fabrizio (evento B). Stabilito che quanto detto è vero, dobbiamo ricavare quale delle conseguenze proposte nelle alternative è certa. Sappiamo: 1) che se Walter incontra Fabrizio, allora è uscito, perché abbiamo definito come necessario il fatto che esca affinché possa incontrarlo; 2) che se Walter non esce, allora sicuramente non incontra Fabrizio. Si ricava allora che **D** è la risposta esatta e **B** non può esserlo. Attenzione alla alternativa **C**: il fatto che Walter esca non comporta di per sé che incontri Fabrizio. Quella di uscire è una condizione *necessaria* ma non è *sufficiente* a garantire l'incontro. Perciò la risposta non è accettabile.

40 Sia PR l'insieme dei destinatari della promozione, TCC l'insieme di coloro che hanno telefonato al call center e RC l'insieme di quelli che hanno chiesto il rinnovo del contratto. È possibile rappresentare graficamente le relazioni proposte dall'esercizio in uno dei seguenti modi:

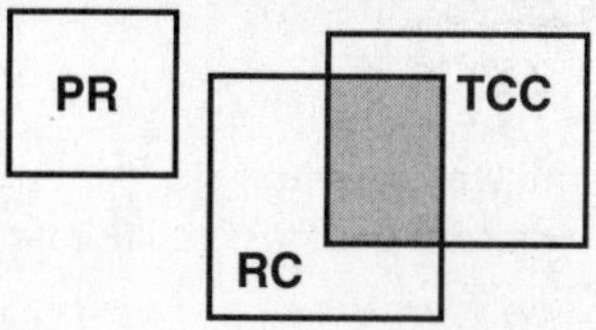

1

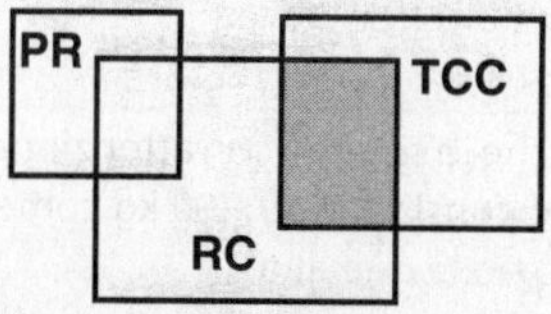

2

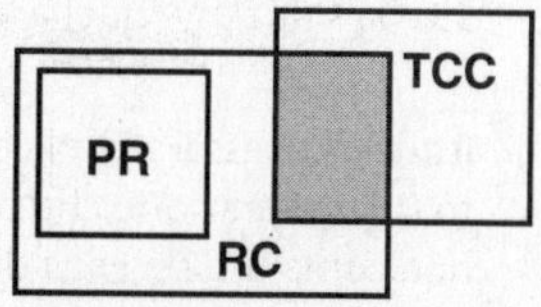

3

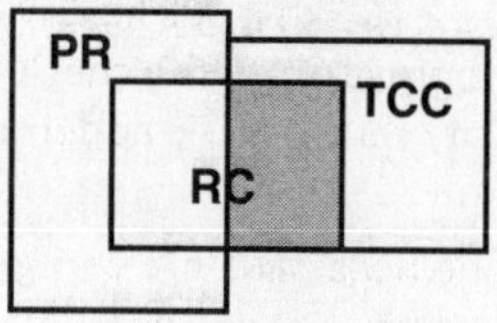

4

Infatti, se da una parte si sa con sicurezza che gli insiemi PR e TCC sono tra loro separati e che gli insiemi TCC e RC si intersecano fra loro, nulla si può dire con certezza sulla relazione esistente tra gli insiemi PR e RC. Perciò non possiamo dedurre **A**, **C** e **D**. È, però, sempre vero che alcuni di quelli che hanno chiesto il rinnovo del contratto, avendo chiamato il call center non possono essere anche parte dell'insieme dei destinatari della promozione. La soluzione al quesito è quindi la **B**, in quanto non tutti quelli che hanno chiesto il rinnovo del contratto possono essere stati oggetto della promozione.

6 | Interpretazione di grafici e tabelle

6.1 | Esercizi proposti

Il grafico seguente rappresenta il fatturato in milioni ottenuto nel 2017 da alcune aziende di moda italiane, suddiviso per segmento di mercato. Leggere attentamente il grafico e rispondere alle domande che seguono.

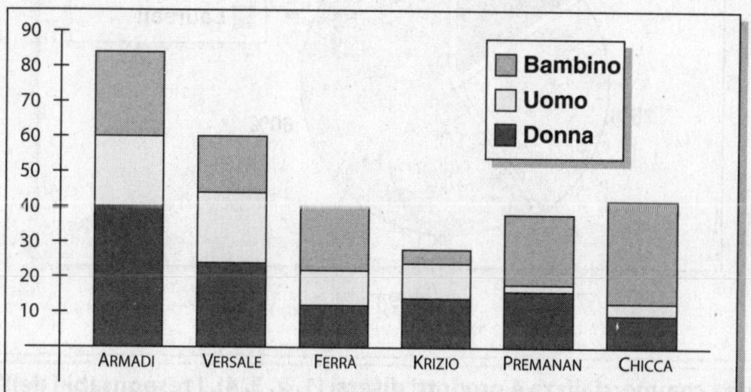

1 **Quale azienda ha ottenuto il maggior fatturato?**

- A Versale
- B Ferrà
- C Armadi
- D Premanan

2 **Quale azienda ha ottenuto il minor fatturato dal segmento uomo?**

- A Armadi
- B Ferrà
- C Premanan
- D Chicca

3 Quale azienda ha ottenuto il maggior fatturato dal segmento donna?

A Krizio
B Armadi
C Versale
D Ferrà

4 Se non esistesse il segmento bambino, quale sarebbe l'azienda con il minor fatturato?

A Versale
B Chicca
C Armadi
D Ferrà

5 Sapendo che la ripartizione per titolo di studio dei dipendenti dell'azienda Nipponk è quella rappresentata nel grafico seguente e che il numero di laureati è pari a 18, individuare qual è il numero di non diplomati presenti in azienda.

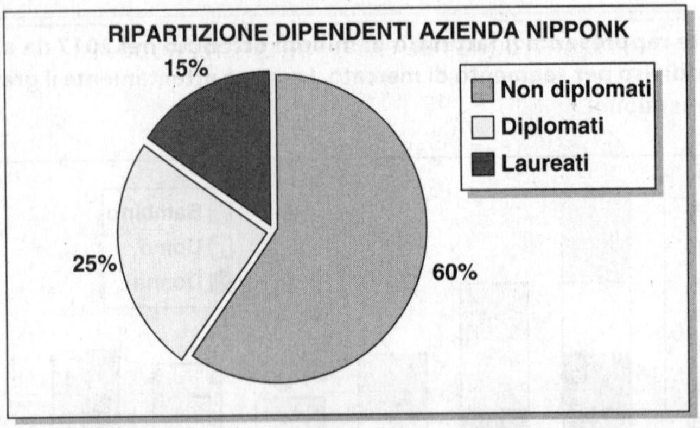

A 72 B 67 C 94 D 62

L'azienda BetaMax commercializza 4 prodotti diversi (1, 2, 3, 4). I responsabili dell'azienda hanno fatto alcune previsioni riguardanti le vendite per il 2017 e per il 2018 e hanno prodotto il seguente grafico:

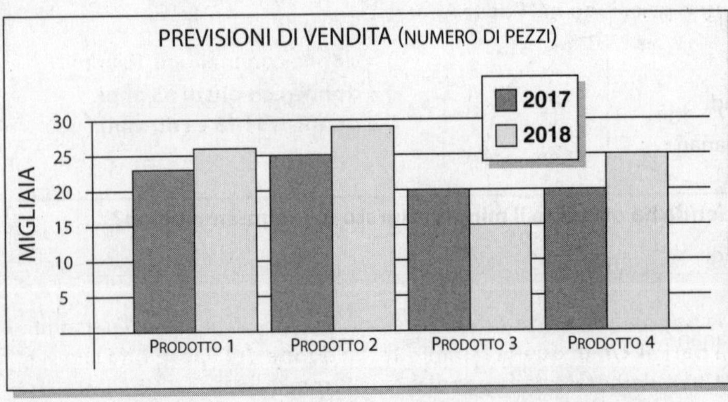

6 Sulla base delle informazioni contenute nel grafico, quale prodotto avrà il maggiore incremento percentuale, come numero di pezzi venduti, passando dal 2017 al 2018?

A 2 B 4 C 1 D 3

7 Sempre sulla base delle informazioni contenute nel grafico precedente, se il prezzo unitario dei singoli prodotti è quello rappresentato nella seguente tabella, quale prodotto genererà il maggior fatturato nel 2018?

Prodotto	Prezzo (in euro)
1	100
2	80
3	90
4	110

26 · 100 = 2600
29 · 80 = 2320
15 · 90 = 1350
110 · 25 = 2750

A 4 B 3 C 1 D 2

8 Sulla base dei seguenti grafici a torta, quale tra i prodotti 1, 2, 3, 4 e 5 ha avuto il maggiore incremento percentuale, in termini di fatturato, passando dal 2017 al 2018?

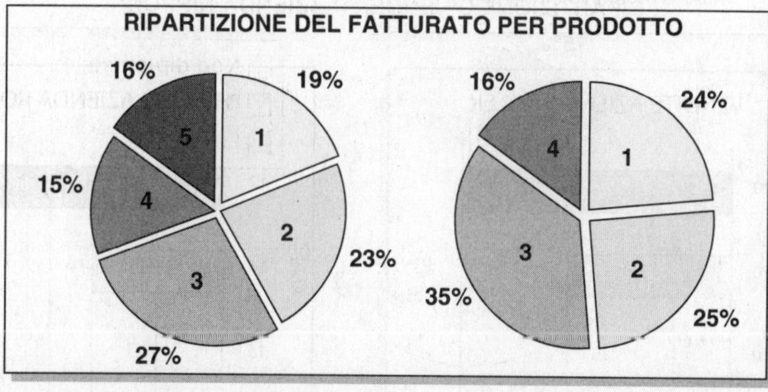

A 3
B 1
C 4
D Non è possibile rispondere sulla base delle informazioni fornite

Nel 2017 viene rilevata la seguente ripartizione percentuale delle persone di sesso femminile che si sono rivolte a uno psicologo nel Paese Alfa:

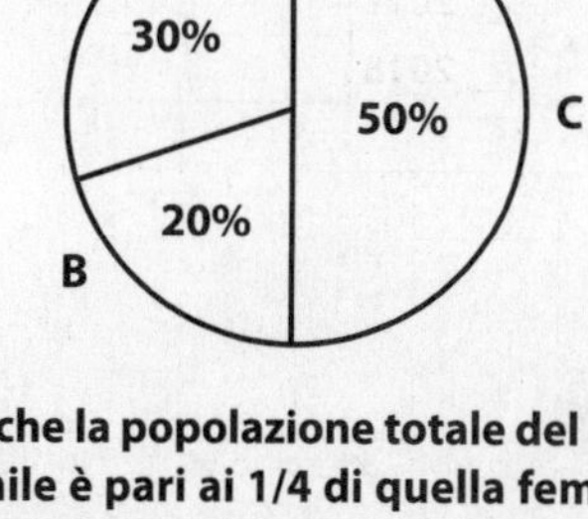

A = donne con meno di 18 anni.
B = donne con più di 65 anni.
C = donne tra i 18 e i 65 anni.

Si sa inoltre che la popolazione totale del Paese Alfa è pari a 50 milioni di persone e che la popolazione maschile è pari ai 1/4 di quella femminile. Le donne del Paese Alfa che si rivolgono a uno psicologo sono il 30% del totale della popolazione femminile.

9 Quanti milioni di donne sopra i 65 anni del Paese Alfa si sono rivolte a uno psicologo nel 2017?

A 12 **B** 2,4 **C** 3,2 **D** 4,4

10 Il numero di orologi venduti dalla società Rolek raddoppia ogni anno. Quale dei seguenti grafici rappresenta in modo corretto tale informazione?

A

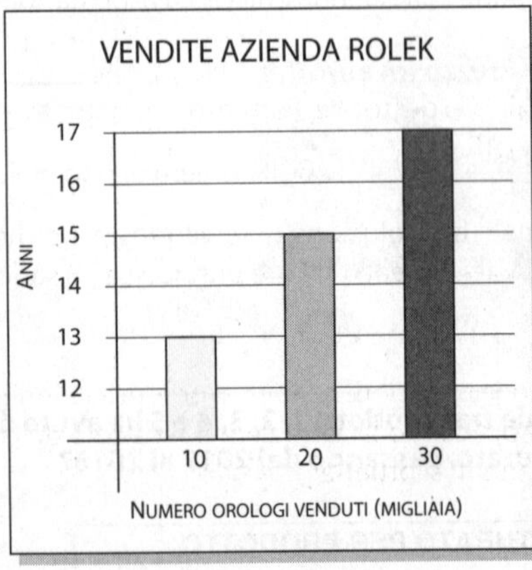

B

C

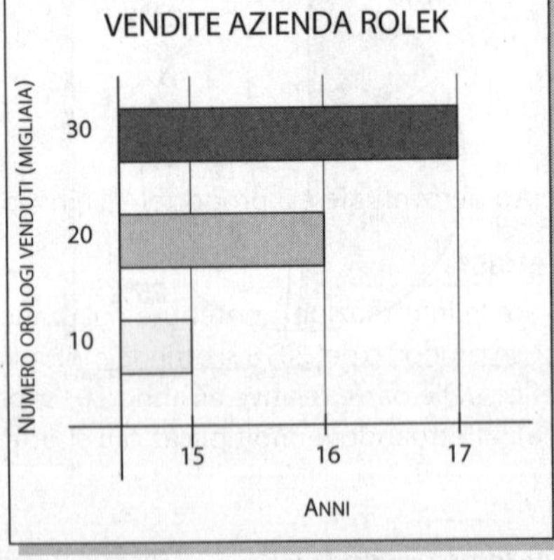

D

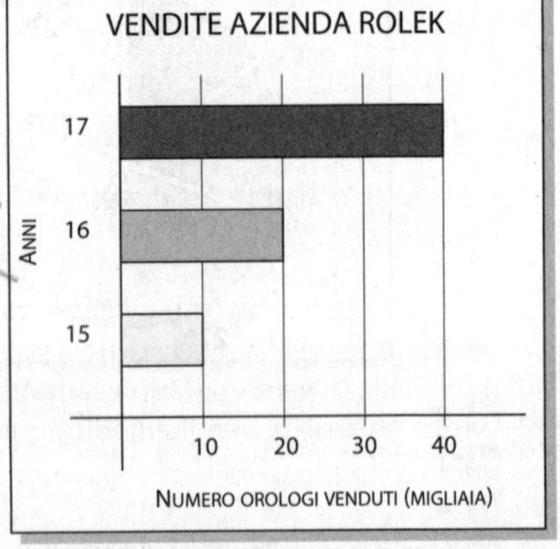

6.2 | Soluzioni e commenti

1 Dal grafico si può facilmente ricavare il fatturato complessivo delle singole aziende:

- Armadi: 85 milioni circa
- Versale: 60 milioni circa
- Ferrà: 40 milioni circa
- Krizio: 28 milioni circa
- Premanan: 38 milioni circa
- Chicca: 42 milioni circa

L'azienda con il maggior fatturato nel 2017 è dunque Armadi e la risposta corretta è **C**.

2 Il fatturato nel segmento uomo è rappresentato dall'area centrale (quella bianca); tale area è minima in corrispondenza dell'azienda Premanan. La risposta corretta è dunque la **C**.

3 Il fatturato nel segmento donna è rappresentato dall'area grigio scuro; tale area è massima in corrispondenza dell'azienda Armadi. La risposta corretta è dunque la **B**.

4 Eliminando dal grafico il fatturato relativo al segmento bambino (l'area grigio chiaro) si ottiene un nuovo grafico, in cui il fatturato minore corrisponde all'azienda Chicca. La risposta corretta è quindi la **B**.

5 I dipendenti laureati sono 18 e costituiscono il 15% del totale. Pertanto il numero totale di dipendenti dell'azienda Nipponk è pari a $\frac{18}{15\%} = \frac{18}{15} \cdot 100 = 120$. Il numero di non diplomati è pari al 60% di 120 = 72 (risposta **A**). Si può giungere alla soluzione osservando anche che la percentuale dei non diplomati (60%) è 4 volte quella dei laureati (15%) e dunque se 18 sono i laureati, i non diplomati sono pari a 18 × 4 = 72.

6 La risposta **D** è palesemente errata in quanto le previsioni relative al prodotto 3 indicano un decremento di vendite e non un incremento. Applicando la formula per il calcolo della variazione percentuale per ognuno dei tre prodotti rimanenti si ottiene:

- Prodotto 1: $\frac{26-23}{23} \cdot 100 = 13{,}04\%$
- Prodotto 2: $\frac{28-25}{25} \cdot 100 = 12\%$
- Prodotto 4: $\frac{25-20}{20} \cdot 100 = 25\%$

Il prodotto che presenta il massimo incremento percentuale è il prodotto 4. La risposta esatta è dunque la **B**.

7 Per rispondere al quesito è necessario correlare le informazioni contenute nel grafico con i dati contenuti in tabella. Il ricavo previsto per ciascun prodotto nel 2018 si ottiene moltiplicando il numero di pezzi venduti (rappresentato sul grafico dalle barre relative all'anno 2018) per il relativo prezzo unitario di vendita (indicato in tabella). Effettuando le moltiplicazioni si ottengono i seguenti valori:

	Prezzo unitario		Numero pezzi venduti		Ricavo previsto
Prodotto 1	100	×	23.000	=	2.300.000
Prodotto 2	80	×	25.000	=	2.000.000
Prodotto 3	90	×	20.000	=	1.800.000
Prodotto 4	110	×	20.000	=	2.200.000

Il prodotto che fornisce il maggior ricavo, in base alle previsioni, è il prodotto 1. La risposta corretta è dunque la **C**. Si osservi che l'alternativa **A**, pur rappresentando il prodotto dal costo maggiore (110 euro), è errata poiché ciò che viene chiesto non è il prezzo di vendita ma il prodotto tra questo e il numero di pezzi venduti (ossia il ricavo).

8 I grafici a torta che illustrano il testo dell'esercizio mostrano la ripartizione del fatturato complessivo fra diversi prodotti. Tuttavia non forniscono né gli anni di riferimento né informazioni circa la variazione, assoluta o percentuale, del fatturato relativo ai singoli prodotti. La risposta da indicare è dunque la **D**: non ci sono abbastanza dati per rispondere.

9 Sappiamo che gli abitanti del Paese Alfa sono in tutto 50 milioni e che le persone di sesso maschile sono 1/4 delle donne. Possiamo riscrivere questi dati nella forma x + 1/4x = 50.000.000 (dove x = numero di persone di sesso femminile) da cui si ricava che le donne sono 40 milioni e i maschi 10 milioni.

Secondo l'esercizio, di questi 40 milioni di donne il 30% si è rivolto a uno psicologo, vale a dire 12 milioni. Le percentuali per età riportate nel grafico a torta sono calcolate dunque su questo valore e quella di nostro interesse è la porzione B, che la legenda riferisce alle donne con più di 65 anni che si sono rivolte a uno psicologo. Per rispondere alla domanda basta ora calcolare il 20% di 12 milioni, pari a 2 milioni e 400.000 donne: come indicato dall'alternativa B.

10 L'alternativa A è errata in quanto il grafico raffigurato indica che nel 2013 sono stati venduti 10.000 orologi e nel 2015 le vendite hanno toccato i 20.000 pezzi. Quindi il numero di orologi venduti è raddoppiato in due anni (e non ogni anno come richiesto). L'alternativa B è errata poiché tra il 2015 e il 2016 il numero di orologi venduti passa da 20.000 a 30.000 e quindi non raddoppia. Analogamente, l'alternativa C è errata in quanto tra il 2016 e il 2017 il numero di orologi venduti passa da 20.000 a 30.000 e quindi non raddoppia. La risposta corretta è pertanto la D: il grafico riportato indica infatti che nel 2015 sono stati venduti 10.000 orologi; nell'anno successivo 2016 il numero di orologi venduti è raddoppiato (20.000) e così pure l'anno seguente (40.000).

A B C D E F G H I J K L M N O P Q R S T U V W X Y Z

7 | Successioni di numeri e lettere

7.1 | Esercizi proposti

Indicare, per ciascuna delle successioni riportate di seguito, il numero o la lettera mancante.

1 **480 96 24 8 4 ?**
A 2 B 16 C 4 D 20

2 **5 7 14 16 32 34 68 ?**
A 70 B 66 C 2 D 136

3 **50 54 27 28 32 16 17 ?**
A 20 B 34 C 22 D 21

4 **Utilizzando l'alfabeto inglese, completare correttamente la successione di lettere:**
R; Q; E; F; P; O; G; H; N; ?; ?
A M, I B J, I C L, M D K, L

5 **24 48 16 12 60 10 3 ?**
A 12 B 24 C 28 D 27

6 **5, 12, 19, 26, 33, ...?**
A 43 B 47 C 40 D 45

7 **2, 10, 50, ...?**
A 25 B 250 C 200 D 500

8 **4, 5, 9, 14, 23, 37, ...?**
A 60 B 51 C 53 D 75

9 **4, 5, 10, 7, 16, 9, 22, ...?**
A 35 B 3 C 42 D 11

10 **7, 11, 16, 22, ...?**
A 19 B 2 C 44 D 29

11 **2, 6, 18, 54, ...?**
A 108 B 81 C 162 D 112

12 **3, 7, 10, 17, 27, 44, ...?**
A 71 B 47 C 57 D 60

13 **4, 9, 13, 17, 30, ...?**

A 33 B 37 C 13 D 47

14 **3, 8, 14, 21, ...?**

A 28 B 29 C 42 D 22

15 **18, 36, 45, 72, ...?**

A 19 B 63 C 46 D 87

16 **D, F, H, J, L, ...?**

A K B W C M D N

17 **F, H, K, O, ...?**

A S B R C Q D T

18 **X, U, R, O, L, ...?**

A I B G C F D J

19 **L, 7, O, 10, R, 13, ...?**

A U B 16 C V D N

20 **A, 17, C, 14, E, 11, G, ...?**

A 9 B 18 C 14 D 8

21 **F; Q; H; P; L; O; N; ...?**

A M B N C L D O

22 **Individuare l'elemento mancante.**

Z 2 V 3 T 5 Q 8 M 13 ? ?

A F; 18 B G; 21 C G; 18 D F; 21

In ciascuno degli schemi seguenti individuare il numero o la lettera mancante.

23

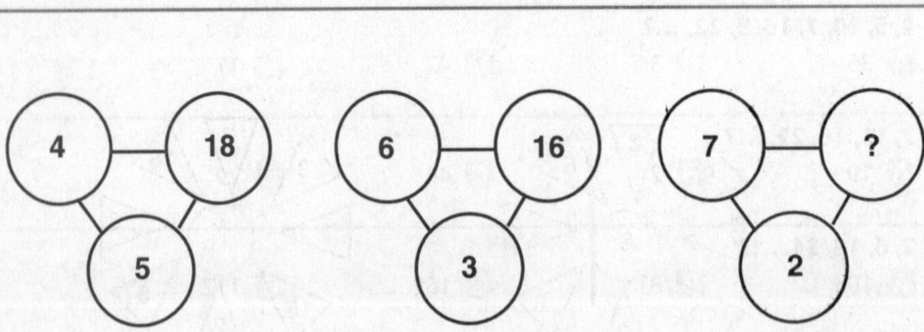

A 14 B 12 C 10 D 20

24

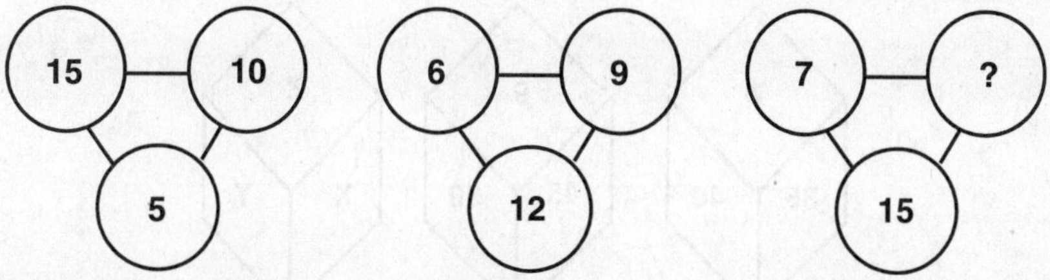

A 12 **B** 22 **C** 13 **D** 11

25

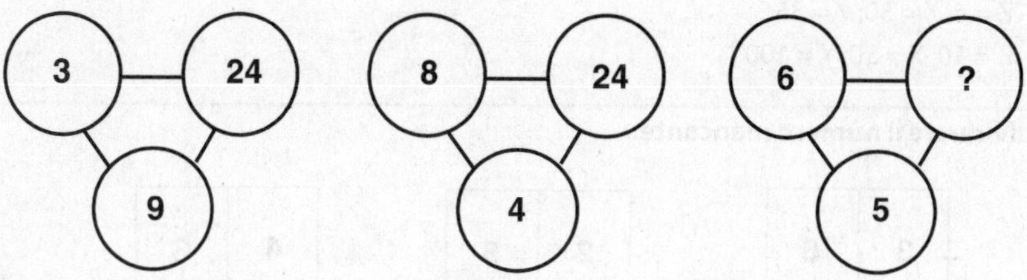

A 22 **B** 10 **C** 18 **D** 8

26 **Individuare il numero mancante.**

0	0	0	0
9	9	9	9
9	18	27	36
9	27	54	?

A 9 **B** 0 **C** 90 **D** 72

27 **Individuare il numero mancante.**

10	8	2
30	24	6
15	12	?

A 11 **B** 9 **C** 4 **D** 3

28

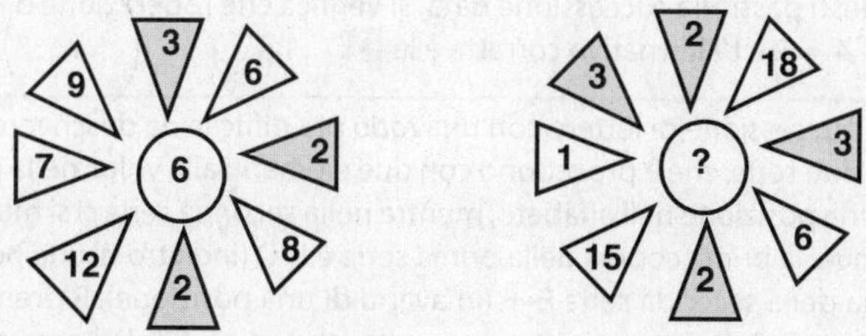

A 10 **B** 4 **C** 7 **D** 40

29 Individuare il numero mancante.

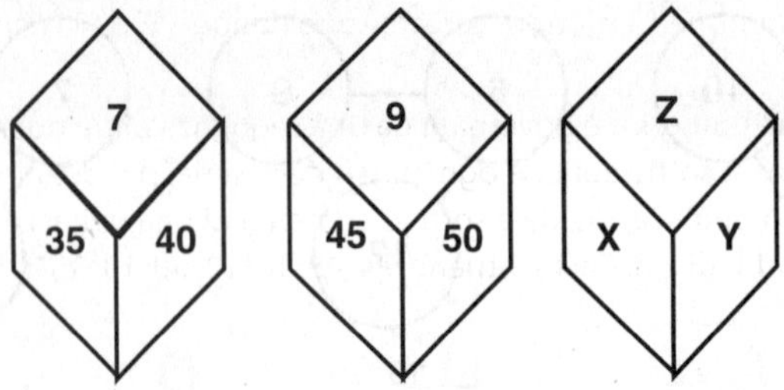

A) Z = 5; X = 10; Y = 15
B) Z = 4; X = 20; Y = 26
C) Z = 6; X = 30; Y = 35
D) Z = 10; X = 50; Y = 100

30 Individuare il numero mancante.

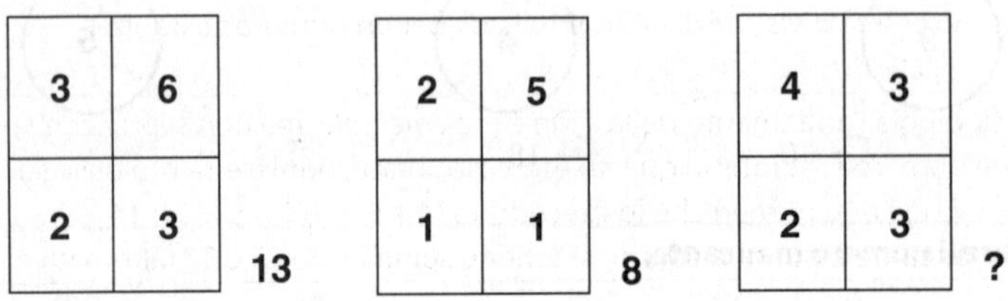

A) 8 B) 6 C) 12 D) 7

7.2 | Soluzioni e commenti

1 In questo esercizio ogni numero della successione viene diviso per un altro numero: a ogni passaggio il divisore decresce di una unità. Nello specifico, 480 viene diviso per 5; il quoziente così ottenuto, 96, si divide per 4; il risultato è 24, che si divide per 3 e dà 8; 8 diviso 2 dà 4, cifra che va divisa per 1. Il risultato è 4 e la risposta esatta è pertanto la C.

2 Questa serie è l'esito di due operazioni che si ripetono sempre uguali in successione: al primo numero si somma 2 ($5 + 2 = 7$) e il risultato della somma viene moltiplicato per 2 ($7 \times 2 = 14$). Poi si ripete. La ratio è dunque: + 2, × 2. Seguendo la successione si ricava che per ottenere il numero mancante bisogna sommare 2 ($68 + 2 = 70$) e la risposta esatta è quindi la A.

3 La serie numerica procede sulla base di una *ratio* composta da diverse operazioni aritmetiche che si susseguono sempre uguali: una addizione (+4), una divisione (:2), di nuovo una addizione (+1). Applicando questi passi alla successione data, si verifica che l'operazione da eseguire dopo il numero 17 è $17 + 4 = 21$. L'alternativa corretta è la D.

4 Si tratta di una successione di lettere con una *ratio* più difficile da descrivere che da intuire. Si alternano infatti due serie, che è procedono con due elementi alla volta: nella prima serie ci si muove indietro di una posizione nell'alfabeto, mentre nella seconda serie ci si muove di una posizione in avanti. Dunque: la prima coppia della prima serie è R-Q (indietro di una posizione), a cui segue la prima coppia della seconda serie E- F (in avanti di una posizione). Riprendendo il filo da R- Q, troviamo la coppia P-O (indietro di un passo); collegandoci a E-F, l'elemento successivo è dato dalla coppia G-H (avanti di un passo). A questo punto torniamo nella prima serie, infatti troviamo la lettera N a cui dobbiamo quindi accoppiare la lettera M (indietro di un passo). L'esercizio chiede di indicare ancora una lettera, che apparterrà invece alla seconda serie, muovendo avanti di un passo da H e sarà dunque *I*. Le lettere cercate sono dunque *M* e *I*, la risposta esatta è la **A**.

---

5 Questa successione numerica è governata da una sequenza di tre operazioni aritmetiche: moltiplicazione, divisione e sottrazione. A ogni passo della serie, per definire l'elemento successivo, il numero per cui si moltiplica, divide e sottrae aumenta di una unità. La logica è la seguente: × 2, : 3, – 4, × 5, : 6, – 7 quindi × 8. Così si ottiene: 24; 48; 16; 12; 60; 10; 3; *24*. La risposta esatta dunque è la **B**.

---

6 Si tratta di una semplicissima successione *aritmetica additiva*, in cui ogni numero è ottenuto sommando un valore costante al numero precedente. Nell'esercizio la costante è pari a 7 e quindi l'incognita è uguale alla somma di 7 e 33, cioè *40* (alternativa **C**).

---

7 Questo esercizio mostra una *successione geometrica*, in cui cioè ciascun elemento si ottiene moltiplicando il precedente per un numero costante (nell'esempio pari a 5). Il numero mancante è quindi 250, che si ottiene moltiplicando 50 × 5 (alternativa **B**). In altri casi, i numeri della successione possono essere divisi, anziché moltiplicati, per un numero costante.

---

8 In questa tipologia l'andamento della serie è *incrementale*, ma non si procede sommando moltiplicando un numero costante; in questo esercizio, infatti, ogni elemento della successione è ottenuto sommando i due numeri che lo precedono (4 + 5 = 9; 9 + 5 = 14; 14 + 9 = 23; 14 + 23 = 37). Il numero mancante è dunque *60*, che si ottiene sommando 23 e 37 (alternativa **A**).

---

9 In questa tipologia di esercizio, *si alternano due serie di numeri* che occupano una le posizioni dispari e l'altra quelle pari della successione data. Nel caso in esempio, entrambe le serie sono di tipo additivo: la prima è composta dai numeri 4, …, 10,…, 16, …, 22 e procede sommando 6 nel passare da un elemento al successivo; la seconda è composta dai numeri 5, …, 7, …, 9 …, ? e procede sommando 2 nel passare da un elemento al successivo. Il numero mancante appartiene a questa seconda serie e il suo valore si ottiene perciò con l'operazione: 9 + 2 = 11 (risposta **D**).

---

10 In questa serie numerica additiva, l'incremento per passare da un elemento al successivo si ottiene con addendi che crescono a ogni passo di una unità. Si ha dunque 7 + 4 = 11; 11 + 5 = 16; 16 + 6 = 22; dunque il numero mancante si ottiene sommando 22 + 7 = *29*; , così come riportato dall'alternativa **D**.

---

11 L'alternativa corretta è la **C**: infatti in questa successione, ciascun elemento si ottiene moltiplicando il precedente per un valore costante (in questo caso pari a 3). Il numero mancante è dunque 162, che si ottiene moltiplicando 54 per 3.

---

12 Anche in questa successione incrementale, ogni numero è uguale alla somma dei due che lo precedono. Il numero mancante è dunque dato da 27 + 44 = *71*. La risposta esatta è dunque la **A**.

---

13 Nella serie ogni numero è uguale alla somma dei due che lo precedono: 4 + 9 = 13; 17 + 30 = *47*. La soluzione esatta è dunque la **D**.

---

14 Passando da un numero al successivo, si esegue una somma utilizzando addendi che crescono ogni volta di una unità: prima 5, poi 6, poi 7. Dunque il numero mancante si ottiene sommando 8 a 21 = *29*. La risposta esatta è la **B**.

15 In questo esercizio la logica non prevede di operare sui numeri dati, ma è da ricercare nelle cifre che compongono ciascun numero della successione: il numero mancante, come accade per tutti quelli che lo precedono, deve essere composto da cifre la cui somma sia pari a 9. Verificando tra le alternative date, bisogna scegliere l'unica alternativa che soddisfa tale logica, cioè 63: risposta esatta **B**.

16 Si tratta di una successione in cui ogni lettera si trova due posizioni più avanti rispetto alla precedente (dalla A alla Z); la presenza di J nella successione indica che l'alfabeto di riferimento è quello inglese. La lettera mancante è dunque data da L + 2 = *N*, come riportato nell'alternativa **D**.

17 Passando da una lettera alla successiva, ci si sposta nell'alfabeto (quello inglese, come segnalato dalla presenza di K) dapprima di due, poi di tre e infine di quattro posizioni. Per ottenere la lettera mancante occorre dunque spostarsi di cinque posizioni: O + 5 = *T*, così come riportato nell'alternativa **D**.

18 In questo caso, passando da una lettera alla successiva, la logica prevede lo spostamento dalla Z verso la A di tre posizioni. Dopo la lettera L, retrocedendo nell'alfabeto inglese (come segnalato dalla presenza di X) di tre posizioni, figura la lettera *I* (alternativa **A**).

19 La successione di numeri e quella di lettere vanno considerate separatamente. In questo caso l'elemento da individuare appartiene alla sequenza di lettere e quindi la soluzione non può evidentemente essere la **B**. In particolare, le lettere presenti nella successione data distano tra loro tre posizioni. L'alternativa corretta è dunque la **A**.

20 Si alternano *due serie di numeri e lettere* ed è facile osservare che l'elemento incognito appartiene alla successione dei numeri: vanno escluse subito le alternative che riportano lettere. La serie numerica mostra un andamento decrescente di 3 unità a ogni passaggio. Il numero mancante è dunque 11 – 3 = 8. È quindi esatta l'alternativa **D**.

21 In questo caso, si alternano *due serie di lettere,* che occupano una le posizioni dispari e l'altra quelle pari della successione data. Mentre la prima serie prevede uno spostamento in avanti di due lettere alla volta (da F a H saltando la G e poi da H a L saltando la I), la seconda, a cui appartiene la lettera mancante prevede una serie che torna indietro di una posizione ogni volta (Q, P, O). La soluzione al quesito è fornita dall'alternativa **B** che propone la *N* come lettera mancante.

22 La serie di lettere parte da Z e torna indietro lungo l'alfabeto italiano seguendo questa logica: – 1; – 2; – 3; – 4. La lettera mancante è quindi la F (che si trova a – 5 rispetto alla M). Per la serie di numeri invece si osserva che ogni valore è la somma dei due che lo precedono, per cui il numero mancante è 21 (8 + 13). La soluzione al quesito è fornita, quindi, dall'alternativa **D**.

23 In ciascuna delle terne, il numero in alto a destra si ottiene sottraendo 2 al prodotto degli altri due numeri (18 = 4 × 5 – 2 e 16 = 6 × 3 – 2).

L'alternativa corretta è dunque la **B** (12 = 7 × 2 – 2).

24 In questo caso il numero in alto a destra si ottiene dividendo a metà la somma degli altri due numeri. Abbiamo dunque: 7 + 15 = 22 : 2 = 11. L'alternativa **D** soddisfa tale logica ed è dunque la soluzione dell'esercizio in esame.

25 In questo caso il numero in alto a destra si ottiene raddoppiando la somma degli altri due numeri. La soluzione corretta è dunque quella indicata dall'alternativa **A**.

26 Questo esercizio mostra un altro esempio di successione di numeri non lineare, in cui si richiede di individuare il numero da inserire nella casella vuota.

Il criterio che governa la disposizione dei numeri all'interno dello schema prevede, in questo caso, che il valore di ciascuna casella sia uguale alla somma dei numeri che si trovano immediatamente sopra e a sinistra della casella medesima.

Per esempio, il numero 18, che compare nello schema, è dato da 9 (sopra) + 9 (sinistra), così come il numero 36 è dato da 9 (sopra) + 27 (sinistra) e così via. La casella vuota deve dunque essere occupata dal numero 90 (alternativa **C**), ottenuto dalla somma di 36 e 54, che si trovano rispettivamente al di sopra e alla sinistra della casella vuota.

27 In ciascun rettangolo il numero in basso è pari alla metà di quello centrale (il quale, a sua volta, è pari al triplo di quello superiore). Secondo tale logica, il numero incognito è pari a 3 (alternativa **D**).

28 Guardando la prima figura si osserva che alcuni numeri sono contenuti in triangoli bianchi, altri in triangoli grigi. Si può supporre che il numero al centro sia il risultato di operazioni compiute tenendo conto di questa distinzione. In effetti se si sommano i termini nei triangoli bianchi si ottiene 42, mentre la somma dei valori in quelli grigi è pari a 7. Facendo la divisione 42 : 7 si ottiene proprio 6, il numero al centro. Seguendo la stessa logica nella seconda figura si ha 40 : 10= 4. La soluzione al quesito è, quindi, fornita dall'alternativa **B**.

29 La logica che lega i numeri sulle facce di ogni singolo cubo è la seguente: moltiplicando per 5 il numero indicato sulla faccia superiore si ottiene il numero indicato sulla faccia laterale a sinistra (così nel primo cubo 7 ´ 5 = 35) a cui si somma di nuovo 5 per ottenere il numero sulla faccia laterale a destra (35 + 5 = 40). Confermata questa *ratio* anche nella seconda immagine (9 × 5 = 45; 45 + 5 = 50), si passa a verificare quale tra le alternative proposte la rispetta. La soluzione esatta si dimostra la **C**: 6 × 5 = 30; 30 + 5 = 35.

30 Nella prima figura il numero in basso a destra, fuori dai riquadri, si ottiene sottraendo al prodotto dei due termini nelle caselle superiori la somma dei due termini delle caselle inferiori:

$$13 = (6 \times 3) - (2 + 3).$$

Lo stesso criterio è utilizzato nella seconda figura e quindi deve essere rispettato anche nella terza. Il numero mancante sarà, allora, pari a:

$$(4 \times 3) - (2 + 3) = 7.$$

La soluzione al quesito è fornita dall'alternativa **D**.

8 | Successioni di figure

8.1 | Esercizi proposti

Tra le serie di figure sotto riportate individuare quella da scartare.

1

2

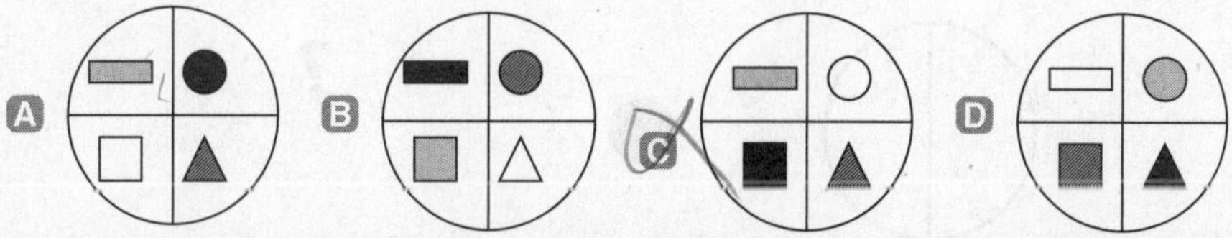

3

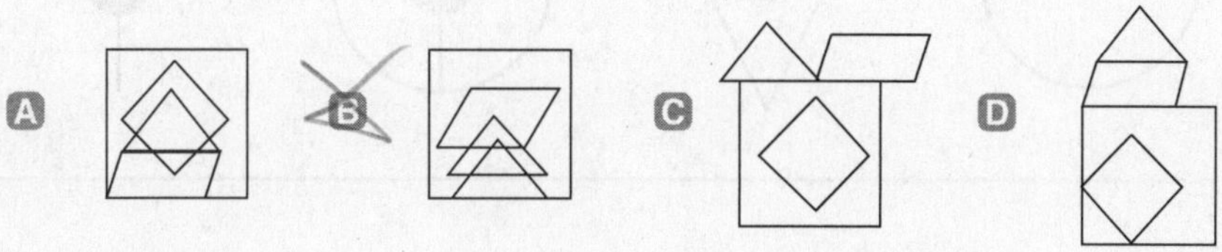

4

5

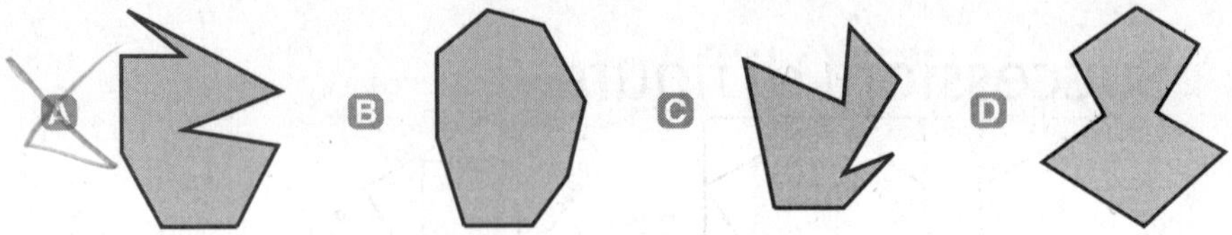

Individuare la figura che completa le seguenti successioni.

6

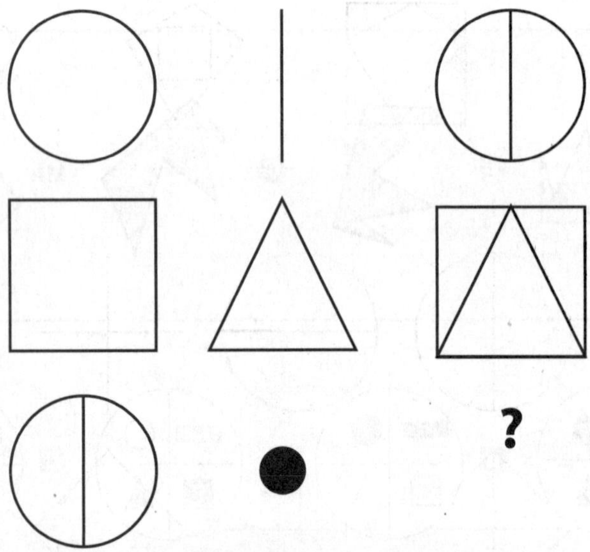

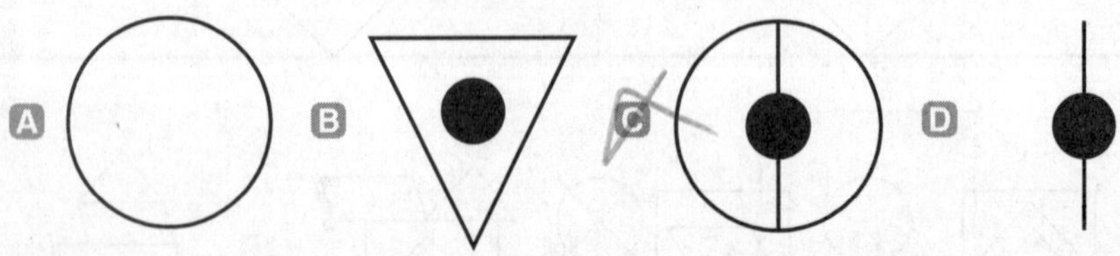

7

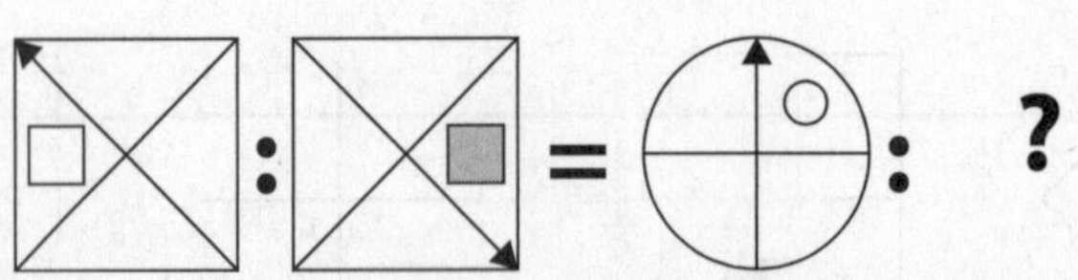

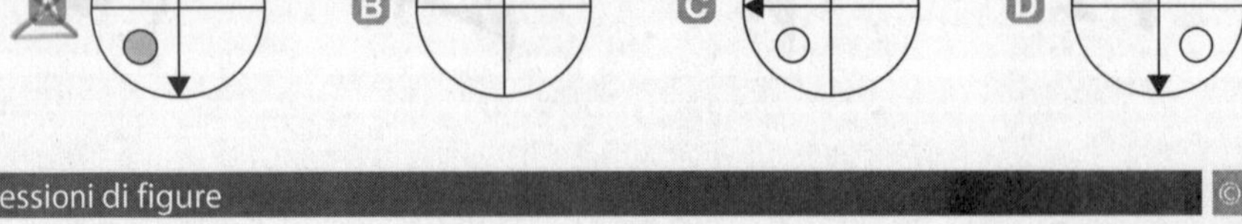

8

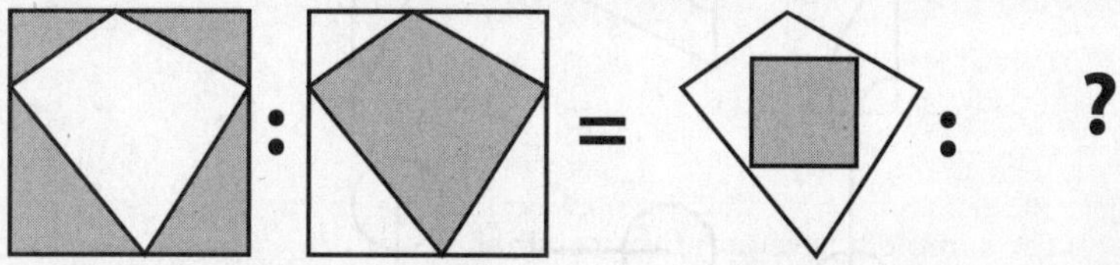

A 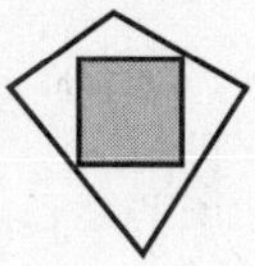

B 

C 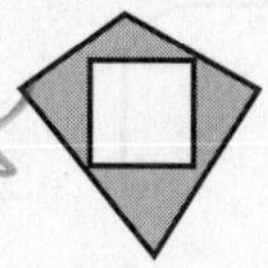

D 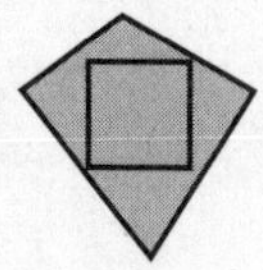

9

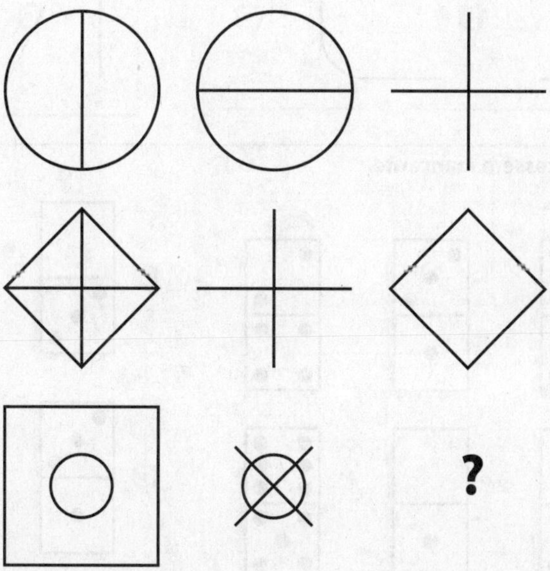

A 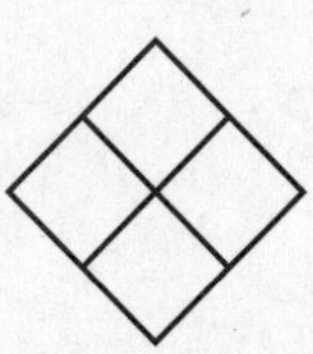

B 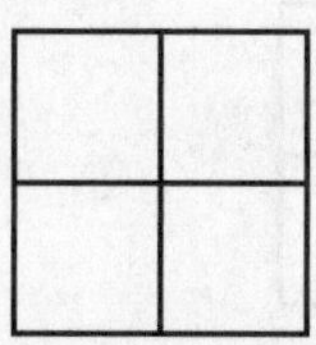

C 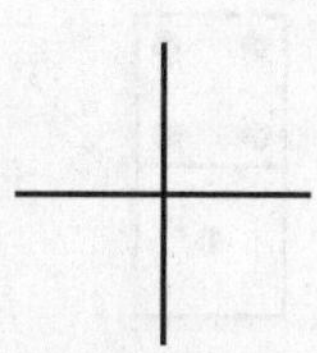

D 

10

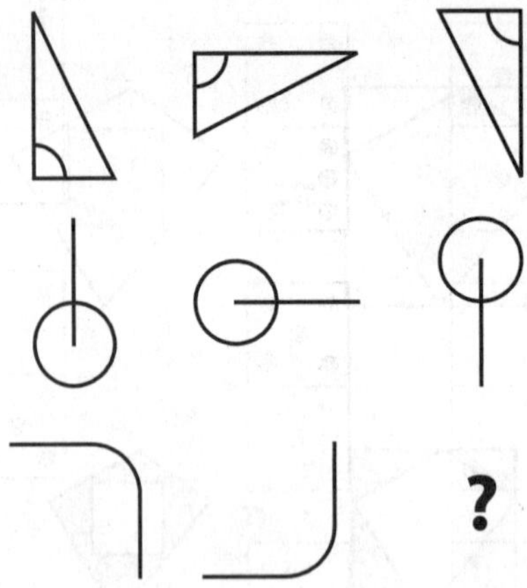

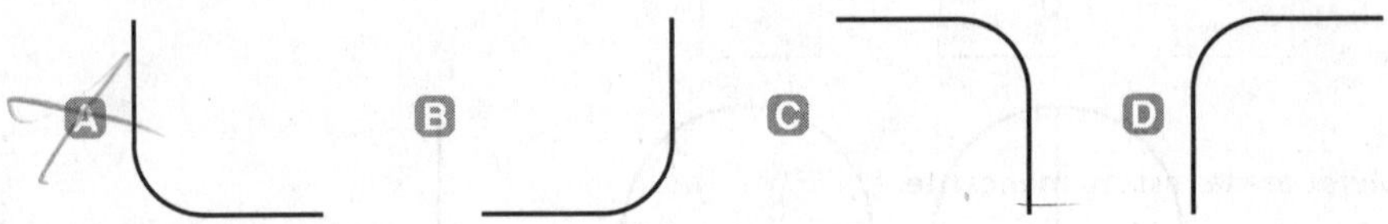

11 **Individuare la tessera mancante.**

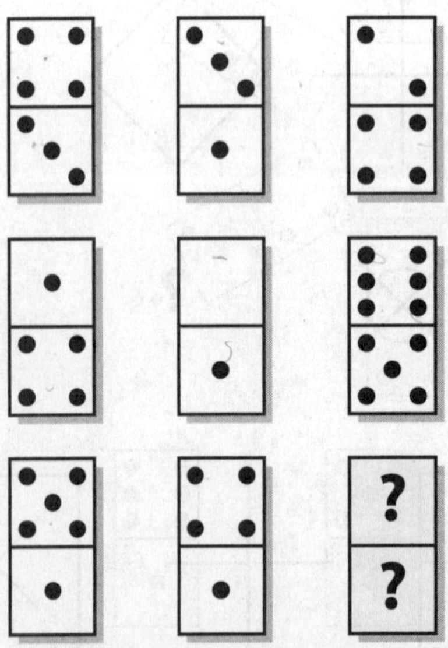

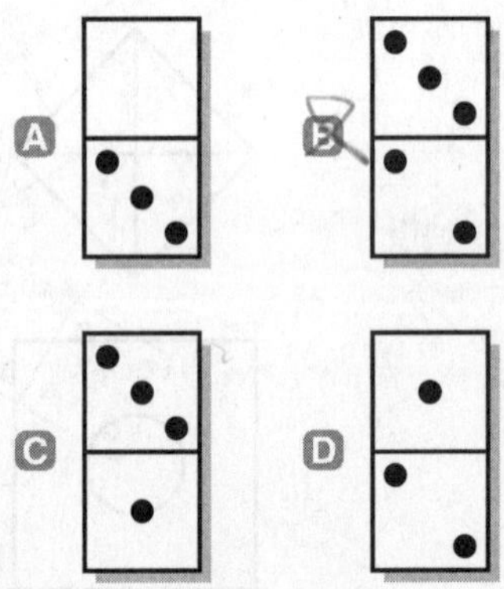

12 **Individuare la tessera mancante.**

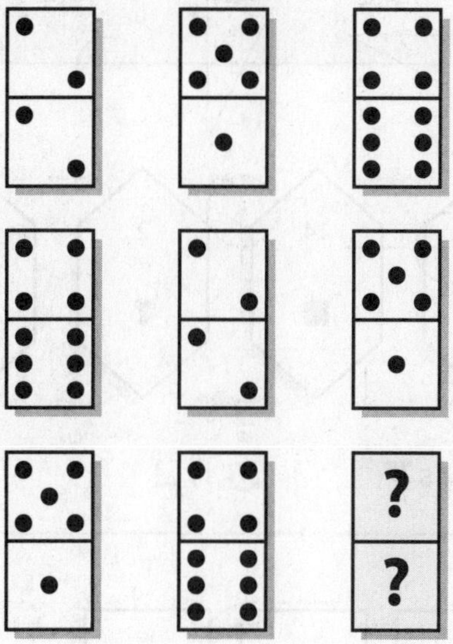

A 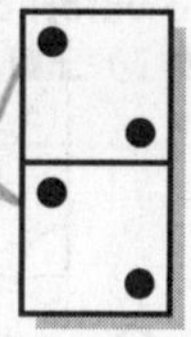

B 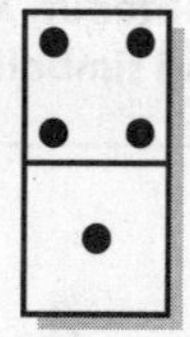

C 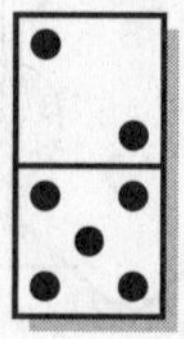

D 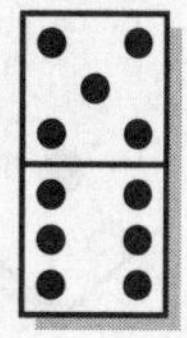

13 **Individuare la tessera mancante.**

A 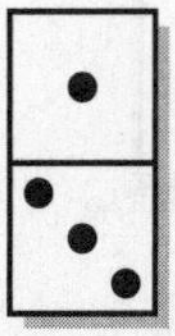

B 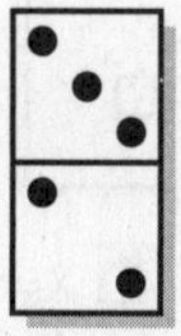

C 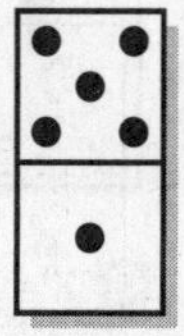

D 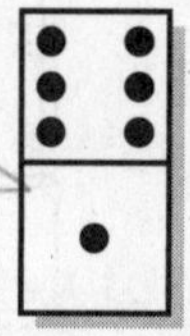

Negli esercizi seguenti individuare gli elementi delle figure incognite sapendo che i numeri in esse contenuti assumono valori da 1 a 15 (15 + 1 = 1 e non 16) e che possono essere presenti i seguenti simboli grafici: ● ❍ ❑ ■ ❣ ▼.

14

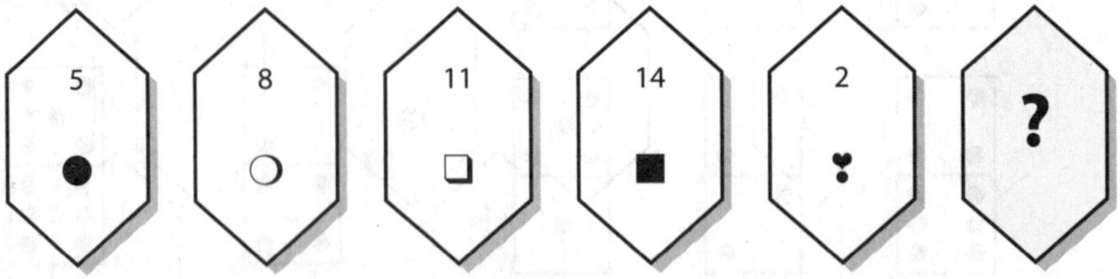

A 2▼ B 3❍ C 5▼ D 11❑

15

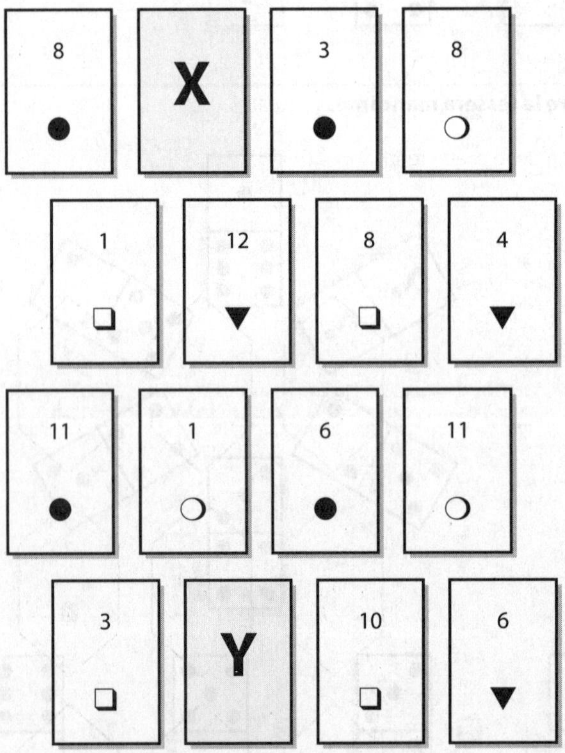

A X = 5❍ Y = 8▼
B X = 14❍ Y = 13▼
C X = 13❍ Y = 14▼
D X = 6● Y = 7❑

16

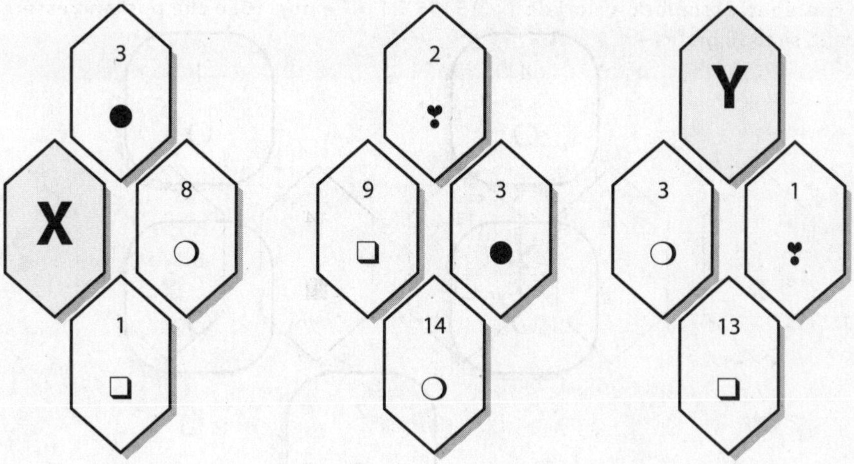

A X = 2 ❣; Y = 8 ●

B X = 5 ❣; Y = 8 ❑

C X = 5 ○; Y = 4 ●

D Nessuna delle precedenti

17

A 2 ○ B 4 ❑ C 7 ● D 2 ❑

18

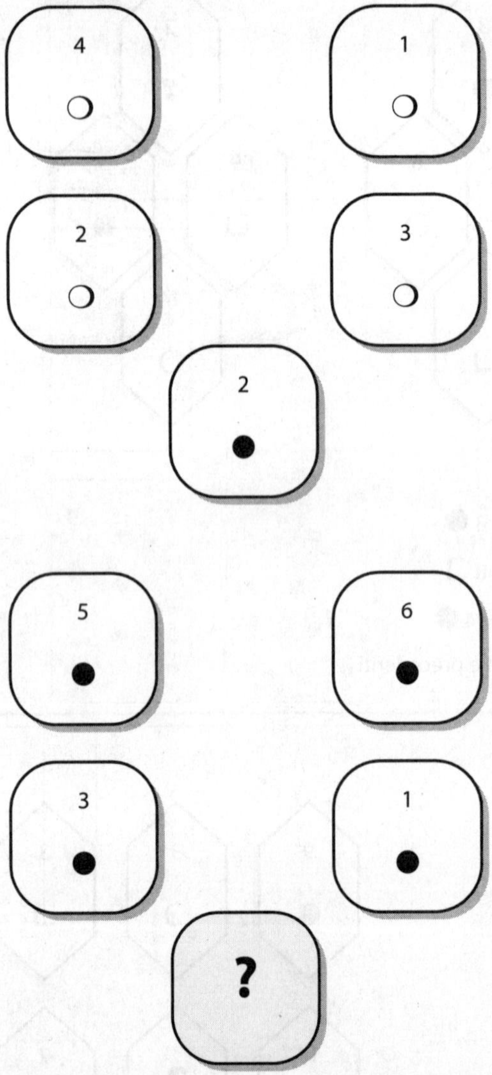

A 3 ○
B 6 ○
C 1 ○
D Nessuna delle precedenti

19 **Individuare la carta mancante.**

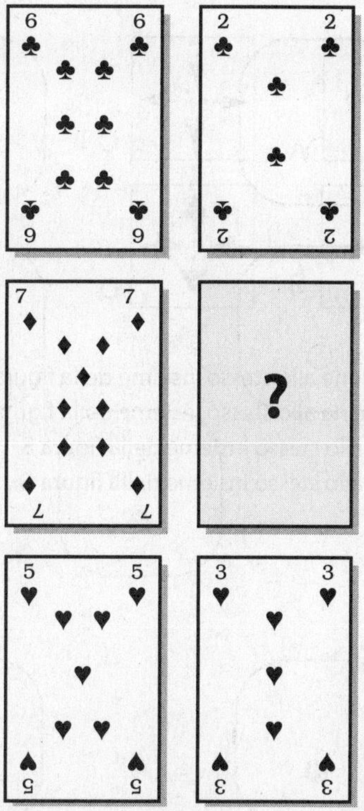

A

B

C

D
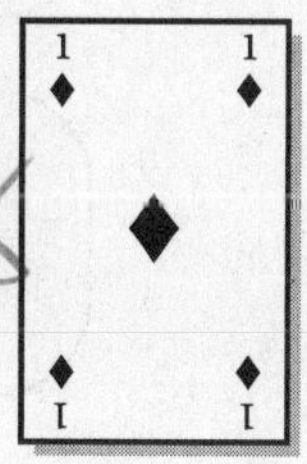

20 Osservando le figure sotto riportate, quale delle seguenti affermazioni è falsa?

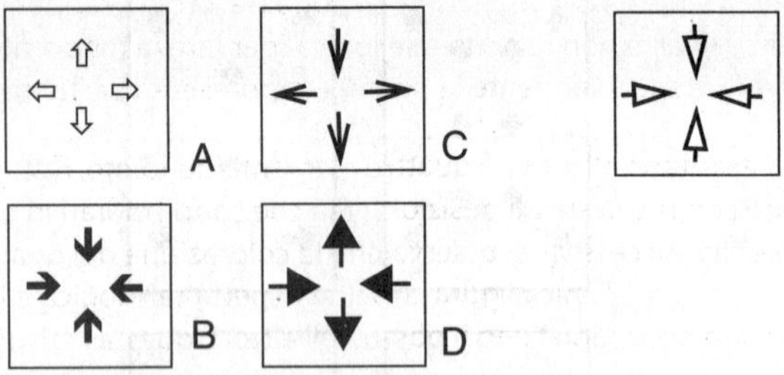

A La figura X non appartiene allo stesso insieme della figura A
B La figura X non appartiene allo stesso insieme della figura C
C La figura X appartiene allo stesso insieme della figura B
D La figura X appartiene allo stesso insieme della figura D

8.2 | Soluzioni e commenti

1 Le figure indicate dalle alternative A, C e D sono tra loro sovrapponibili operando una rotazione. L'alternativa B invece non rispetta tale logica (per fare in modo che si sovrapponga alle altre è necessario invertire specularmente la figura) e rappresenta pertanto la soluzione dell'esercizio.

2 Tutte le figure presentano all'interno quattro elementi (quadrato, rettangolo, cerchio e triangolo) che mantengono sempre la stessa posizione ma che sono colorati in maniera differente. Passando da una figura alla successiva, si osserva che la colorazione dei quattro elementi cambia scorrendo in senso antiorario. L'unica figura che non rispetta tale logica è la C, in cui il colore grigio scuro e grigio chiaro occupano l'uno il posto dell'altro. È questa la risposta da indicare.

3 Le figure A, C e D sono costituite dagli stessi quattro poligoni: un quadrato, un rombo, un parallelogramma e un triangolo. Invece la figura B riunisce un quadrato, un parallelogramma e due triangoli. Pertanto la risposta cercata è la B.

4 Tutte le figure sono tra loro sovrapponibili operando una rotazione, a eccezione della A che risulta ribaltata sull'asse verticale e rappresenta pertanto la soluzione dell'esercizio.

5 Tutte le figure rappresentano poligoni con otto lati a eccezione della prima i cui lati sono nove. La risposta esatta è dunque la A.

6 Questo esercizio mostra una logica che frequentemente sta alla base delle matrici di Raven: la sovrapposizione e addizione di elementi differenti. Si nota infatti che, nelle prime due righe, la figura dell'ultima colonna a destra è ottenuta mediante la sovrapposizione delle due figure che la precedono sulla stessa riga. Lo stesso criterio viene rispettato nella terza riga, scegliendo tra le alternative la soluzione C.

7 Passando dal primo quadrato al secondo si osserva che la figura è stata ribaltata sia sull'asse verticale sia su quello orizzontale. Ne consegue che il verso della freccia è cambiato e che il quadratino si trova a destra e non più a sinistra; inoltre è cambiato il colore. Applicando la stessa logica al secondo membro della proporzione, si giunge alla soluzione dell'esercizio (risposta A).

8 I termini del primo membro della proporzione sono 2 figure: la prima in positivo e la seconda in negativo. Applicando la stessa logica al secondo membro della proporzione si ottiene la soluzione dell'esercizio (risposta C).

9 Nelle prime due righe della matrice, la figura a destra risulta dalla sovrapposizione delle due figure che la precedono eliminando però gli elementi che esse hanno in comune. Allo stesso modo bisogna procedere per individuare tra le alternative la figura mancante; se si sovrappone il quadrato alla croce ed eliminando il cerchio che le due figure hanno in comune (risposta D).

10 In questo caso, nelle prime due righe sia il triangolo sia il segmento con il cerchietto vengono di volta in volta ruotati di 90° in senso orario. Applicando quindi la medesima logica di rotazione alle figure della terza riga, si giunge alla soluzione dell'esercizio (risposta A).

11 Negli esercizi che utilizzano le tessere del domino, bisogna individuare sia la logica delle metà inferiori sia quella delle superiori. In questo caso, si osserva che i valori delle metà superiori delle tessere seguono un ordine decrescente, mentre nelle metà inferiori la somma dei valori delle prime due è pari al valore della terza (prima riga: 3 + 1 = 4; seconda riga: 4 + 1 = 5). La tessera mancante è quindi quella indicata dall'alternativa B.

12 Le tre righe sono costituite dalle stesse tessere disposte in ordine differente. La figura mancante è quella individuata dall'alternativa A.

13 Le parti delle tessere che si trovano all'esterno della corona presentano una successione crescente di numeri (1, 2, 3, 4, 5) e quindi l'elemento superiore della tessera mancante deve essere 6. Le parti interne rispettano invece una legge di successione decrescente (6, 5, 4, 3, 2) secondo la quale l'elemento inferiore della tessera mancante deve essere 1. La risposta corretta è dunque la **D**.

14 Negli esercizi di questa tipologia, bisogna aver cura di individuare la figura che completi correttamente sia la serie numerica sia quella simbolica. Nel nostro caso, ogni numero è dato alla somma del precedente + 3. Tenendo conto che i valori ricominciano da 1 dopo il 15, si avrà: 14 + 3 = 15 + 2 = 2. Per quanto riguarda invece il simbolo, dal momento che compaiono tutti meno uno, quello corretto è l'unico mancante. La figura da indicare è perciò composta dalla coppia di elementi (5 ▼). La risposta esatta è dunque la **C**.

15 La disposizione spaziale delle figure induce a considerare la prima fila abbinata con la terza e la seconda con la quarta. Nella terza riga si osserva un'alternanza di simboli: quindi in prima riga si dovrà selezionare un'alternativa che riporta ❍. Per quanto riguarda i numeri, la terza riga mostra una successione crescente: tenendo conto che una volta raggiunto il 15 si riparte da 1, si verifica che l'incremento è + 5 a ogni passo e pertanto in prima riga il valore deve essere 13. Quindi X = 13 ❍. Nella seconda riga si osserva un'alternanza di simboli e una differenza costante pari a 4 tra i numeri (1 – 4 = 12; 12 – 4 = 8; 8 – 4 = 4); applicando la stessa logica alla quarta riga si ottiene Y = 14 ▼. La risposta corretta è dunque la **C**.

16 Nei tre gruppi di figure, l'unico privo di incognite è quello centrale che dunque va preso a modello per individuare le incognite X e Y. Analizzando una per una le figure al centro, si osservano quattro simboli tutti diversi tra loro; nei due gruppi incompleti, si nota che ritornano tre di questi simboli, così che è ragionevole supporre che la figura mancante debba riportare il quarto simbolo, rispettivamente ❣ per la X e ● per la Y. Quanto ai numeri, quello della figura inferiore è dato dalla somma dei numeri presenti nelle altre tre figure (14 = 9 + 2 + 3). Applicando la stessa logica al gruppo di figure a sinistra si ottiene X = 5 ❣, mentre applicando il ragionamento al gruppo di destra si ottiene Y = 9 ●. Pertanto la risposta corretta è la **D**.

17 Nella prima e nella terza riga si osserva che la figura di destra è ottenuta dividendo la prima per la seconda (9 : 3 = 3 e 5 : 5 = 1); il valore dell'incognita della seconda riga è dunque 2. In tutte le righe i simboli grafici sono sempre gli stessi (● ❍ ❑), cambiati di posizione; il simbolo mancante nella seconda riga è dunque ❑. La risposta corretta è la **D**.

18 Si individuano due gruppi di figure: il primo (senza incognite) costituito dalle cinque figure superiori e il secondo (con una incognita) costituito dalle cinque figure inferiori. Il primo gruppo presenta le seguenti caratteristiche:

- la figura centrale (quella più bassa) ha lo stesso simbolo delle figure superiori ma in negativo (colore nero anziché bianco);
- il numero della figura centrale è ottenuto sommando tra loro i numeri presenti nelle due colonne superiori e sottraendo al valore risultante dalla prima colonna quello della sceonda (4 + 2 = 6; 1 + 3 = 4 da cui si ricava 6 – 4 = 2 che è il numero della figura centrale).

Replicando tutti i passaggi, nel secondo gruppo il simbolo mancante sarà ❍ e il numero corrispondente 1 (5 + 3 = 8; 6 + 1 = 7 da cui si ricava 8 – 7 = 1). La risposta corretta è dunque la **C**.

19 È evidente che, così come avviene nella coppia di carte superiore e in quella inferiore, anche le due carte centrali devono avere lo stesso seme e dare come somma numerica 8. La risposta esatta è quindi la **D**.

20 L'esercizio mostra figure la cui discriminante è la direzionalità delle frecce. Si osserva che la figura X presenta le stesse direzionalità della figura B e appartiene, quindi, al suo stesso insieme. L'unica affermazione falsa è, dunque, la **D**, soluzione del quesito.

parte seconda

Cultura letteraria, storico-sociale e geografica

1 | Attualità

1.1 | Esercizi proposti

1 **Completa correttamente la notizia riportata dalla stampa internazionale a inizio marzo 2020. «In seguito all'inasprirsi della guerra in ------, che ha causato l'uccisione di 33 suoi soldati, la------ ha deciso di aprire le frontiere con la ------ per permettere a decine di migliaia di profughi di entrare in ----».**

A Iran, Turchia, Siria, Israele
B Siria, Turchia, Grecia, Europa
C Afghanistan, Russia, Cina, Pakistan
D Mali, Francia, Mauritania, Senegal

2 **Nel marzo 2020 è morto Max Von Sidow (90 anni), attore feticcio di Ingmar Bergman e interprete di più di 100 film. Tra le sue ultime apparizioni c'è quella del veggente Corvo nella serie tv Il trono di spade. La sua notorietà è legata a un cult del genere horror.**
Di quale film si tratta?

A *La notte dei morti viventi*
B *La cosa*
C *L'esorcista*
D *Halloween*

3 **Nel marzo 2020 Vladimir Putin ha conquistato nuovamente la ribalta internazionale annunciando una modifica costituzionale che gli permette di mantenere la carica di Presidente della Russia a vita. In quale anno ha conquistato il potere?**

A 1990
B 2000
C 2007
D 2010

4 **Nel marzo 2020 lo sport italiano ha celebrato Federica Brignone, la prima atleta in grado di:**

A vincere un titolo di basket professionistico negli Usa
B stabilire il record mondiale nel salto con l'asta
C scalare tutti le cime del pianeta che superano gli 8000 metri
D vincere la Coppa del Mondo di sci alpino

5 **Nell'aprile 2020 è morto lo scrittore cileno Luis Sepúlveda (70 anni). Una delle sue opere più note è il romanzo *Storia di una gabbianella e del gatto che le insegnò a volare* (1996), che è ambientata in una città portuale europea. Quale?**

A Genova
B Napoli
C Marsiglia
D Amburgo

6 **Nell'aprile 2020 è morto a Milano il critico d'arte e curatore di mostre Germano Celant (80 anni). È considerato il padre:**

- A dell'Arte Povera
- B della Transavanguardia
- C della Graffiti Art
- D della WebArt

7 **Nel maggio 2020 il ciclone Amphan si è abbattuto sul Golfo del Bengala causando morti e distruzione. Oltre alla popolazione dell'India è stata duramente colpita quella:**

- A del Nepal
- B del Bandladesh
- C dell'Afghanistan
- D del Pakistan

8 **Tra maggio e giugno 2020, secondo quanto riportato dai media internazionali, il "Sultano" ha fatto arrestare 12 reporter nel tentativo di controllare ancor di più e censurare stampa e mezzi di comunicazione. Di chi si tratta?**

- A Erdogan
- B Assad
- C Putin
- D Kim Jong-un

9 **Nel giugno 2020 quale Paese, già colpito dall'emergenza Covid19, è stato anche devastato da un terremoto di magnitudo 7,6 della Scala Richter?**

- A Cuba
- B Brasile
- C Messico
- D Madagascar

10 **Nel luglio 2020 è morto Ennio Morricone (91 anni), musicista di fama mondiale, autore di oltre 500 colonne sonore di film e serie tv. Con quale coppia di registi italiani collaborò più assiduamente?**

- A Federico Fellini e Sergio Leone
- B Luchino Visconti e Bernardo Bertolucci
- C Michelangelo Antonioni e Liliana Cavani
- D Sergio Leone e Giuseppe Tornatore

11 **Nel luglio 2020 il romanzo *Il colibrì* di Sandro Veronesi ha vinto la 74ª edizione del premio Strega. Con quale romanzo Veronesi aveva vinto in precedenza lo stesso premio?**

- A *Il viaggiatore notturno*
- B *Caos calmo*
- C *Resistere non serve a niente*
- D *La scuola cattolica*

12 **Nell'agosto 2020 un'isola dell'oceano Indiano nota per la bellezza incontaminata dei suoi paesaggi e la ricchezza della biodiversità è stata colpita da un disastro ambientale. Di quale luogo si tratta?**

- A Seychelles
- B Comore
- C Maldive
- D Mauritius

13 **Nel settembre 2020 il Presidente di quale ex Repubblica sovietica si è insediato per il sesto mandato consecutivo malgrado le proteste diffuse, gli scontri di piazza e le accuse di brogli elettorali?**

A Ucraina
B Cecenia
C Bielorussia
D Georgia

14 **Nell'estate 2019 è morto a 93 anni Andrea Camilleri, creatore del commissario Montalbano e autore di più di 100 romanzi. In una delle sue ultime apparizioni pubbliche ha recitato un monologo teatrale su:**

A Caino
B Falcone e Borsellino
C Tiresia
D Ulisse

15 **Nell'autunno 2019 nelle cronache internazionali di tutti i media si è molto parlato di Rojava. A cosa si riferisce?**

A Una popolazione
B Una festa religiosa
C Un territorio
D Un politico emergente

16 **Quale famosa popstar americana ha conquistato nel 2019 il premio Oscar per la migliore canzone?**

A Beyoncé
B Jennifer Lopez
C Taylor Swift
D Lady Gaga

17 **Nel maggio 2019, sono stati diffusi dalla stampa nazionale i dati sui Comuni più virtuosi ed efficienti, graduatoria guidata da Pisa, Parma e Padova. La classifica prende in esame:**

A lo smaltimento dei rifiuti
B il punto di vista finanziario
C la viabilità e il territorio
D il funzionamento degli uffici amministrativi

18 **Nell'estate 2019 la Repubblica democratica del Congo è tornata alla ribalta internazionale a causa di un'epidemia di:**

A colera
B morbillo
C tubercolosi
D ebola

19 **Nel settembre 2019 è fallito Thomas Cook. Si tratta di:**

A un'agenzia di scommesse britannica
B un tour operator britannico
C uno storico editore d'arte irlandese
D un gruppo ferroviario scozzese

20 **A quale marchio era legato il nome dell'imprenditore Invar Kamprad, morto a 91 anni alla fine di gennaio 2018?**

A Volvo
B Saab
C Lego
D Ikea

21 **A febbraio 2018 il tennista Roger Federer (36 anni) è tornato in testa al ranking mondiale ATP. La prima volta che aveva conquistato il primato aveva:**

A 16 anni
B 22 anni
C 18 anni
D 26 anni

22 **Nel marzo 2018, alla novantesima edizione degli Oscar, quale riconoscimento è stato assegnato al film di Luca Guadagnino *Chiamami col tuo nome*?**

A Miglior sceneggiatura originale
B Miglior film straniero
C Miglior colonna sonora
D Miglior sceneggiatura non originale

23 **Nel marzo 2018 è morto il famoso astrofisico inglese Stephen Hawking (76 anni), noto anche al grande pubblico grazie ai libri divulgativi, alle apparizioni televisive e ai documentari a lui dedicati. Il più famoso tra i film sulla sua vita, premiato con l'Oscar, si intitola:**

A *Hugo Cabret*
B *Goodnight and Goodluck*
C *La teoria del tutto*
D Interstellar

24 **A inizio aprile 2018 è scomparso Luigi De Filippo (87 anni), attore e regista teatrale e ultimo esponente della storica dinastia di teatranti napoletani. Di chi era figlio?**

A Eduardo De Filippo
B Titina De Filippo
C Eduardo Scarpetta
D Peppino De Filippo

25 **Quale mito dello sport italiano del Novecento nella primavera 2018 è diventato cittadino onorario israeliano?**

A Gino Bartali
B Fausto Coppi
C Felice Gimondi
D Nino Benvenuti

1.2 | Soluzioni e commenti

1 A inizio marzo 2020, in Siria, nella zona di Idlib, un convoglio di soldati turchi è stato bombardato, insieme a obiettivi civili ritenuti covi di ribelli al regime, dall'aviazione di Assad sostenuta da quella russa. L'azione ha provocato la morte di 33 soldati turchi. La reazione del Presidente turco Ergodan è stata quella di aprire le frontiere del suo Paese con la Grecia, permettendo in pochi giorni

PARTE SECONDA

il transito di centinaia di migliaia di migranti e profughi ospitati su suolo turco ma diretti nei Paesi dell'Unione europea, che fin dal 2014 si era accordata con Ankara per non permettere tale transito. La risposta esatta è la **B**.

---

2 Svedese di nascita ma naturalizzato francese per matrimonio, Max Von Sidow (1929-2020), esordì ventenne in teatro e si fece notare al cinema con il capolavoro *Il settimo sigillo* (1957), diretto da Ingmar Bergman, in cui interpretava il cavaliere di ritorno dalle Crociate che gioca a scacchi con la morte. Collaborò assiduamente con Bergman e presto lavorò molto anche nel resto d'Europa e a Hollywood. Tra le sue interpretazioni più note vi è quella del prete archeologo in l'*Esorcista* (1973) di William Friedkin. La risposta esatta è la **C**.

---

3 La risposta esatta è la **B**. Putin, succeduto a Boris Eltsin, ha svolto il suo primo mandato presidenziale a partire dall'anno 2000. In seguito è stato anche primo ministro ed è stato rieletto al Cremlino nel 2012. Nel 2007 la rivista «Time» lo ha eletto persona dell'anno.

---

4 La risposta esatta è la **D**. Classe 1990, milanese, specialista di slalom gigante, a medaglia sia ai Mondiali sia alle Olimpiadi, Federica Brignone è la prima italiana a vincere la Coppa del mondo generale di sci alpino femminile. Prima di lei, in campo maschile, ci erano riusciti solo Gustav Thoeni, Piero Gros e Alberto Tomba.

---

5 La risposta esatta è la **D**. Il romanzo è una favola moderna che vede protagonisti il gatto Zorba e la gabbianella Fortunata. È ambientato a Amburgo, città tedesca dove lo scrittore cileno, esule in Europa dal 1977 per sfuggire alla repressione di Pinochet, soggiornò per alcuni anni prima di trasferirsi in Spagna. La *Gabbianella*, apprezzato sia dal pubblico giovane ma anche da adulti, è inoltre diventato un film d'animazione diretto da Enzo D'Alò. Tra gli altri successi di critica e pubblico di Sepúlveda sono da ricordare *Il vecchio che leggeva romanzi d'amore* (1989) e *Un nome da torero* (1994).

---

6 La risposta esatta è la **A**. Germano Celant è a ragione considerato l'ideatore e il patrocinatore dell'Arte Povera, una delle ultime neoavanguardie italiane del secondo Novecento. L'Arte povera conquista la scena internazionale lavorando su materiali di scarto e oggetti di uso quotidiano ripensati nella loro portata. I più noti rappresentanti di questa corrente, la cui prima esposizione curata da Celant avvenne nel 1967, sono stati Joannis Kunellis e Alighiero Boetti. Tra le più importanti mostre curate da Celant va ricordata almeno *Italian Metamorphosis (1943-68)* ospitata nel 1994 dal Guggenheim di New York.

---

7 Oltre all'India, l'unico Stato che si affaccia sul Golfo del Bengala tra quelli indicati dalle alternative è il Bangladesh (risposta esatta **B**). Con venti a oltre 185 km/h e onde alte più di 5 metri, il ciclone Amphan è stato il più violento che si è abbattuto sull'area dal 1999. Migliaia sono state le abitazioni distrutte e a causa dell'emergenza Covid-19 molti rifugi non sono stai utilizzati. Si calcola che più di tre milioni di persone siano state evacuate e il primo parziale bilancio delle vittime si attesta a 84 persone.

---

8 La risposta esatta è la **A**. Nel corso della prima metà del 2020 il Presidente della Turchia Erdogan ha incrementato la stretta sulla stampa non allineata ai diktat del regime, facendo arrestare in meno si un mese, tra maggio e giugno, ben 12 reporter con accuse di "spionaggio" o "legami con il terrorismo".

---

9 La risposta esatta è la **C**. Il 23 giugno 2020 un forte terremoto ha colpito le zone costiere dello Stato di Oaxaca, nel Sud del Messico, danneggiando più di 5000 edifici (500 dei quali abitazioni distrutte) e causando almeno 10 morti e decine di feriti. Il sisma si è sentito distintamente anche a Città del Messico, dove però non ha provocato gravi danni né vittime. Al momento del terremoto nel Paese si erano già registrati 191mila contagiati dal Covid19 e oltre 23mila morti.

10 La risposta esatta è la **D**. Ennio Morricone ha musicato buona parte dei film sia di Sergio Leone, che era stato suo compagno di scuola, e per cui scrisse la colonna sonora di *Per un pugno di dollari* (1964) e di *Giù la testa* (1971), sia di Tornatore, per cui scrisse quella di *Nuovo cinema paradiso* (1988). Tra i premi ottenuti da Morricone vi sono anche due Oscar: alla carriera nel 2007 e per *The Hateful Eight* di Quentin Tarantino nel 2016.

11 Tutti i romanzi citati nelle alternative hanno vinto il Premio Strega, la cui prima edizione si svolse nel 1947. Quello di Veronesi, insieme a Paolo Volponi l'unico scrittore fino a oggi a conquistare due volte il prestigioso riconoscimento, è *Caos calmo* (vincitore nel 2006). La risposta esatta è la **B**. *Il viaggiatore notturno* è di Maurizio Maggiani; *Resistere non serve a niente* di Walter Siti; *La scuola cattolica* di Edoardo Albinati. Volponi (1924-1994) vinse lo Strega nel 1965 con *La macchina mondiale* e nel 1991 con *La strada per Roma*.

12 Nell'agosto 2020 una petroliera giapponese si è avvicinata troppo alle coste dell'isola Mauritius (risposta esatta **D**), rimanendo poi incagliata nella barriera corallina. Sembra che la motivazione fosse il tentativo di ottenere una migliore connessione Wi-Fi, ma l'incidente ha danneggiato il serbatoio della nave, da cui sono fuoriusciti circa 4mila tonnellate di carburante che finiscono rovinosamente in mare. Nel giro di pochi giorni i danni ecologici e ambientali causati dalla marea nera sono risultati gravissimi, fino a provocare la morte per spiaggiamento di cetacei e delfini.

13 La risposta esatta la **C**. Tutti gli Stati delle alternative facevano parte, insieme alla Russia, dell'Unione delle Repubbliche Socialiste Sovietiche (URSS), fondata nel 1922 e sciolta nel 1991. Aleksandr Lukashenko, ex militare, ha conquistato il potere nel 1994 e non lo ha più ceduto. Accusato di aver instaurato un regime dittatoriale, isolato a livello internazionale per la sempre più accentuata repressione interna, gode del solo decisivo appoggio della Russia.

14 Nota figura della mitologia greca, Tiresia era un indovino cieco. Negli ultimi anni della sua vita, Camilleri ha perso la vista e una delle sue ultime apparizioni pubbliche, nell'estate 2018, è stata appunto un monologo teatrale su Tiresia, il cui testo è pubblicato da Sellerio (*Conversazione su Tiresia*), l'editore siciliano che ha curato e dato alle stampe gran parte della sua produzione letteraria. Lo spettacolo, tenutosi al teatro greco di Siracusa, è stato anche proposto al cinema e in tv, con grande successo di ascolti. La risposta esatta è **C**.

15 La risposta esatta è **C**. Nell'ottobre 2019 l'esercito turco del presidente Erdogan ha invaso il territorio del Rojava, nella Siria del Nord, per cacciare le popolazioni curde che lo abitano. Il termine significa "Occidente" in lingua curda. Si tratta di fatto di una regione autonoma della Siria, nata nel 2012 in seguito alla guerra civile, che i curdi considerano parte del Kurdistan.

16 Il premio Oscar 2019 per la miglior canzone è andato a *Shallow*, brano incluso nella colonna sonora del film *A star is born*, diretto da Bradley Cooper, che ha interpretato il pezzo insieme a Lady Gaga, oltre al ruolo di coprotagonista. Il brano era stato già premiato con un Grammy Award per la miglior performance. La risposta esatta è dunque **D**. Lady Gaga, all'anagrafe Stefani Germanotta, è anche coautrice del pezzo insieme a Mark Ronson, Anthony Rossomando e Andrew Wyatt

17 La classifica - che prende in esame 52 capoluoghi di provincia con popolazione superiore a 80mila abitanti - è frutto di uno studio dell'Osservatorio sui Conti pubblici dell'Università Cattolica di Milano, che tiene conto dei "fabbisogni standard" calcolati in base al territorio e alla popolazione comunali ma anche della situazione finanziaria. L'indicatore di efficienza (su dati del 2016), è stato ricavato sottraendo all'indicatore di spesa quello dell'offerta dei servizi. Quello di Pisa è risultato pari a +139,5 mentre in fondo alla graduatoria si è piazzata Foggia con -69,1. La valutazione riguarda dunque il punto di vista finanziario (risposta esatta **B**). Le altre alternative, insieme a quelle per la polizia locale, indicano le voci di maggiore spesa sostenute dai Comuni italiani. Roma (-3,3) e Milano (-2,8) si trovano a metà classifica circa.

18 La risposta esatta è D. Nel luglio 2019 sia l'Organizzazione Mondiale della Sanità sia l'Unicef hanno lanciato l'allarme sulle condizioni sanitarie del Paese africano, dove il virus Ebola ha mietuto almeno 1700 morti dall'inizio dell'anno (su circa 2500 contagiati) e l'epidemia continua ad allargarsi colpendo soprattutto i bambini. Secondo l'OMS si tratta ormai di emergenza sanitaria a livello mondiale.

19 La risposta esatta è B. Fondata a Leicester nel 1841 da un pastore protestante, l'agenzia turistica *Thomas Cook and Son*, considerata la più antica al mondo, inventò il turismo moderno. Nel 1851 Cook portò a Londra, in visita alla Grande Esposizione Mondiale, circa 150mila connazionali. Nel 1855 iniziarono invece i viaggi fuori dalla Gran Bretagna. L'agenzia di viaggi rimase di proprietà della famiglia Cook fino al 1928. Nel 1972 il nome della società cambiò in *Thomas Cook*. Quotata in Borsa dal 2007, contava oltre 21mila dipendenti, aveva una propria compagnia aerea e circa 3mila punti vendita nel mondo. Nell'autunno 2019, al momento della dichiarazione di fallimento, i suoi debiti erano stimati in circa 2 miliardi di sterline.

20 La risposta esatta è D. Nel 1943, a soli diciassette anni, lo svedese Invar Kampard smise di produrre fiammiferi di legno e fondò Ikea, lanciandosi nel commercio di mobili economici da montare a casa. La sua intuizione si è rivelata geniale e Kampard ha guidato a lungo un gruppo che oggi conta 345 negozi nel mondo, più di 190mila dipendenti e realizza un giro d'affari annuo di circa 38 miliardi di euro. Kampard, che ha più volte affermato di essere stato guidato dalla voglia di "fare economia risparmiando", è diventato uno degli uomini più ricchi del mondo, con un patrimonio personale stimato in 33 miliardi di dollari.

21 Il tennista svizzero Roger Federer, infatti, ha conquistato la vetta del ranking ATP per la prima volta nel febbraio 2004, conservando la posizione di numero uno del tennis mondiale per più di quattro anni e mezzo (record imbattuto). Aveva allora 22 anni (risposta esatta B). In carriera, fino al febbraio 2018, Federer - che ha vinto il suo primo torneo nel 2001 - ha conquistato venti tornei del Grande Slam, tra cui otto volte il torneo di Wimbledon, due medaglie olimpiche e una Coppa Davis. Molti lo considerano il miglior tennista di tutti i tempi.

22 Candidato a 4 premi Oscar, il film diretto da Luca Guadagnino *Chiamami col tuo nome* ha vinto il premio per la miglior sceneggiatura non originale (risposta esatta D), assegnato all'ultraottantenne James Ivory per l'adattamento del romanzo di Andrè Aciman.

23 Diretto da James Marsh, *La teoria del tutto* (*The Theory of Everything*), adattamento del libro scritto dall'ex moglie dell'astrofisico inglese, è stato un successo al box office e ha permesso all'attore Eddie Redmayne, che interpretava Stephen Hawking, di conquistare l'Oscar come migliore attore protagonista. La risposta esatta è quindi C. Ricordiamo che Hawking (1942-2018), colpito appena ventenne dalla Sla che lo costrinse a vivere sulla sedia a rotelle gran parte della sua vita, fu docente a Cambridge per più di tre decenni e dedicò i suoi studi alla ricerca sull'origine dell'universo, offrendo contributi decisivi sui buchi neri e sulla cosmogonia quantistica.

24 La risposta esatta è D. Luigi De Filippo era figlio di Peppino e dopo aver debuttato nella compagnia del padre nel 1978, ne formò una propria con cui continuò a rappresentare con successo i più famosi testi dello zio Eduardo. L'alternativa C riporta invece il nome del famoso autore e attore teatrale napoletano che diede i natali ai fratelli Eduardo, Peppino e Titina, senza però mai riconoscerli. Per questo i tre fratelli adottarono il cognome della madre Lucia, anche lei attrice.

25 La risposta esatta è A. Il ciclista toscano Gino Bartali (1914-2000), noto come "Ginettaccio" per il carattere focoso e storico rivale di Fausto Coppi, ha vinto tre Giri d'Italia e due Tour de France. Già dal 2013 è un "Giusto tra le Nazioni", ricordato a Yad Vashem, il Museo della Storia della Shoah a Gerusalemme. Durante la seconda guerra mondiale, mentre svolgeva il lavoro di postino, salvò centinaia di ebrei italiani dalla deportazione nei campi di sterminio nazifascisti.

2 | Storia

2.1 | Esercizi proposti

1 La crisi economica che nel 1929 dagli USA si estese a gran parte del mondo iniziò con:

A il fallimento della General Electric
B il crollo della Borsa di New York
C l'adozione dei provvedimenti proibizionistici
D l'avvento del fascismo in Italia

2 Il Presidente statunitense che nel 1933 diede inizio al *New Deal* fu:

A Wilson
B Harding
C Johnson
D Roosevelt

3 L'uomo politico sovietico che si oppose alle persecuzioni staliniane contro i kulaki fu:

A Alexej Stachanov
B Nikolaj Bucharin
C Lev Trotzkij
D Vjačeslav Molotov

4 Tra il 1880 e il 1914, le potenze europee colonizzarono quasi totalmente il continente africano. Alla vigilia della prima guerra mondiale, quanti Stati africani erano indipendenti?

A Nessuno
B Dieci
C Due
D Venti

5 In quale periodo si svolse in Francia il cosiddetto "affare Dreyfus", un caso politico che coinvolse e infiammò l'intera opinione pubblica europea?

A 1894-1906
B 1898-1918
C 1877-1900
D 1906-1919

6 La Banca d'Italia fu istituita nel:

A 1893
B 1926
C 1915
D 1947

CULTURA LETTERARIA, STORICO-SOCIALE E GEOGRAFICA

7 **Quale tra i seguenti eventi contribuì ad accelerare la spinta indipendentista dei Paesi dell'America Latina?**

A La guerra di indipendenza statunitense
B L'invasione napoleonica della penisola iberica
C La Rivoluzione francese
D La ripresa demografica degli indios verificatasi nel XVIII secolo

8 **I boeri, che nel 1899 si opposero ai tentativi di annessione dell'Orange e del Transvaal da parte della Gran Bretagna, erano di origine:**

A greca
B russa ed europea orientale in genere
C tedesca
D olandese

9 **I khmer rossi della Cambogia erano appoggiati militarmente ed economicamente:**

A dalla Cina
B dal Vietnam
C dall'URSS
D dagli USA

10 **In che anno Lutero ruppe definitivamente i rapporti con la Chiesa cattolica?**

A 1521
B 1651
C 1762
D 1825

11 **Il Tibet fu conquistato dalla Cina nel:**

A 1919
B 1927
C 1939
D 1951

12 **Chi fu l'artefice del *Kulturkampf*?**

A Hitler
B Bismarck
C Metternich
D Honecker

13 **La guerra di Corea, combattuta tra il 1950 e il 1953, vide contrapposte la Corea del Nord e la Corea del Sud appoggiate rispettivamente da:**

A Cina; Stati Uniti
B URSS; Cina
C Cina; Francia
D URSS; Stati Uniti

14 **La guerra russo-giapponese del 1904 ebbe come causa:**

A la rivalità nel commercio verso gli Stati Uniti
B la volontà del Giappone di reprimere la Rivoluzione russa
C il controllo della Manciuria
D il controllo del Madagascar

15 **L'indipendenza di Malta dalla Gran Bretagna fu conquistata nel:**
- A 1964
- B 1974
- C 1946
- D 2001

16 **In quale anno venne costruito il muro di Berlino?**
- A Nel 1948
- B Nel 1946
- C Nel 1989
- D Nel 1961

17 **La riunificazione della Germania è avvenuta durante il cancellierato di:**
- A Brandt
- B Schimdt
- C Kohl
- D Schröder

18 **Stalin era di nazionalità:**
- A armena
- B georgiana
- C cecena
- D russa

19 **Gandhi morì nel:**
- A 1898
- B 1918
- C 1938
- D 1948

20 **In cosa consisteva il progetto fascista noto come *quota novanta*?**
- A In una politica demografica intesa a portare la popolazione italiana a quota 90 milioni
- B In un iniziativa militare consistente nella costruzione di 90 portaerei
- C In una politica monetaria diretta a portare il cambio tra sterlina e lira al rapporto di 1 a 90
- D In una politica coloniale volta alla conquista di 90 importanti città africane

21 **Quale tra le seguenti è una delle ragioni per le quali la guida della Rivoluzione d'ottobre in Russia non fu presa dalla borghesia?**
- A Perché la borghesia era stata praticamente azzerata dal regime zarista
- B Perché la borghesia aveva scarsa consistenza numerica e forti legami con l'aristocrazia
- C Perché il proletariato urbano e rurale russo contava milioni di individui
- D Perché la borghesia era favorevole alla prosecuzione della prima guerra mondiale, grazie alla quale faceva ottimi affari

22 **L'Impero tedesco nacque nel:**
- A 1871
- B 1789
- C 1918
- D 1866

23 Il massacro di piazza Tienanmen si verificò nel:

- A 1975
- B 1981
- C 1997
- D 1989

24 Nel 1940 l'esercito italiano invase:

- A l'Albania
- B la Grecia
- C l'Eritrea
- D il Belgio

25 La "lunga marcia" di Mao è un episodio della:

- A resistenza cinese all'invasione giapponese
- B seconda guerra mondiale
- C guerra civile cinese
- D prima guerra mondiale

26 La "battaglia del grano" di epoca fascista aveva come scopo:

- A affermare il carattere agricolo e non industriale dell'economia italiana
- B conquistare l'autosufficienza dell'Italia nel settore cerealicolo
- C sconfiggere la concorrenza dei Paesi africani nell'esportazione del grano verso le nazioni europee
- D esprimere la preferenza da parte del regime verso il mondo rurale invece di quello cittadino

27 I governi di "solidarietà nazionale" in Italia furono:

- A i governi monocolore democristiani o a guida democristiana degli anni Settanta, realizzati con l'appoggio esterno dei comunisti
- B i governi realizzati subito dopo la fine della seconda guerra mondiale con la cooperazione di tutte le forze politiche
- C i governi realizzati nei primi anni Novanta dalle forze politiche maggiormente colpite dalle inchieste della magistratura
- D i primi governi della storia dell'Italia unita, così chiamati perché fondati sulla cooperazione della Destra e della Sinistra

28 Il primo Re d'Italia è stato:

- A Carlo Alberto
- B Vittorio Emanuele II
- C Vittorio Emanuele III
- D Umberto II

29 Chi fondò la rivista *Ordine Nuovo*?

- A Benedetto Croce
- B Giovanni Gentile
- C Antonio Gramsci
- D Piero Gobetti

PARTE SECONDA

30 Il Trattato di Uccialli fu firmato dall'Italia con:

A l'Albania

B la Somalia

C l'Etiopia

D l'Eritrea

31 Quale capitale europea è stata bombardata dalla NATO nel 1999?

A Belgrado

B Bratislava

C Sarajevo

D Tirana

32 Nel 1980 l'Iran subì l'aggressione militare di:

A URSS

B Kuwait

C Iraq

D Afghanistan

33 La seconda guerra mondiale ebbe inizio quando:

A le truppe tedesche attaccarono la Polonia senza averle dichiarato guerra

B Hitler occupò senza difficoltà Danimarca e Norvegia, allo scopo di realizzare il suo piano di accerchiamento della Gran Bretagna

C fu assassinato a Sarajevo Francesco Ferdinando, erede al trono d'Austria

D fu firmato il Patto Briand-Kellog

34 La guerra civile spagnola (1936-39):

A vide l'intervento dell'Italia, monarchica e liberale, a favore della repubblica spagnola

B vide l'intervento dell'Italia fascista a favore della repubblica spagnola

C non vide l'intervento dell'Italia

D vide l'intervento dell'Italia fascista a favore dei franchisti

35 La statalizzazione delle ferrovie compiuta in Italia nel 1905 fu opera del governo:

A Fortis

B Sonnino

C Crispi

D Pelloux

36 Il contenuto del Patto Gentiloni del 1913 si può sinteticamente descrivere come:

A l'appoggio elettorale delle popolazioni del Sud Italia ai candidati di qualunque partito che si impegnassero in loro favore

B un accordo tra democristiani e liberali per escludere dal governo i socialisti

C l'appoggio elettorale dei cattolici ai candidati liberali che si impegnavano a difendere alcuni valori cattolici

D la chiusura della controversia tra la Chiesa e lo Stato

37 **L'età giolittiana fu caratterizzata da:**

A industrializzazione, progressi nell'agricoltura (soprattutto al Nord), ma anche scioperi ed emigrazione

B un inasprimento dei rapporti con la Gran Bretagna

C un notevole sviluppo della polizia segreta e l'instaurazione di uno Stato di polizia

D un miglioramento progressivo dei rapporti fra Stato e Chiesa, culminato con la firma, da parte del governo Giolitti e di Papa Pio XI, dei Patti Lateranensi

38 **Ai primi del Novecento due Paesi emersero sulla scena internazionale nella veste di nuove grandi potenze. Si trattava di:**

A Giappone e Stati Uniti

B Italia e Giappone

C Cina e Giappone

D Germania e Russia

39 **Il soprannome "Little Boy" venne utilizzato durante la seconda guerra mondiale dall'esercito statunitense per riferirsi a:**

A un aereo monoposto da caccia

B la prima bomba atomica utilizzata in un conflitto

C Adolf Hitler

D un generico commilitone ferito

40 **Quale regione del Canada ha rifiutato tramite referendum la scissione dal resto del Paese?**

A Québec

B Ontario

C Terranova

D Labrador

41 **In quale anno fu combattuta la guerra delle Falkland?**

A 1979

B 1982

C 1987

D 1992

42 **Trieste entrò a far parte del territorio dello Stato italiano:**

A nel 1870

B dopo la Grande guerra

C durante il fascismo

D in seguito all'occupazione tedesca

43 **Hitler assunse il potere in Germania:**

A in seguito a libere elezioni

B grazie all'appoggio militare di Mussolini

C in seguito a un colpo di Stato violento

D proponendo un programma di riconciliazione nazionale

44 **In quale Stato si trova la Prussia?**

A Germania
B Polonia e Russia
C Austria
D Germania e Polonia

45 **Il programma politico di Mazzini fu:**

A repubblicano
B monarchico
C populista
D anarchico

46 **Il principio "libera Chiesa in libero Stato" fu enunciato da:**

A D'Azeglio
B Cavour
C Mazzini
D Machiavelli

47 **A Monza nel 1900 venne assassinato:**

A re Umberto I
B Francesco Crispi
C l'arciduca Ferdinando
D Cesare Battisti

48 **Chi fu il capo della cosiddetta spedizione di Sapri (1857)?**

A Mazzini
B Pisacane
C Garibaldi
D Cavour

49 **Da chi era composto il triumvirato della Repubblica Romana?**

A Mazzini, Armellini, Saffi
B Mazzini, Garibaldi, Armellini
C Cavour, Garibaldi, Saffi
D Mazzini, Garibaldi, Cavour

50 **Quale noto personaggio della vita politica italiana venne rapito e ucciso dai fascisti nel giugno del 1924?**

A Amendola
B Turati
C Matteotti
D Gramsci

2.2 | Soluzioni e commenti

1 La risposta esatta è la B. Il proibizionismo precede di quasi un decennio il *crack* del '29; il fascismo prese il potere nel 1922: non si vede, inoltre, come entrambi i fenomeni appena citati potrebbero essere stati alla base di una crisi economica tanto grave negli Stati Uniti.

2 Il *New Deal* ("nuovo corso" o "nuovo patto") fu una politica volta a transitare gli USA al di fuori della gravissima crisi economica, iniziata nel 1929, attribuendo allo Stato un maggior ruolo nell'economia e realizzando altresì riforme in campo sociale per introdurre più sicurezza e garantire l'assistenza ai bisognosi. L'artefice del *New Deal* fu Franklin Delano Roosevelt, che lo promosse durante il suo primo mandato fra il 1933 e il 1937. Si raccomanda di non confondere F.D. Roosevelt con Theodore Roosevelt, che fu presidente dal 1901 al 1909. La risposta esatta è la D.

3 Intorno alla classe contadina dei kulaki (vale a dire i contadini detentori di piccoli e medi appezzamenti di terreni agricoli) si svilupparono fin dal 1917 politiche contraddittorie da parte del neonato potere sovietico. Si andò dalle requisizioni forzose delle eccedenze (calcolate per altro su fabbisogni irrisori), alla concessione di vendere le stesse. Se Trotzkij era un dichiarato oppositore dei "privilegi" concessi ai kulaki (risposta C da escludere), Bucharin, che nel 1929-30 era il numero due del regime, riteneva invece che l'aumento della produzione agricola fosse necessario per la ripresa e lo sviluppo dello Stato e che ciò potesse avvenire solo a patto di non scontrarsi con la classe contadina. Dal momento però che Stalin, dopo la morte di Lenin nel 1924, diede il via alle politiche ostili ai kulaki fino alle purghe, alle deportazioni di massa e alle stragi tristemente note, Bucharin fu bollato come deviazionista di destra e in seguito eliminato. La risposta esatta è la B.

4 La risposta esatta è la C. Gli unici Stati africani che alla vigilia del primo conflitto mondiale non erano occupati da potenze europee erano solo due: l'Abissinia (precedente denominazione dell'Etiopia) e la piccola repubblica della Liberia (unione di insediamenti di gruppi di schiavi affrancati di ritorno dagli Stati Uniti d'America) che aveva dichiarato la propria indipendenza nel 1847. Alla vigilia della prima guerra mondiale, il più vasto impero coloniale africano era inglese, seguito da quello francese.

5 Il 15 ottobre 1894, il capitano Alfred Dreyfus – unico ufficiale di origine ebraica membro dello Stato Maggiore francese e nato in Alsazia, prima che la regione diventasse possedimento tedesco – viene accusato di alto tradimento per aver fornito informazioni militari alla Prussia. Processato sulla base di indizi traballanti e contraddittori, viene degradato pubblicamente, condannato all'ergastolo, e deportato all'isola del Diavolo: famigerata colonia penale al largo della Guyana. È innocente, ma passeranno dodici anni e due processi prima che l'accusa cada completamente. Solo nel 1906 il capitano Dreyfus viene riabilitato e reintegrato nell'esercito. In questo lasso di tempo, il suo caso diventò uno scandalo politico di risonanza mondiale: al riguardo lo scrittore francese Émile Zola pubblicò nel 1898 il celebre editoriale dal titolo *J'accuse*, che metteva in luce l'antisemitismo francese ed europeo e il crescente peso delle correnti nazionaliste legate al militarismo.

6 La Banca d'Italia fu istituita dal governo Crispi nel 1893, allo scopo di risanare il sistema bancario italiano messo in crisi dai problemi dell'economia nazionale degli anni Ottanta del secolo e dal *crack* della Banca Romana. La risposta esatta è così la A. Il 1926 è invece l'anno in cui alla Banca d'Italia fu riservato il monopolio dell'emissione di moneta (precedentemente condiviso con il Banco di Napoli e il Banco di Sicilia).

7 La Rivoluzione francese e l'indipendenza degli Stati Uniti d'America, così come le suggestioni dell'Illuminismo, ebbero certamente un peso notevole nella maturazione della spinta all'indipendenza in vari Paesi latinoamericani; fu però l'invasione napoleonica di Spagna e Portogallo nel 1807-08 a dare un decisivo impulso al cammino sulla via dell'autodeterminazione. Nelle colonie spagnole si crearono infatti giunte di autogoverno, che dopo il ritorno sul trono dei Borboni assursero al ruolo di guida nella lotta per la libertà delle colonie spagnole. Anche il Brasile, che pure era

stato scelto dai sovrani portoghesi come luogo di rifugio durante l'occupazione napoleonica, subito dopo il ritorno di questi ultimi in Portogallo si rese indipendente. La risposta esatta è così la **B**. Non fu invece fattore concorrente all'indipendenza l'incremento demografico degli indios, che pure sfociò in numerose rivolte contro i bianchi: in questi casi l'obiettivo non era la conquistare dell'autonomia ma la rivolta alle violenze dei grandi proprietari terrieri.

---

8 I boeri erano i discendenti dei coloni olandesi che si erano stanziati nel Sudafrica nel secolo XVII, cioè ai tempi della massima espansione dell'impero coloniale olandese. Quando la Gran Bretagna conquistò il Sudafrica nel 1795, molti boeri si spinsero più all'interno (*grande trek*) dando vita alle repubbliche dell'Orange e del Transvaal. Anche su queste però si accentrarono le mire britanniche, in virtù dei ricchi giacimenti diamantiferi là esistenti, e nel 1899 scoppiò la guerra, vinta poi dalla Gran Bretagna. La risposte esatta è la **D**.

---

9 Con l'espressione *khmer rossi* si indicano i membri dell'organizzazione comunista cambogiana nata negli anni Sessanta e collegata all'esercito popolare vietnamita del nord. Dopo il ritiro degli Stati Uniti dalla regione, nel 1975 in Cambogia fu instaurato il regime dei khmer rossi, guidato da Pol Pot. Durante quella dittatura, durata fino al 1979, fu condotto uno tra i più terribili genocidi della storia, con circa 2 milioni di persone – un quarto dell'intera popolazione cambogiana – uccise. Il regime fu appoggiato dalla Cina (risposta esatta **A**) contro l'aggressione del Vietnam iniziata nel 1978, mentre il Vietnam godeva dell'appoggio dell'URSS. Solo nel 1991, dopo che i Vietnamiti si furono ritirati, si giunse alla pacificazione.

---

10 La risposta esatta è la **A**. Lutero – le cui dirompenti 95 tesi erano state diffuse nel 1517 – ruppe definitivamente i rapporti con la Chiesa cattolica nel 1521. Nel gennaio di quell'anno, con l'accusa di eresia hussita, ricevette la scomunica da papa Leone X. In quello stesso anno Lutero pubblicò un pamphlet, con la collaborazione di Filippo Melantone e di Lucas Cranach il Vecchio per la parte figurativa. Il titolo era *Passional Christi und Antichristi* nella versione tedesca, ma detto *Antithesis figurata* in quella latina: in esso il papa figurava nella parte dell'Anticristo. Grazie all'uso delle immagini, il libello ebbe grande penetrazione anche tra la popolazione analfabeta.

---

11 Dal 1700 circa il Tibet era sotto la formale sovranità cinese, ma di fatto era indipendente. Nel 1951 il regime comunista ultimò l'annessione della regione. Le rivolte violente della popolazione sono state numerose, ma senza effetto. La risposta esatta è la **D**.

---

12 *Kulturkampf*, cioè "battaglia di civiltà", fu il nome dato alla politica anticattolica di Bismarck, che portò alla proclamazione del carattere laico dello Stato e ad altre misure repressive nei confronti degli ecclesiastici. Molte di queste dovettero però essere revocate di fronte alla compatta resistenza dei cattolici. La risposta esatta è la **B**.

---

13 La risposta esatta è la **A**. La guerra iniziò nel 1950, con l'invasione della Corea del Sud da parte dell'esercito della Corea del Nord comunista; il Consiglio di sicurezza dell'ONU, autorizzò gli Stati Uniti (coadiuvati da altri Paesi) a intervenire militarmente nella penisola. L'invasione fu respinta e le forze statunitensi avanzarono invadendo a loro volta la Corea del Nord. Questo fatto spinse anche la Cina a intervenne nel conflitto, mentre l'Unione Sovietica si limitò a inviare segretamente armamenti. Le truppe statunitensi ripiegarono in Corea del Sud, e il confine tornò a situarsi lungo il 38° parallelo, dove ancora oggi corre la linea di demarcazione tra le due Coree. Dopo lunghi negoziati, nel 1953 si chiuse il conflitto.

---

14 La guerra nacque dalla volontà del Giappone di annettere a sé parti del declinante impero cinese, in particolare la Manciuria (risposta esatta **C**). La Rivoluzione russa del 1905 fu una conseguenza, e non una causa, del rovinoso andamento della guerra per i Russi. La vittoria del Giappone diede a questo Paese la supremazia in Asia orientale e confermò all'Impero il ruolo di grande potenza internazionale. Viceversa, ne uscì ridimensionata la Russia e, in parte, indirettamente l'intera Europa.

15 Malta fu una colonia britannica a partire dal 1801 (con un intervallo sotto la dominazione francese al tempo di Napoleone); l'isola ebbe un ruolo importantissimo come base navale durante la seconda guerra mondiale. Raggiunse l'indipendenza solo nel 1964 (risposta esatta **A**), con lo status di membro del Commonwealth, un proprio Governatore e la regina inglese come capo dello Stato. Il 13 dicembre 1974 diventò una repubblica (**B** risposta errata), con un proprio presidente a capo dello Stato. Malta è membro dell'Unione europea dal 2003 e dal 2008 ha adottato l'euro come valuta.

16 La risposta esatta è la **D**. Il muro di separazione tra i due settori di Berlino (quello appartenente alla Repubblica federale e quello della Repubblica Democratica) venne costruito nel 1961. La Repubblica Democratica tedesca voleva così fermare l'esodo di cittadini dalla zona sotto l'influenza sovietica a a quella occidentale. Il muro non venne quindi eretto subito dopo la conclusione del secondo conflitto mondiale. Nel 1989 il muro venne abbattuto e l'evento simboleggiò sia la conclusione della Guerra Fredda sia la riunificazione tedesca.

17 Gerhard Schröder è stato Cancelliere tedesco dal 1998 al 2005, succedendo a Helmut Kohl nel settembre 1998. È stato dunque a gestire il processo della riunificazione dopo la caduta del Muro (risposta esatta **C**). Willy Brandt ed Helmut Schimdt sono invece stati cancellieri prima di Kohl. Konrad Adenauer, infine, era cancelliere nel 1961, epoca in cui fu costruito il Muro.

18 Iosif Vissarionovič Džugašvili, il cui pseudonimo fu Stalin era un "asiatico", come lui stesso si definì. Nacque in Georgia nel 1879. La risposta esatta è la **B**.

Molti protagonisti della rivoluzione sovietica adottarono pseudonimi: Vladimir Uljanov, fu noto come Lenin (patronimico dal nome del fiume siberiano Lena), Iosif Džugašvili prese il nome di Stalin (da *stal*, "uomo di acciaio"), Lev Borisovič Rozenfeld fu Kamenev (da *kamen*, pietra) e Vjačeslav Michajlovič Skrjabin fu Molotov (da *molot*, "martello").

19 Per quasi tutta la sua vita Mohandas Karamchard Gandhi, detto *Mahatma* (in sanscrito, "grande anima") lottò per ottenere l'indipendenza dell'India con il metodo della non violenza (*ahimsa*); nel 1947 si trovò però ad assistere non solo alla divisione su base religiosa della patria in due Paesi, rispettivamente a maggioranza induista e musulmana, ma anche al dilagare di inaudite violenze tra i due gruppi religiosi tanto in India quanto in Pakistan. Con il metodo non violento del digiuno, Gandhi cercò (con qualche successo) di richiamare alla ragione e alla concordia le parti in lotta. L'ultimo digiuno lo concluse a Delhi proprio pochi giorni prima di essere ucciso, nel gennaio 1948, da un estremista indù (correligionario dello stesso Gandhi). Come è noto, questi voleva opporsi al processo di pacificazione e convivenza tra indù e musulmani promosso da Gandhi.

Tra le alternative, era immediato scartare le prime tre, essendo noto che Gandhi vide il giorno della dichiarazione di indipendenza dell'India (15 agosto 1947). Tra le restanti due, era poi facile scegliere la **D**, sapendo che la sua morte fu di poco successiva all'indipendenza stessa.

20 La risposta esatta è **C**. L'obiettivo di *quota novanta* fu fissato, e raggiunto nonostante molti scetticismi, da Mussolini allo scopo di dare stabilità monetaria al Paese. Effetti dell'apprezzamento della lira furono un calo dei prezzi e nuove commesse per le grandi imprese italiane; risultarono invece in parte danneggiati i lavoratori dipendenti e le imprese italiane che esportavano i loro prodotti.

21 Il fatto che il proletariato russo fosse tanto numeroso non spiega l'incapacità dei ceti borghesi di mettersi alla guida del treno rivoluzionario. Può invece essere una parziale spiegazione l'esiguità numerica di tali ceti (risposta esatta **B**). La sperequazione economico-sociale, attiva per secoli nell'impero zarista, aveva fortemente limitato la formazione di classi sociali intermedie nel Paese; a differenza di quanto capitava nei Paesi occidentali, in Russia la borghesia non era tanto la classe della produttività economica o del commercio e si occupava solo in minima parte di industria e finanza; essa viveva piuttosto degli uffici di medio e basso livello nel pletorico apparato burocratico zarista. Da questa condizione nascevano lo stretto legame di interessi con l'aristocrazia, nonché la scarsa autonomia e coscienza di classe.

22 La risposta esatta è la **A**. Dopo il Congresso di Vienna e per oltre cinquant'anni la Prussia aveva accresciuto la propria egemonia all'interno della Confederazione Germanica, operando anche un apolitica di graduale annessione degli Stati minori. L'atto finale di questo processo di unificazione fu la guerra franco-prussiana del 1870, da cui uscì battuta la Francia di Napoleone III e seguì il crollo del Secondo Impero francese. I Prussiani proclamarono la nascita del Reich tedesco nel 1871 a Versailles (sia perché luogo-simbolo della potenza dei re di Francia, sia per un desiderio di legittimazione e ufficializzazione del fatto).

23 Il ciclo di eventi che ebbe come epicentro la piazza pechinese di Tienanmen iniziarono il 15 aprile 1989, dopo la morte Hu Yaobang: ex capo del Partito comunista, destituito nel 1987 perché sostenitore di istanze riformatrici e democratiche. Il 22 aprile 1989, circa 100 mila persone (soprattutto studenti) si riunirono nella piazza per i funerali del leader e per esprimere insoddisfazione verso il governo e la situazione politica. Studenti di oltre 40 università del Paese si recarono in piazza Tienanmen il 27 aprile, dove furono raggiunti da operai, intellettuali e lavoratori del settore pubblico. A maggio più di un milione di persone riempì la piazza e truppe corazzate furono inviate per disperdere i manifestanti. La notte tra il 3 e il 4 giugno i carri armati dell'Esercito uccisero nella piazza centinaia di persone, mettendo fine alle proteste di quanti vi reclamavano la democrazia. Seguirono l'applicazione della legge marziale, arresti e censura. La risposta esatta è la **D**.

24 Nel 1940, Albania ed Eritrea erano già sotto controllo italiano. Belgio e Lussemburgo non sono mai stato invasi dall'Italia. La risposta esatta è quindi la **B**. La campagna contro la Grecia, Paese fino ad allora amico e retto da un governo filofascista, fu poi vinta solo grazie all'aiuto della Germania.

25 La risposta esatta è la **C**. Quello della *lunga marcia* è un episodio, poi divenuto celeberrimo, della guerra civile cinese divampata tra i nazionalisti guidati da Chiang Kai-shek e i comunisti di Mao Zedong e durata con fasi alterne dal 1927 al 1950. In particolare si trattò di una imponente ritirata militare iniziata nel 1934 dall'Esercito di liberazione del popolo per sfuggire all'accerchiamento delle truppe del Kuomintang. Mao impiegò 370 giorni (dal 16 ottobre 1934 al 22 ottobre 1935) per percorrere circa 12.000 km tra altopiani desertici, montagne innevate e fiumi.

26 La risposta esatta è la **B**. L'autosufficienza nella produzione di cereali era considerata necessaria per migliorare la bilancia dei pagamenti, ma aveva anche una ricaduta ideologica nella celebrazione di un regime fascista amico dei contadini (gli agrari, del resto, erano stati la prima base di consenso del partito fascista). Per ottenere il risultato, Mussolini inasprì il dazio sull'importazione dei cereali, promosse l'adozione di tecniche agricole perfezionate e l'estensione delle superfici coltivate. L'obiettivo fu centrato: dal 1925 alla fine degli anni Trenta l'Italia aumentò del 50% la propria produzione di grano e ridusse di un terzo le importazioni.

27 I governi di solidarietà nazionale furono varati nei difficili anni Settanta dalla Democrazia Cristiana, con l'appoggio talora indiretto talora esplicito del Partito comunista. Fu Enrico Berlinguer nel 1973 a parlare per primo della possibilità di un *compromesso storico*, cioè un accordo di governo tra le due grandi forze popolari della DC e del PCI. Il vero accordo non si realizzò e il PCI non entrò mai direttamente al governo. Tuttavia, anche in corrispondenza della crisi politica collegata al rapimento e uccisione di Aldo Moro (che di questi accordi fu grande tessitore), il PCI diede il suo appoggio esterno a governi a guida democristiana. La risposta esatta è la **A**.

28 L'Unità d'Italia venne realizzata grazie a processi politici, militari e diplomatici condotti sia dai movimenti interni ai vari Stati italiani, sia dai garibaldini e dai patrioti in clandestinità sia dall'azione coerente del regno Sabaudo di Piemonte. Al momento della prima dichiarazione del Regno d'Italia, sotto la casata dei Savoia, il re allora sul trono piemontese non ritenne di dover segnare alcuna cesura e mantenne nel proprio nome l'ordine dinastico. Vittorio Emanuele II rimase tale anche se divenne il primo re d'Italia (risposta **B**).

29 La rivista «Ordine Nuovo» venne fondata nel 1919 a Torino, per iniziativa della minoranza comunista allora ancora interna al Partito socialista. Ciò permette di escludere Gentile (fascista), Croce (liberale), Gobetti (liberal-socialista). La risposta corretta è la **C**. La pubblicazione della rivista fu promossa da Antonio Gramsci e ad altri intellettuali, quali Togliatti e Terracini; tutti sarebbero poi confluiti nel 1921 nel Partito comunista d'Italia, dopo la scissione dai socialisti.

---

30 Il Trattato fu siglato tra Italia ed Etiopia (risposta esatta **C**) nel 1889, allo scopo di regolare i rapporti tra i due Stati e avallare le recenti acquisizioni territoriali italiane in Eritrea. Era stato stilato sia in lingua italiana sia in amarico (lingua ufficiale dell'Etiopia). La divergenza esistente tra le due versioni e le notevoli ambiguità nei testi scritti portarono nel giro di pochi anni alla guerra tra i due Paesi (1895-1896), che si concluse con la sconfitta italiana.

---

31 La risposta esatta è la **A**. Per piegare la Serbia di Slobodan Milošević, a margine della guerra del Kosovo, la NATO bombardò Belgrado, colpendo anche per errore l'ambasciata cinese. L'episodio segnò la fine delle sanguinose guerre di dissoluzione della Repubblica federale socialista jugoslava, iniziate nel 1991 con il distacco e l'autoproclamazione dell'indipendenza della Slovenia.

---

32 La risposta esatta è la **C**. La guerra tra l'Iran dell'ayatollah Khomeyni e l'Iraq di Saddam Husseini si protrasse per circa otto anni, senza che una parte prevalesse sull'altra, provocando carneficine enormi e tenendo il mondo in continua apprensione perché l'area coinvolta dalla guerra era ed è una delle più ricche di risorse petrolifere del pianeta.

---

33 La risposta corretta è la **A**. Hitler attaccò la Polonia il 1º settembre del 1939. Due giorni dopo Gran Bretagna e Francia dichiararono guerra alla Germania e il 5 settembre Stati Uniti e Giappone proclamarono la loro neutralità. L'alternativa **B** è errata solo perché espone fatti di poco successivi (avvenuti dal 9 aprile al 10 giugno 1940) all'attacco della Polonia. La risposta **C** riporta erroneamente la causa occasionale dello scoppio della prima guerra mondiale nel 1914, mentre la **D** si riferisce al patto firmato il 27 agosto 1928 inizialmente da sedici Nazioni e poi da sessantadue Paesi (fra cui Germania e URSS), che si impegnavano a bandire la guerra dai rapporti internazionali.

---

34 Quando scoppiò la guerra civile spagnola, l'Italia era già fascista e Benito Mussolini guidava saldamente il Paese. La Spagna, invece, nel 1931 dalla monarchia era passata alla forma repubblicana, con l'abdicazione di Alfonso XIII. I problemi sociali ed economici, uniti all'incapacità del Fronte popolare (coalizione di centro-sinistra vincitrice alle elezioni politiche del 16 febbraio 1936) di gestire la crisi, spinsero alcuni generali (fra cui Francisco Franco) a insorgere contro il governo, forti anche del supporto fornito da Italia e Germania. La risposta esatta, dunque, è la **D**.

---

35 La risposta esatta è la **A**. La statalizzazione delle ferrovie fu un risultato del governo di Alessandro Fortis (1905-1906). Fortis, mazziniano in gioventù, divenne in seguito giolittiano e riuscì a far approvare dal Parlamento questa legge che stava molto a cuore allo statista di Dronero.

---

36 La risposta esatta è la **C**. Il Patto prende il nome dal conte Gentiloni, presidente dell'Unione elettorale cattolica, che nel 1913 invitò i militanti del movimento a votare (alle elezioni del Regno) per quei candidati liberali che si fossero impegnati a rispettare un programma di difesa dei valori cattolici (tutela dell'insegnamento privato, opposizione al divorzio, riconoscimento delle organizzazioni sindacali cattoliche). Molti uomini politici liberali accettarono questi accordi, che furono stipulati su base locale (per cui, a rigore, non si potrebbe parlare di un unico "Patto", ma di una serie di patti), e circa 200 furono gli eletti al Parlamento con i voti dei cattolici. Il Patto Gentiloni rappresentò l'ingresso dei cattolici nella vita politica (dopo che il *Non expedit* papale del 1868 aveva vietato loro l'uso del diritto di voto), benché fosse solo una partecipazione soltanto indiretta, a discapito delle aspirazione del movimento democratico cristiano che per una diretta discesa nel campo della politica si era battuto.

37 Giolitti conservò quasi ininterrottamente la carica di presidente del Consiglio dal 1903 al 1914, tanto che è ormai consolidata la definizione di "età giolittiana" per quegli anni. L'età giolittiana vide alcune importanti conquiste per quanto riguarda la tutela del lavoro minorile e femminile, uno sviluppo notevole dell'industria (soprattutto siderurgica, tessile, chimica e meccanica) che consentirono l'aumento degli stipendi di operai e di salariati (risposta esatta **A**). Ma lo sviluppo, anche nel settore agricolo, toccò quasi esclusivamente le regioni del Centro-Nord, per le quali, fra l'altro, l'incremento di ricchezza fu rapido ma fortemente diseguale. Si moltiplicarono gli scioperi, ai quali Giolitti non rispose sistematicamente con una politica di repressione. Il Sud d'Italia vide il numero più alto di emigranti, soprattutto diretti verso il Nord America. Un nuovo deteriorarsi della situazione economica a partire dal 1913 inasprì le tensioni sociali e solo un mese dopo le dimissioni di Giolitti (maggio 1914) tre dimostranti persero la vita negli scontri con le forze dell'ordine.

38 All'inizio del XX secolo, la Germania era una potenza di primo livello. L'Italia, invece, economicamente e militarmente, era uno Stato di secondo o terz'ordine. La Cina era da tempo in disfacimento. La Russia subì un brusco ridimensionamento proprio nel biennio 1904-1905. Viceversa, il Giappone si affermò proprio a spese di Cina e Russia; e gli USA fecero sentire la loro supremazia economica e politica prima sull'America centrale e, in un secondo tempo, la loro crescente potenza sul mondo intero. La risposta esatta è la **A**.

39 Al termine della seconda guerra mondiale, negli ambienti militari statunitensi ci si riferiva a uno degli ordigni atomici realizzati dal progetto Manhattan come al "ragazzino" (*Little Boy*). Fu questo l'ordigno sganciato dal bombardiere *Enola Gay* su Hiroshima il 6 agosto 1945 per spingere il Giappone alla resa. La bomba sganciata su Nagasaki il 9 agosto aveva invece il nome in codice *Fat man*, "uomo grasso". La risposta esatta è la **B**.

40 Il Labrador non è una partizione politica del Canada (che è uno Stato federale), ma solo una regione geografica. La risposta **D** è dunque da scartare. La risposta esatta è invece la **A**. Il Québec ormai da anni ha manifestato aspirazioni indipendentiste (è uno Stato a maggioranza francofona), ma non l'ha ancora ottenuta.

41 La guerra delle Falkland fu combattuta tra Argentina e Gran Bretagna nel 1982. La risposta esatta è dunque la **B**. La sconfitta dell'esercito argentino accelerò la caduta della dittatura militare, che avvenne di lì a poco.

42 L'alternativa **A** poteva dare luogo a qualche confusione, perché il 1870 fu l'anno in cui Roma venne annessa al Regno d'Italia. La risposta esatta è però la **B**: Trieste venne attribuita all'Italia nell'ambito dei trattati di pace al termine della prima guerra mondiale.

43 Hitler fu nominato Cancelliere dal Presidente Hindenburg nel gennaio 1933, dopo aver ottenuto il 43,9% dei voti alle elezioni del 1932 (risposta **A**).

44 Questa regione, situata tra il Baltico e la Masuria, è attualmente divisa tra la Russia e la Polonia (risposta **B**). La sua antica capitale Königsberg oggi si chiama Kaliningrad.

45 Il cosidetto "apostolo dell'unità d'Italia" fu fermamente repubblicano (risposta **A**). Egli riteneva che doveva essere il popolo a realizzare l'unità nazionale, guidato anche dalla fede religiosa. In questo modo, oltre al riscatto politico d'Italia, si sarebbe realizzato anche il riscatto sociale delle classi umili. L'Italia avrebbe dovuto poi porsi a capo del movimento rivoluzionario europeo e realizzare dapprima l'unità d'Europa e infine quella mondiale.

46 È questa forse la massima più celebre di Cavour, con la quale egli intendeva affidare allo Stato e alla Chiesa distinti ambiti di competenza (risposta **B**).

47 Fu Umberto I a essere ucciso dall'anarchico Bresci, che non condivideva le tendenze militaristiche e autoritarie del re (risposta **A**). Quest'ultimo, infatti, aveva rafforzato i poteri della monarchia e appoggiato la politica coloniale del Governo Crispi e la repressione a cannonate dei moti popolari contro l'aumento del pane del 1898.

48 La spedizione di Sapri vide il fallimento del generoso tentativo di Carlo Pisacane e dei suoi 300 compagni di organizzare una sollevazione popolare nel Regno delle Due Sicilie al fine di abbattere il regime borbonico e di unire il Sud Italia al Regno piemontese. Pisacane, che aveva partecipato alla lotta per l'indipendenza prima in Lombardia e poi a Roma, non ottenne l'appoggio del popolo; anzi, i contadini si unirono ai soldati borbonici per stroncare la spedizione (risposta **B**). Pisacane deve essere ricordato anche per la sua attività di scrittore, oltre che di patriota (l'opera più famosa: *Saggi storici-politici-militari sull'Italia*).

49 Garibaldi difese valorosamente la Repubblica romana, sconfiggendo più volte i francesi, i napoletani e gli spagnoli che l'avevano aggredita, ma non ne ebbe la direzione politica. Essa fu invece esercitata da Mazzini e dagli altri triumviri Saffi e Armellini (risposta **A**). Il programma politico della Repubblica fu il più avanzato, in Italia, sul versante della democrazia e della sollecitudine per il popolo. L'eroica resistenza di Roma, e quella contemporanea di Venezia, contro le forze della repressione furono uno straordinario esempio di forza morale e di valore militare. Sebbene la loro sconfitta avesse dato luogo alla "seconda restaurazione", il cammino verso l'unità e l'indipendenza d'Italia non poté essere bloccato.

50 Fu Giacomo Matteotti, segretario dei Socialisti riformisti, a essere ucciso dai fascisti. Per protesta contro il governo fascista, l'opposizione si astenne dai lavori parlamentari, dando luogo alla cosiddetta Secessione dell'Aventino (dal giugno 1924 al gennaio 1925). La risposta esatta è la **C**.

3 Geografia

3.1 | Esercizi proposti

1 Che cosa si intende con "gentrificazione"?

A Diffusione di nuovi mezzi di comunicazione, tendenze e idee su scala mondiale
B Graduale trasformazione di un quartiere popolare in zona abitativa di pregio
C Incrostazione o aggregato che si origina per deposizione di sostanze a intervalli successivi
D Perdita o sottrazione più o meno completa di acqua

2 Un ponte collega questi due Stati che non confinano via terra. Quali?

A Svezia-Danimarca
B Finlandia-Lituania
C Russia-Finlandia
D Danimarca-Germania

3 Le rocce sono classificate in:

A laviche o magmatiche
B magmatiche, sedimentarie, metamorfiche
C vulcaniche o di silicio
D calcaree o marmoree

4 Cosa sono le nebulose?

A Ammassi di galassie
B Ammassi di stelle
C Ammassi di gas e polveri
D Ammassi di pianeti alla deriva

5 In quale Stato si trova la regione geografica dell'Anatolia?

A Egitto
B Portogallo
C Oman
D Turchia

6 Quale Stato, tra i seguenti, è attraversato dall'Equatore?

A Libia
B Thailandia
C Sudan
D Repubblica democratica del Congo

CULTURA LETTERARIA, STORICO-SOCIALE E GEOGRAFICA

PARTE SECONDA

7 L'anno solare è l'intervallo che intercorre tra:

- A due successivi passaggi del Sole per uno stesso punto della sua orbita intorno alla Terra
- B due successivi passaggi della Terra per uno stesso punto della sua orbita intorno al Sole
- C due successivi passaggi della Luna per uno stesso punto della sua orbita intorno alla Terra
- D un equinozio e l'altro o tra un solstizio e l'altro

8 Il Monte Bianco si trova in territorio:

- A interamente francese
- B interamente italiano
- C diviso tra Italia, Francia e Svizzera
- D diviso tra Italia e Francia

9 Quale delle seguenti non è una regione della Spagna?

- A Algarve
- B Galizia
- C Estremadura
- D Valencia

10 L'età della terra è approssimativamente stimata in:

- A circa 4,5 miliardi di anni
- B poco più di 500 mila anni
- C poco meno di un milione di anni
- D non esiste ancora una stima approssimativa

11 L'isola del Giglio si trova:

- A nel Mediterraneo, davanti alla Toscana
- B nel Mar Ligure, davanti alla Liguria
- C nell'Adriatico, davanti al Molise
- D nel Tirreno, davanti alla Campania

12 Cos'è la Pangea?

- A L'insieme delle terre emerse
- B Un antico continente ora scomparso
- C Un supercontinente formato dall'unione di tutti i continenti nel Paleozoico
- D Un supercontinente formato dall'unione dell'Africa e dell'Europa

13 Il canale di Suez mette in comunicazione il:

- A Golfo Persico e il Mediterraneo
- B Mar Rosso e il Mediterraneo
- C Golfo Persico e il Mar Caspio
- D Mar Rosso e il Mar Nero

14 Quale dei seguenti fiumi non scorre in Francia?

- A Senna
- B Danubio
- C Loira
- D Marna

15 **Quante sono le province del Friuli-Venezia Giulia?**
- A Quattro
- B Sette
- C Otto
- D Due

16 **Quale delle seguenti non è una lingua indo-europea?**
- A Lettone
- B Greco
- C Italiano
- D Ungherese

17 **Qual è la capitale della Serbia?**
- A Bonn
- B Belgrado
- C Spalato
- D Sarajevo

18 **In quale Regione italiana non scorre il Tevere?**
- A Marche
- B Toscana
- C Umbria
- D Lazio

19 **Quale dei seguenti fiumi non è un affluente del Po?**
- A Tanaro
- B Adda
- C Adige
- D Oglio

20 **La Terra ha forma:**
- A di un ellissoide
- B sferica
- C di un geoide
- D ovale, schiacciata ai Poli

21 **Il meridiano fondamentale è:**
- A l'antimeridiano di Greenwich
- B il meridiano la cui latitudine è zero
- C il meridiano a 66° 33′ N
- D il meridiano di Greenwich

22 **Qual è la più meridionale tra le seguenti città europee?**
- A Vienna
- B Monaco di Baviera
- C Praga
- D Budapest

23 **Quale dei seguenti altopiani è il più esteso?**

- A Puna
- B Altopiano etiopico
- C Altiplano
- D Tibet

24 **I moti principali della Terra sono:**

- A precessione dei solstizi e rivoluzione
- B nutazione e precessione degli equinozi
- C rotazione e nutazione
- D rotazione e rivoluzione

25 **La cascata che ha la maggior portata d'acqua al mondo è:**

- A Iguaçu
- B Niagara
- C Urubupunga
- D Paulo Afonso

26 **Il più esteso dei Paesi dell'Unione europea è:**

- A Spagna
- B Francia
- C Germania
- D Turchia

27 **Quale tra le seguenti città è situata più a est?**

- A Palermo
- B Siracusa
- C Bari
- D Tunisi

28 **Con quale delle seguenti Regioni italiane non confina la Svizzera?**

- A Lombardia
- B Trentino-Alto Adige
- C Valle d'Aosta
- D Veneto

29 **Quale isola o gruppo di isole si trova nel Mare Adriatico?**

- A Isola d'Elba
- B Isole Lipari
- C Isole Ponziane
- D Isole Tremiti

30 **Le Langhe sono:**

- A colline del Veneto
- B una regione fisica del Piemonte
- C paludi del Veneto
- D spiagge della Toscana

31 **A quale continente appartiene l'Islanda?**

- A America
- B Asia
- C Europa
- D Australia

32 **Le Isole Marianne si trovano:**

- A nell'Oceano Pacifico
- B nell'Oceano Atlantico
- C nell'Oceano Indiano
- D nel Mar Rosso

33 **La capitale dell'Afghanistan è:**

- A Kabul
- B Islamabad
- C Rangoon
- D Bangkok

34 **Quale dei seguenti fiumi non scorre in Africa?**

- A Senegal
- B Congo
- C Gange
- D Zambesi

35 **Quale nazione ospita il delta del Danubio?**

- A Moldavia
- B Bulgaria
- C Romania
- D Repubblica Ceca

36 **Quanti sono i continenti della Terra?**

- A Sei
- B Otto
- C Cinque
- D Undici

37 **Escludere l'espressione estranea alla serie.**

- A Idrografia
- B Bacino imbrifero
- C Linea spartiacque
- D Orografia

38 **Quando la Luna è tra la Terra e il Sole, allineata con Terra e Sole, dalla Terra si può osservare:**

- A un'eclissi di Sole
- B un'eclissi di Luna
- C la faccia nascosta della Luna
- D un plenilunio

39 **Quale mare bagna la Mongolia?**

- A Mar Caspio
- B Mar Nero
- C Mar Morto
- D Nessuna delle precedenti

40 **Quale dei seguenti Paesi ha una popolazione inferiore al milione?**

- A Islanda
- B Lituania
- C Estonia
- D Lettonia

PARTE SECONDA

3.2 | Soluzioni e commenti

1 Con il termine "gentrificazione" (derivato dall'inglese *gentry*, nobiltà), che fu coniato nel 1964 dalla sociologa inglese Ruth Glass, si fa riferimento al fenomeno di rigenerazione e rinnovamento di quelle aree urbane che radicalmente mutano da proletarie a borghesi per effetto dell'acquisto di immobili, e conseguente loro aumento di valore sul mercato immobiliare, da parte di soggetti con potere economico alto. Tale fenomeno, che spesso interessa i centri storici o i quartieri centrali caratterizzati da degrado edilizio ma sottoposti a restauro e miglioramento urbano, comporta un progressivo cambiamento socioculturale che genera l'insediamento di un nuovo gruppo sociale di classe media in aree urbane che prima, proprio per effetto del degrado e dei relativi bassi costi degli alloggi, erano sostanzialmente abitate dalla classe operaia. Si può tradurre semplicemente con "imborghesimento" riferito ai cambiamenti antropici nelle città, nello specifico globali. La risposta esatta è pertanto la B.

Per completezza, si consideri che la A è la definizione sintetica del concetto di "globalizzazione", la C di "concrezione" e la D di "essiccazione".

2 Spettacolare a vedersi e affascinante per il fatto che non si può vedere dove finisce (si inabissa in un tunnel sommerso e riemerge nei pressi dell'aeroporto Kastrup), il ponte di Øresund collega le città di Copenaghen e Malmö e di fatto mette in comunicazione Danimarca e Svezia, che sono separate dal mare (risposta A). Adibito al traffico stradale e ferroviario, è il più lungo ponte sospeso d'Europa (quasi 16 Km) e ha una campata centrale di 490 m. Dopo decenni di discussioni, danesi e svedesi, con la spinta di Bruxelles, ne decisero la costruzione nel 1991 e il ponte di Øresund fu inaugurato il 1º luglio 2000 alla presenza del re di Svezia Carlo XVI Gustavo e della regina di Danimarca Margherita II.

3 A seconda del processo di formazione, le rocce vengono classificate in *magmatiche* (originate dal raffreddamento di magma), *sedimentarie* (originate dalla deposizione e compattazione di sedimenti) e *metamorfiche* (originate da trasformazioni di rocce preesistenti a causa di elevate pressione e temperatura). La risposta corretta è la B.

4 La nebulosa (termine che deriva dal latino *nebula*, quindi "nuvola") è un agglomerato interstellare di polvere, idrogeno e plasma. In origine questo termine veniva impiegato per indicare un qualsiasi oggetto astronomico di grandi dimensioni di natura non stellare né planetaria né cometaria, quindi comprendeva anche quelle che oggi sono note come galassie (per esempio, la Nebulosa di Andromeda faceva riferimento alla Galassia di Andromeda prima che le galassie venissero scoperte da Edwin Hubble). Pertanto, le nebulose sono ammassi di gas e polveri e non contengono né stelle né pianeti. La risposta corretta è la C.

5 L'Anatolia è una regione peninsulare dell'Asia occidentale, politicamente compresa nell'odierna Turchia (alternativa corretta D); fisicamente si protende verso l'Europa, da cui è separata dagli stretti del Bosforo e dei Dardanelli. Storicamente è stata sede di insediamenti antichissimi, fin dall'epoca preistorica e in questo territorio si sono sviluppate le più antiche civiltà mediorientali e sulle sue coste sorsero le colonie greche di Ionia. Il suo nome deriva proprio dal greco *anatolè* (terra del levante), mentre ai latini era nota come *Asia Minor.*

6 Anche senza conoscere precisamente la latitudine di ogni Stato proposto nelle alternative, si può cominciare escludendo quelli evidentemente non plausibili: per esempio la Libia, che è troppo a nord. A seguire si può escludere la Thailandia (ricordando che la penisola dell'Indocina, di cui è una porzione, si trova alle stesse latitudini dell'India, di cui è forse più facile ricordare che si trova sopra la linea dell'Equatore). Più difficile forse escludere l'ultima alternativa, tra Sudan e Repubblica democratica del Congo, Stati africani assai estesi e tra loro confinanti; avendo però ristretto a tal punto la scelta, è d'aiuto ricordare che il Sudan confina con l'Egitto, mentre la Repubblica democratica del Congo è uno Paese dell'Africa centrale. Pertanto, la risposta esatta è la D.

7 La Terra impiega un anno (circa 365 giorni) a percorrere la propria orbita intorno al Sole. In altre parole, il tempo impiegato dal Sole per tornare nella stessa posizione vista dalla Terra, e quindi tra due successivi passaggi della Terra per uno stesso punto della sua orbita, corrisponde al ciclo delle stagioni. Questo tempo trascorso viene definito anno solare e la risposta esatta è la B.

8 Il Monte Bianco, la più alta cima europea (4.808 metri), sorge nelle Alpi Graie (sezione delle Alpi nordoccidentali), sullo spartiacque tra le italiane Val Veny e Val Ferret e la francese Vallée de l'Arve, in Alta Savoia. La montagna ha dunque un versante italiano e uno francese (risposta esatta è D).

9 La Spagna è divisa in 17 regioni amministrative: Andalusia, Aragona, Asturie, Baleari, Canarie, Cantabria, Castiglia-La Mancha, Castiglia-Léon, Catalogna, Estremadura, Galizia, La Rioja, Madrid, Murcia, Navarra, Paesi Baschi, Valencia. L'Algarve è invece una regione del Portogallo e dunque l'alternativa da indicare è la A.

10 Le rocce più antiche conosciute risalgono a 3,8 miliardi di anni fa. Gli studi sulle meteoriti e sulle rocce lunari hanno però permesso di stabilire che l'età della Terra e del Sistema solare è di circa 4,5 miliardi di anni. La risposta giusta pertanto è la A.

11 L'Isola del Giglio si trova al largo del promontorio dell'Argentario in Toscana. La risposta esatta è quindi la A. È una delle sette isole maggiori (insieme a Elba, Capraia, Montecristo, Pianosa, Gorgona e Giannutri) che costituiscono l'Arcipelago toscano, allungandosi tra la Toscana e la Corsica.

12 Le varie catene montuose formatesi prima di 260 milioni di anni fa (nel Paleozoico) indicano che le placche continentali migrarono concentrando le terre emerse in un grande supercontinente detto Pangea. All'inizio del Mesozoico (circa 200 milioni di anni fa) la Pangea si frammentò e i continenti cominciarono ad allontanarsi fino a portarsi nell'attuale posizione. La risposta esatta è la C.

13 Il Canale di Suez è un canale artificiale, inaugurato nel 1869, su un progetto dell'italiano Luigi Negrelli poi realizzato dal francese Ferdinand de Lesseps. Il canale – in origine lungo 164 km, profondo 8 metri e largo in superficie dai 70 ai 125 metri – ha subito di recente dei lavori di ammodernamento, inaugurati il 6 agosto 2015. Al momento la lunghezza del Canale, da Porto Said a Suez è di 170 km; la sua larghezza alla superficie raggiunge i 352 metri, mentre sul fondo varia tra 52 e 107 metri. La profondità consente il passaggio a navi con pescaggio di oltre 20 m. Mette in comunicazione il Mar Mediterraneo con il Mar Rosso e quindi con l'Oceano Indiano. La risposta esatta è la B.

CULTURA LETTERARIA, STORICO-SOCIALE E GEOGRAFICA

14 Il Danubio, secondo fiume più lungo d'Europa (2.860 km), tocca o attraversa il territorio di ben dieci Stati, ma non quello della Francia (risposta B), anche se le sue sorgenti in Germania (nella Foresta Nera) si trovano a soli 40 chilometri dal confine francese. Gli Stati interessati sono: Germania, Austria, Slovacchia, Ungheria, Croazia, Serbia, Romania, Bulgaria, Moldavia, Ucraina. Alcuni di essi sono però toccati solo marginalmente: come Slovacchia, Bulgaria e Moldavia, per le quali il Danubio segna solo dei tratti di confine; o come l'Ucraina in cui si trova solo una parte del delta.

15 Le province della regione Friuli-Venezia Giulia sono quattro, relative ai capoluoghi: Gorizia, Pordenone, Trieste e Udine. La risposta esatta è quindi la A.

16 La maggior parte delle lingue parlate in Europa appartiene alla grande famiglia delle lingue indoeuropee. Tra le alternative proposte, non dovrebbero sollevare greco e italiano; qualche difficoltà in più potrebbe sorgere invece per il lettone (che è invece di ceppo indoeuropeo come tutte le lingue baltiche). Invece, sebbene l'Ungheria sia trovi proprio nel centro d'Europa, l'ungherese (o magiaro) non è una lingua indoeuropea, ma ugro-finnica. Il luogo di origine di questo ceppo non è ancora stato identificato con certezza, ma l'ipotesi più plausibile è la Russia centro-settentrionale, a occidente dei monti Urali, nel III millennio a.C. La risposta esatta è la D.

17 Bonn era la capitale della Repubblica Federale Tedesca (Germania occidentale), Spalato è una città croata, Banja Luka e Sarajevo sono rispettivamente la più importante città e la capitale di Bosnia ed Erzegovina. La risposta esatta è quindi la B. La Serbia, Stato erede della disgregata Jugoslavia, ha infatti come capitale Belgrado.

18 È evidente che il fiume di Roma non può non scorrere nel Lazio. Il Tevere è il maggior fiume dell'Italia centrale, lungo 405 km. Nasce dal Monte Fumaiolo, nell'Appennino tosco-emiliano (situato in Emilia-Romagna), attraversa in parte Toscana e Umbria prima di entrare nel Lazio e sfociare poi nel Tirreno. La risposta esatta è A: il Tevere scendendo dal versante tirrenico dell'Appennino, non può scorrere nelle Marche.

19 Anche se non conoscete i percorsi del lombardo *Oglio* o del piemontese *Tanaro*, è più probabile che ricordiate l'*Adda* come il più importante affluente del Po o, al contrario, che l'*Adige* ha una propria foce nel mar Adriatico, all'altezza di Chioggia. L'Adige non può essere dunque un affluente del Po (risposta C).

20 La Terra ha una forma solo approssimativamente sferica: a causa del moto di rotazione, è infatti leggermente schiacciata ai Poli e rigonfia all'Equatore. La risposta B non è dunque corretta. La forma della Terra è piuttosto simile a quella di un ellissoide, il solido che si origina dalla rotazione di un'ellisse intorno al proprio asse minore. Anche l'ellissoide, però, rappresenta un'approssimazione rispetto alla forma reale del pianeta, dal momento che la superficie del globo non è liscia, ma presenta avvallamenti e sporgenze. Bisogna quindi scartare anche la risposta A. È invece più corretto dire che la Terra ha una *forma propria*, che pur non discostandosi molto da quella dell'ellissoide, non è in realtà descrivibile da nessun solido di rotazione. A tale forma è stato dato il nome di *geoide*; la risposta più precisa è quindi la C.

21 La definizione proposta nell'alternativa B è assurda: lungo un meridiano, la latitudine varia infatti da 0 a 90° di latitudine Nord e da 0 a 90° di latitudine Sud. È parimenti assurda anche la definizione C: a 66° 33' di latitudine Nord, si trova infatti il parallelo particolare (e non un meridiano, come indicato nella risposta), a cui è stato dato il nome di Circolo polare artico. La risposta esatta è invece la D: dato che, a differenza dei paralleli, i meridiani hanno tutti la medesima lunghezza, si è scelto convenzionalmente di considerare come meridiano fondamentale di riferimento per la determinazione dell'ora e della longitudine di un punto della superficie terrestre il meridiano passante per Greenwich (una località alla periferia di Londra, sede di un antico osservatorio astronomico).

22 Senza una cartina, rispondere alla domanda può non essere semplice. Se tra le città citate, Praga è la più settentrionale, Budapest è la più meridionale (risposta **D**).

23 *Altiplano* è il nome della vasta area delle Ande centrali, divisa tra territorio boliviano e peruviano, che rappresenta un plateau tra i più estesi al mondo. Di esso fa parte la Puna de Atacama, continuazione dell'altopiano boliviano. Si trova ivece in Asia centrale il Tibet che, esteso per 1.200.000 kmq, corrisponde alla risposta esatta (**D**).

24 La risposta **A** va esclusa perché il moto di precessione dei solstizi è inesistente. Esiste invece la precessione degli equinozi che, insieme alla nutazione, è uno dei due moti millenari della Terra. I moti millenari sono chiamati anche moti secondari perché le loro conseguenze non sono immediatamente percepibili, a differenza di quanto accade nel caso dei moti principali della Terra, vale a dire la rotazione intorno al proprio asse e la rivoluzione intorno al Sole. L'alternarsi delle stagioni, per esempio, è una delle conseguenze del moto di rivoluzione, mentre l'alternarsi del dì e della notte è la principale conseguenza del moto di rotazione terrestre. In base alle considerazioni esposte, si conclude che la risposta esatta è la **D**.

25 Le cascate riportate dalle alternative sono quelle che hanno la maggior portata d'acqua al mondo. Al primo posto vengono le cascate del Niagara (risposta esatta **B**) con un flusso di quasi 8.000 m^3 d'acqua al secondo. Seguono la cascata Paulo Afonso, Urubupunga e Iguaçu.

26 La Turchia ha fatto domanda di adesione ma non fa parte dell'Unione europea. All'interno di questa, la nazione più estesa è la Francia. La risposta esatta è la **B**. La Germania è invece la più popolosa.

27 Le alternative riportano tre città italiane e una tunisina, ma non è chiesto nel testo dell'esercizio di fare distinzioni quanto a nazionalità. La risposta esatta è la **C**.

28 Il Veneto confina con l'Austria, ma non con la Svizzera. La risposta esatta è la **D**.

29 La maggior parte delle isole italiane si trova nel Mar Tirreno, ma le Tremiti stanno nell'Adriatico. La risposta esatta è la **D**.

30 Le Langhe si trovano nella parte meridionale del Piemonte. La risposta esatta è la **B**.

31 L'Islanda è una nazione insulare dell'Europa settentrionale, quindi fa parte dell'Europa. La risposta esatta è dunque la **C**. Una piccola parte del suo territorio si trova oltre la linea del Circolo polare artico, che tuttavia non si configura come un continente dato che sotto i ghiacci della calotta polare non ci sono terre. Non bisogna confondere infatti l'Artide con L'Antartide, che è invece un vero e proprio continente, al cui interno si colloca il Polo Sud.

32 Le Isole Marianne dal punto di vista amministrativo sono un *commonwealth* in unione politica con gli Stati Uniti d'America. Dal punto di vista geografico, però, sono parte dell'Oceania, e si trovano nell'Oceano Pacifico. La risposta esatta è la **A**.

33 La capitale dell'Afghanistan è Kabul (risposta esatta **A**). Islamabad è la capitale del Pakistan, Rangoon della Birmania e Bangkok della Thailandia.

34 Il Gange è tra i più grandi fiume del subcontinente indiano, noto a tutti anche per il rilievo che ha nella religione induista. È facile quindi individuare in **C** la risposta esatta. Un ulteriore aiuto è dato dal fatto che i fiumi Senegal, Congo e Zambesi sono anche eponimi di rispettivi Stati africani e quindi si possono facilmente scartare.

35 Il Danubio termina con un delta formato da tre bracci principali e un centinaio di minori. Il più settentrionale dei tre bracci principali separa l'Ucraina dalla Romania, che ospita per intero gli altri due. La risposta esatta è quindi la **C**.

36 A lungo si sono considerati come continenti solo le terre emerse di Europa, Asia, Africa, America e Oceania. Oggi, tuttavia, si è riconosciuta la qualifica di continente anche all'Antartide, ricoperta dai ghiacci: perciò la risposta esatta è la A. Per la verità, non tutti i geografi accettano l'Europa come continente a sé stante, e la considerano invece come una grande e articolata penisola di un unico continente euroasiatico. Anche lo *status* dell'America come continente unico è dibattuta: la sua articolazione fisica (due grandi corpi uniti da un itsmo) spinge a ulteriori partizioni. Del resto la sua estensione longitudinale, per cui si estende da un Polo all'altro, determina una grande diversificazione nelle caratteristiche umane e climatiche che variano enormemente da un capo all'altro. Sempre più spesso si distinguono così, l'America Centro-Settentrionale da quella Meridionale. Comunque, optiamo per la A.

37 Il termine da escludere è quello proposto dall'alternativa D. L'*orografia*, infatti, è quella parte della geografia fisica che studia e descrive le caratteristiche dei rilievi montuosi della Terra (da *oros*, "monte"), L'*idrografia*, invece, è la branca della geografia che studia la distribuzione delle acque sulla superficie terrestre; quindi si occupa dei bacini fluviali o *imbriferi* (cioè la porzione di territorio drenato da un fiume e dalla rete dei suoi affluenti), i quali sono perimetrati dalle *linee spartiacque*, cioè da limiti immaginari lungo il crinale dei rilievi montuosi che convogliano le acque piovane verso un dato *corpo idrico recettore* (fiume, lago, mare).

38 La faccia nascosta della Luna per definizione non è osservabile dalla Terra, quindi la risposta C è errata. Un plenilunio, ossia la Luna completamente illuminata dal Sole, è osservabile quando la Luna si trova in posizione opposta rispetto al Sole. Se durante un plenilunio Sole, Terra e Luna sono perfettamente allineati, la Terra, interposta tra Sole e Luna, impedisce alla luce solare di raggiungere la Luna, che viene quindi oscurata: si verifica un'eclissi di Luna (risposte B e D errate). Quando la Luna si interpone tra la Terra e il Sole oscurandolo si verifica invece un'eclissi di Sole. L'eclissi solare è definita:

- *totale* se il Sole viene completamente oscurato dalla Luna;
- *anulare* se la Luna oscura solo la parte centrale del Sole, lasciando visibile un anello solare visibile intorno all'ombra della Luna;
- *parziale* se solo una parte del Sole viene oscurata dalla Luna.

La risposta corretta è quindi la A.

39 Rispondere a questo quesito è piuttosto facile partendo dalla considerazione che la Mongolia è uno stato dell'Asia orientale che non ha sbocco sul mare, che confina a nord con la Russia e a sud con la Cina. La risposta esatta è quindi la A.

40 Con una popolazione di poco più di 366.000 abitanti e una densità demografica di 3,09 circa abitanti per Km^2, l'Islanda è il Paese meno popoloso tra quelli citati dalle alternative e rappresenta la risposta esatta (A). Per completezza, si consideri che la Lituania ha una popolazione di quasi 2 milioni e 800.000 abitanti; l'Estonia di poco più di 1 milione e 300.000 e la Lettonia di poco meno di 2 milioni.

4| Letteratura italiana

4.1 | Esercizi proposti

1 **Nella Russia di Stalin, un medico trapianta in un cane l'ipofisi di un uomo. L'audace esperimento avrà risvolti surreali. Da qui inizia la storia narrata in quale romanzo di Michael Bulgakov, pubblicato nel 1925?**

A *Cuore di tenebra*
B *Il Rosso e il Nero*
C *Cuore di cane*
D *Possessione*

2 **Quale dei seguenti autori italiani non ha mai vinto il premio Nobel per la Letteratura?**

A Grazia Deledda
B Giacomo Leopardi
C Giosue Carducci
D Luigi Pirandello

3 **In quale città è nato il poeta Ungaretti?**

A Roma
B Milano
C Addis Abeba
D Alessandria d'Egitto

4 **Quale tra i seguenti intellettuali fu ideologo del fascismo?**

A Cesare Pavese
B Benedetto Croce
C Giovanni Gentile
D Elio Vittorini

5 **Il romanzo pastorale *Arcadia,* misto di poesia e prosa, è stato scritto da Iacopo Sannazzaro. In quale periodo storico-letterario?**

A Verismo
B Romanticismo
C Umanesimo
D Tardo Barocco

6 **Quale dei seguenti personaggi non compare nella *Divina Commedia*?**

A Farinata degli Uberti
B Francesca da Rimini
C Piero della Francesca
D Pia De' Tolomei

CULTURA LETTERARIA, STORICO-SOCIALE E GEOGRAFICA

7 **La celeberrima opera illuministica *Dei delitti e delle pene* fu scritta da:**

A Cesare Beccaria
B Cesare Beccaria e Alessandro Verri
C Pietro Verri
D Carlo Goldoni

8 **Quale tra i seguenti è il tema fondamentale dell'Ermetismo?**

A L'angoscia esistenziale
B L'esaltazione della forza
C La diffusione della cultura fascista
D L'amore per la propria donna

9 **Che cosa si intende con "scuola siciliana"?**

A Un gruppo di teologi, reso celebre dalle dispute sostenute contro i luterani e in genere i cristiani riformati dal secolo XVI in avanti
B Il movimento letterario ottocentesco che intende raffigurare, soprattutto in opere di narrativa, la vita delle plebi e degli umili, generalmente meridionali, nell'intento di denunciarne il degrado morale e materiale
C Un circolo di poeti fiorito nella prima metà del Duecento attorno alla corte imperiale di Palermo
D Un circolo di scacchisti nato a Palermo nel 1500, che conquistò il primo titolo mondiale a squadre della specialità

10 **Chi è l'autore del *Nuncius Sidereus*?**

A Francesco Redi
B Paolo Sarpi
C Gianbattista Marino
D Galileo Galilei

11 **In quale anno è nato Ugo Foscolo?**

A 1778
B 1798
C 1811
D 1820

12 **Quale dei seguenti movimenti culturali è tipico del XVII secolo?**

A Illuminismo
B Stilnovismo
C Barocco
D Neorealismo

13 **Quale dei seguenti autori non appartiene alla corrente dell'Umanesimo?**

A Cino da Pistoia
B Angelo Poliziano
C Leon Battista Alberti
D Lorenzo de' Medici

PARTE SECONDA

14 **L'*Orlando furioso* è stato scritto da:**

A Ludovico Ariosto
B Francesco Petrarca
C Giacomo Leopardi
D Aristofane

15 **Che cos'è *La bottega del caffè*?**

A Una rivista fondata da Pietro e Alessandro Verri
B Una lirica del Parini
C Una commedia di Goldoni
D Una commedia di De Filippo

16 ***Il nome della rosa* è un romanzo ambientato nel secolo:**

A IX
B XII
C XIX
D XIV

17 **Chi è l'autore del ciclo *I nostri antenati*?**

A Alessandro Tassoni
B Italo Calvino
C Matteo Boiardo
D Alberto Moravia

18 **Il creatore della prosa scientifica italiana è stato:**

A Sforza Pallavicino
B Galileo Galilei
C Francesco Redi
D Ugo Foscolo

19 **Chi è l'autore del romanzo *Il Santo*, messo all'Indice dalla Chiesa Cattolica?**

A Gabriele D'Annunzio
B Giosue Carducci
C Ugo Foscolo
D Antonio Fogazzaro

20 **Quale dei seguenti autori non compose opere di carattere storiografico?**

A Filippo Villani
B Francesco Guicciardini
C Paolo Sarpi
D Vasco Pratolini

21 **Qual è l'argomento principale della poesia cortese italiana?**

A La fede
B L'amore spirituale
C L'amore erotico
D Il solipsismo

22 **La lingua straniera che più ha influenzato l'italiano nel secolo XVIII è:**

A l'inglese
B il francese
C il tedesco
D lo spagnolo

23 **Quale movimento letterario si è ispirato al Positivismo scientifico?**

A L'Ermetismo
B L'Illuminismo
C Il Verismo
D Il Romanticismo

24 **Scartare una delle seguenti serie.**

A Muratori, Verri, Beccaria, Parini
B Prati, Boito, Pisani Dossi, Marinetti
C Foscolo, Leopardi, Manzoni
D Porta, Belli, Giusti

25 **Quale dei seguenti fenomeni linguistici fu proprio del Seicento italiano?**

A Il rifiuto, da parte del ceto colto, di usare parole di origine spagnola
B La creazione di nuove parole tramite l'utilizzo di prefissi e suffissi di origine latina e greca
C La diffusione di una serie di parole provenienti dal linguaggio gastronomico francese
D La scomparsa quasi totale dei dialetti

26 **Abbinare correttamente i seguenti autori e le rispettive opere:**

Manzoni	***Storia della colonna infame***
Campanella	***Il giardino dei Finzi-Contini***
Goldoni	***L'amante militare***
Bassani	***La città del Sole***

A Manzoni – *Storia della colonna infame*; Campanella – *La città del Sole*; Goldoni – *L'amante militare*; Bassani – *Il giardino dei Finzi-Contini*
B Manzoni – *L'amante militare*; Campanella – *La città del Sole*; Goldoni – *Storia della colonna infame*; Bassani – *Il giardino dei Finzi-Contini*
C Manzoni – *Il giardino dei Finzi-Contini*; Campanella – *L'amante militare*; Goldoni – *La città del Sole*; Bassani – *Storia della colonna infame*
D Manzoni – *L'amante militare*; Campanella – *La città del Sole*; Goldoni – *Il giardino dei Finzi-Contini*; Bassani – *Storia della colonna infame*

27 **Chi è l'autore di *Reggimento e costumi di donna*?**

A Giovanni Boccaccio
B Francesco da Barberino
C Baldassar Castiglione
D Giovanni della Casa

28 **Quale delle seguenti composizioni non è di Leopardi?**

A *Il sabato del villaggio*
B *L'infinito*
C *La ginestra*
D *Pianto antico*

29 **Con quale tra i seguenti scrittori stranieri ebbe rapporti Italo Svevo?**

A James Joyce
B Oscar Wilde
C Gustave Flaubert
D Thomas Mann

30 **Emilio Praga, oltre che poeta e romanziere, fu un:**

A musicista
B pittore
C attore
D parlamentare

31 **Quale tra i seguenti fu direttore di «La Voce»?**

A Benito Mussolini
B Benedetto Croce
C Giuseppe Prezzolini
D Renato Serra

32 **La celebre distinzione critica tra "poesia" e "non poesia" è di:**

A Francesco De Sanctis
B Giosue Carducci
C Benedetto Croce
D Giacomo Leopardi

33 **Quale delle seguenti non è un'opera di Pavese?**

A *La bella estate*
B *La luna e i falò*
C *Feria d'agosto*
D *Paura alla Scala*

34 **Il protagonista del romanzo *Il Gattopardo* è:**

A Don Fabrizio di Salina
B Tancredi
C Andrea Sperelli
D Padron 'Ntoni

35 **Quale dei seguenti romanzi non è di Cassola?**

A *Fausto e Anna*
B *Fuochi d'artifizio*
C *Il taglio del bosco*
D *La ragazza di Bube*

36 **Gli esponenti del "Gruppo '63" diressero le loro critiche prevalentemente contro:**

A la poesia ermetica
B la letteratura neorealista
C Pascoli
D il marxismo

37 **Franco Maironi e Luisa Rigey sono i protagonisti del romanzo:**

- A *Piccolo mondo antico*
- B *Canne al vento*
- C *Fede e bellezza*
- D *Le Vergini delle rocce*

38 **Il romanzo di Moravia *Gli indifferenti* è ambientato:**

- A in età risorgimentale
- B durante la prima guerra mondiale
- C nell'immediato primo dopoguerra
- D in età fascista

39 **Quale delle seguenti opere non è di Elsa Morante?**

- A *Menzogna e sortilegio*
- B *Gente in Aspromonte*
- C *La storia*
- D *L'isola di Arturo*

40 **Chi è l'autore di *I fiori del male*?**

- A Stéphane Mallarmé
- B Victor Hugo
- C Clemente Rebora
- D Charles Baudelaire

41 **Quale tra i seguenti scrittori ha fatto parte del "Gruppo '63"?**

- A Pier Paolo Pasolini
- B Alberto Moravia
- C Umberto Eco
- D Elio Vittorini

42 **Quale delle seguenti serie riporta il corretto ordine cronologico degli autori?**

- A Carducci, Pirandello, D'Annunzio, Pasolini
- B Carducci, D'Annunzio, Pirandello, Pasolini
- C Carducci, D'Annunzio, Pasolini, Pirandello
- D Pasolini, Carducci, D'Annunzio, Pirandello

43 **Nel *Saggio storico sulla rivoluzione napoletana del 1799* Vincenzo Cuoco sostiene che:**

- A la rivoluzione che egli chiama *passiva* è vantaggiosa, perché consente di muoversi su strade conosciute
- B i modelli costituzionali necessari per riformare uno Stato non possono essere astratti né prescindere dalle particolarità locali
- C la rivoluzione è sempre un male, in quanto sovvertimento dell'ordine costituzionale; le riforme vanno introdotte per via pacifica
- D non esiste una forma di governo migliore delle altre, sono gli uomini che fanno la differenza

44 **La *Divina Commedia* è composta da:**

- **A** 100 canti raggruppati in tre cantiche
- **B** 100 cantiche divise in tre canti
- **C** 30 canti per ogni cantica
- **D** 100 canti formati da versi dodecasillabi

45 **La poetica del "fanciullino" è propria di:**

- **A** Giovanni Pascoli
- **B** Giosue Carducci
- **C** Benedetto Croce
- **D** Giacomo Leopardi

46 **A quale corrente letteraria si deve ascrivere Giovanni Verga?**

- **A** Neorealismo
- **B** Scapigliatura
- **C** Futurismo
- **D** Verismo

47 **Collegare correttamente a ogni autore un'opera:**

a) Manzoni	**1) *La mandragola***
b) Petrarca	**2) *Il conte di Carmagnola***
c) Foscolo	**3) *I trionfi***
d) Machiavelli	**4) *I sepolcri***

- **A** a-2, b-3, c-4, d-1
- **B** a-1, b-4, c-3, d-2
- **C** a-1, b-2, c-3, d-4
- **D** a-2, b-1, c-3, d-4

48 **Il tema che attraversa il romanzo *Il deserto dei Tartari* è:**

- **A** l'amor di patria
- **B** l'antimilitarismo
- **C** l'attesa
- **D** la solitudine

49 **La morte di Hemingway:**

- **A** avvenne durante una corrida
- **B** avvenne durante un incidente in mare
- **C** avvenne durante la seconda guerra mondiale
- **D** fu un suicidio

50 **Quale tra i seguenti *incipit* appartiene a una lirica di Giovanni Pascoli?**

- **A** L'albero a cui tendevi / la pargoletta mano, / il verde melograno / da' bei vermigli fior
- **B** Sempre caro mi fu quest'ermo colle, / e questa siepe, che da tanta parte / dell'ultimo orizzonte il guardo esclude
- **C** Forse perché della fatal quiete / tu sei l'imago a me sì cara vieni / o Sera!
- **D** E s'aprono i fiori notturni, / nell'ora che penso a' miei cari.

CULTURA LETTERARIA, STORICO-SOCIALE E GEOGRAFICA

4.2 | Soluzioni e commenti

1 L'opera in questione è il romanzo fantascientifico-satirico *Cuore di cane*, risposta **C**. Lo scrittore e drammaturgo russo Michail Bulgakov (1891-1940) lo compose tra gennaio e marzo del 1925, dopo che si era espresso pubblicamente contro la censura e la burocrazia sovietica, nella prima fase della NEP (Nuova Politica Economica). Gli eventi narrati si svolgono a Mosca nel dicembre 1924, e hanno per protagonisti il dottor Preobraženskij, il suo assistente Bormental' e il cane Šarik, che viene sottoposto dai primi due al trapianto dell'ipofisi. La conseguenza dell'audace intervento è la metamorfosi in un umanoide che personifica le distorsioni del nuovo corso sovietico. Il romanzo, una parodia che è al contempo un'evidente critica al potere sovietico, risente dell'eugenetica e dei trapianti di ghiandole di cui furono pionieri il biologo russo emigrato Sergej Voronov e il viennese Eugen Steinach, e si colloca in un preciso filone della letteratura fantascientifica europea. Bulkgakov non vedrà il suo romanzo pubblicato: la prima edizione in lingua russa è del 1968.

Le altre opere citate nelle alternative sono: *Cuore di Tenebra* (1899), dello scrittore polacco-britannico Joseph Conrad; *Il rosso e il nero* (1831), romanzo dello scrittore francese Stendhal e *Possessione* (1990), romanzo di A. S. Byatt, scrittrice e critica letteraria britannica.

2 Anche senza ricordare tutti i premiati, basta tenere condo che il premio Nobel è stato istituito nel 1901, mentre Giacomo Leopardi è morto nel 1837. La scelta dunque cade sulla **B**.

3 La risposta esatta è la **D**. Ungaretti nacque nella città egiziana di Alessandria nel 1888, dove visse fino al 1912. I suoi genitori erano però originari di Lucca. In seguito si spostò in Francia e poi si arruolò nell'esercito italiano durante la prima guerra mondiale. Dopo aver abitato a Parigi e a Roma, durante la seconda guerra mondiale si spostò in Brasile. Rientrò a Roma nel 1942.

4 Vittorini fu nemico dichiarato del fascismo, ed ebbe un ruolo di rilievo nella Resistenza: l'alternativa **D** è quindi da escludersi. Anche Pavese, pur non avendo svolto un ruolo politico attivo, fu avverso al fascismo, e dunque è possibile escludere anche la **A**. Croce fu un importante uomo politico prima e dopo il periodo fascista durante il quale redasse il *Manifesto degli intellettuali antifascisti* (1925) e si ritirò dalla vita politica (da scartarsi la risposta **B**).

Pirandello aderì al fascismo, e ne ebbe onorificenze, ma non ne può essere considerato un teorico. Questo ruolo è invece rivestito da Giovanni Gentile, estensore del *Manifesto degli intellettuali fascisti* (1925), tanto che egli fu considerato dai partigiani un nemico da sopprimere e fu ucciso a Firenze nel 1944. La risposta esatta è così la **C**.

5 Non tragga in inganno il fatto che l'Arcadia fu un movimento letterario situato tra Barocco e Illuminismo (prima metà del secolo XVIII): Iacopo Sannazzaro è un umanista vissuto tra il 1458 e il 1530. La risposta esatta è quindi la **C**.

6 La risposta esatta è la **C**: Piero della Francesca è infatti un pittore che, vissuto nel Quattrocento ovvero in un'epoca a lui successiva, Dante non avrebbe potuto incontrare né descrivere nel suo poema. Farinata degli Uberti, Francesca da Rimini e Pia De' Tolomei sono invece tutti personaggi della Divina Commedia.

7 La **D** può essere facilmente esclusa considerando che Carlo Goldoni (1707–1793) è stato commediografo e scrittore della Repubblica di Venezia e che la sua fama segue soprattutto le sue opere teatrali in lingua veneta. *Dei delitti e delle pene* - saggio di stampo illuminista che tratta del sistema giudiziario - è infatti opera di Cesare Beccaria, pur essendo certo che gli amici Pietro e Alessandro Verri insieme agli altri membri dell'Accademia dei Pugni influenzarono e orientarono il suo pensiero. La risposta esatta è la **A**.

8 La risposta corretta è la A. I poeti ermetici non sono interessati ai grandi problemi della storia e della società, quanto piuttosto alle esperienze personali e allo spazio interiore permeato da un senso di solitudine e di estraneità rispetto al mondo. L'alternativa B può essere ricondotta al Futurismo e la D allo Stil Novo.

9 La risposta esatta è la C, infatti la scuola siciliana è un circolo poetico nato alla corte sveva dell'imperatore Federico II, poeta a sua volta. Questa scuola, che precede lo Stil Novo, risentì profondamente degli influssi della poesia provenzale, pur essendone distinta per l'uso della lingua locale, cioè, appunto, il siciliano (si noti che esiste anche una poesia italiana in lingua provenzale).

10 Per rispondere a questo quesito possiamo partire dal titolo dell'opera: *Sidereus*, significa stellare. Tra i personaggi citati nelle alternative proposte (a patto di conoscerli tutti!) l'unico che dedicò studi approfonditi alle stelle fu Galileo. Egli confermò le tesi eliocentriche di Copernico grazie all'osservazione dei corpi celesti, resa possibile proprio da una sua invenzione: il cannocchiale. La risposta esatta è la D.

11 Ugo Foscolo è nato a Zante il 6 febbraio del 1778. La risposta A è quella corretta. L'eventuale incertezza poteva essere risolta ricordando che Foscolo commenta da testimone la firma del Trattato di Campoformio del 1797, con cui Napoleone consegnò la Repubblica di Venezia all'Austria.

12 In campo letterario il Seicento non è solo il secolo del Barocco, ma anche della nascita della prosa scientifica con Galileo e Francesco Redi, genere che si tiene ben lontano dai canoni barocchi. In questo caso, l'alternativa da scegliere è però la C. Un esercizio consigliato, al fine di verificare la propria preparazione, è collegare le altre correnti letterarie menzionate al rispettivo secolo di appartenenza. L'Illuminismo è una corrente filosofica e letteraria sviluppatasi nel corso del Settecento, il Dolce Stil Novo è cominciato alla fine del secolo XII, il Neorealismo è una corrente letteraria italiana degli anni Cinquanta del XX secolo mentre l'Umanesimo si sviluppa nel XV secolo.

13 Basta ricordare che Cino da Pistoia era amico di Dante per concludere che visse in un periodo anteriore all'Umanesimo: la risposta esatta è la A. Più precisamente, l'esistenza di Cino da Pistoia è compresa tra il 1270 circa e il 1336 o 1337, mentre l'Umanesimo si fa convenzionalmente iniziare nel 1453 (anno della caduta di Costantinopoli).

14 La risposta corretta è la A. Il poema in ottave di Ludovico Ariosto (1474-1533) inizia il racconto sul celebre paladino dal punto in cui si era interrotto l'*Orlando innamorato* di Boiardo. L'opera rappresenta una delle più alte creazioni letterarie del Rinascimento ed è esemplare degli ideali dell'epoca (il cavalleresco, l'avventura, la fantasia, la centralità dell'uomo e del valore individuale, la generosità, la nobiltà d'animo, l'amore sensuale, l'armonia con la natura). Ariosto ne pubblicò tre diverse redazioni (1516, 1521, 1532); l'ultima è in 46 canti.

15 La celebre rivista curata dai fratelli Verri aveva nome «Il Caffè»; la commedia di cui fu autore da giovane papa Wojtyla si intitola *La bottega dell'orefice*: la A e la D sono quindi errate. La risposta corretta è la C.

16 Il *Nome della rosa* è un romanzo storico, il cui principale pregio è quello di integrare intimamente la trama "gialla" della narrazione all'epoca in cui la vicenda stessa è ambientata. Nulla di quello che accade nel romanzo potrebbe accadere se l'epoca non fosse il Trecento medioevale. La risposta esatta è quindi la D.

CULTURA LETTERARIA, STORICO-SOCIALE E GEOGRAFICA

17 La risposta esatta è la **B**. Fu Italo Calvino a comporre questo ciclo, che raccoglie tre romanzi scritti nell'arco di sette anni: *Il visconte dimezzato* (1952); *Il barone rampante* (1957) e *Il cavaliere inesistente* (1959). L'intento non era quello di realizzare dei romanzi storici (di cui hanno solo la divertita e divertente apparenza), ma di reinterpretare con ironia i caratteri del *conte philosophique* settecentesco. In particolare l'esercizio propone delle alternative ingannevoli con autori di opere di argomento cavalleresco.

18 L'unico dubbio può sussistere nella scelta tra Galileo e Redi, i quali furono entrambi scienziati, mentre non lo furono (almeno in senso moderno) gli altri: Pallavicino fu uno storico, Foscolo un poeta. Sia Galileo sia Redi elaborarono per i loro scritti una lingua e uno stile adatti alla necessità di esporre in forma chiara e precisa i concetti scientifici frutto delle loro ricerche, dove la parola diventa quindi veicolo di comunicazione di idee. Si trattò insomma di una corrente letteraria contrapposta a quella predominante nello stesso secolo (il Seicento): il marinismo barocco, che aveva lo scopo di affascinare il lettore con virtuosismi stupefacenti assai più che di persuadere la sua ragione con argomentazioni fondate e descrizioni scientifiche. Chiarito ciò, e dovendo sciogliere il dubbio, si può osservare che Galileo nacque 64 anni prima di Redi e che quindi, almeno per ragioni cronologiche, il primato spetta a lui: la risposta esatta è quindi la **B**.

19 Non traggano in inganno gli atteggiamenti critici di Carducci e Foscolo verso la Chiesa. La sorte di venire messo all'Indice toccò al romanzo *Il Santo*, pubblicato nel 1905, di Fogazzaro, nonostante la nota sensibilità religiosa dello scrittore: è esatta, quindi, la risposta **D**.

20 Pur essendo autore di *Metello,* un romanzo storico (ambientato e definito dal preciso momento in cui si svolge, con la ricostruzione del contesto e degli eventi), lo scrittore neorealista Vasco Pratolini (1913-91) non ha pubblicato mai opere storiografiche. La risposta esatta è dunque la **D**.

21 Con *amore erotico* (dal greco *eros*, che indica l'amore sensuale) si vuole indicare specificamente l'amore passionale, per distinguerlo da altri tipi di sentimento in cui l'amore per la donna veniva sublimato in senso spirituale (per esempio verso la donna angelicata dello stilnovismo), o differenziarlo dalle esperienze di amore mistico e religioso. Per i trovatori della prima metà del Duecento, e per i poeti delle scuole siciliana e toscana, oggetto poetico era proprio l'amore per la donna (*domina*, di cui il poeta è *vassallo*) completo della dimensione sensuale. La risposta esatta è **C**.

22 Il secolo XVIII, cioè il Settecento, vede nascere e diffondersi la cultura illuministica, che ebbe il suo centro in Francia; fu dunque il francese a influenzare maggiormente la lingua italiana: la risposta esatta è **B**. Occorre notare, comunque, che la reciproca influenza tra le lingue è un fenomeno molto antico e ininterrotto. L'italiano nei secoli ha ricevuto, così come ha dato, molto dal francese e dallo spagnolo. Il latino, poi, non solo è la lingua da cui direttamente deriva la nostra ma ha continuato a essere fonte di nuovi vocaboli (soprattutto nel campo delle scienze). In tempi più recenti sono numerosi e di vario genere prestiti e calchi dall'inglese.

23 Il Positivismo è un movimento filosofico, inaugurato da Auguste Comte in Francia e proseguito in Inghilterra da Herbert Spencer. Due sono i caratteri fondamentali di questo approccio: primo, porre come obiettivo della filosofia la ricerca delle leggi di natura, rinunciando alla dimensione metafisica; secondo, applicare i metodi propri delle scienze naturali anche alle discipline "umanistiche". In Italia, il Verismo si rifà esplicitamente a Positivismo e Naturalismo: compito della letteratura è documentare l'umano, rispondendo in primo luogo al canone dell'impersonalità, senza interferire con la realtà che si rappresenta. La risposta esatta è quindi la **C**.

24 Le serie riportano autori italiani, raggruppati in base a una temperie letteraria unificatrice. A un primo esame delle opzioni date, si nota però con facilità che il poeta futurista Marinetti ha poco da spartire con Giovanni Prati, esemplare esponente del secondo Romanticismo, o con scapigliati quali Boito e Pisani Dossi. Dal momento che gli altri gruppi mostrano autori più famosi e in tutta evidenza tra loro compatibili (in A gli illuministi, in C i romantici, in D i dialettali), è facile concludere che la serie da scartare è proprio quella contenuta nell'alternativa B.

25 La risposta esatta è la B mentre tutte le altre alternative riportate sono di pura fantasia. Vale comunque la pena osservare l'alternativa A che ribalta un fenomeno reale e vigoroso proprio nel Seicento, cioè l'introduzione nella lingua italiana di parole di origine spagnola, dovuta all'instaurarsi della dominazione spagnola su gran parte della Penisola nel secolo precedente.

26 È sufficiente conoscere con sicurezza anche un solo abbinamento autore-opera, tra quelli richiesti, per ridurre le alternative plausibili. Conoscendone due, la soluzione è univoca. Per esempio, assumendo tutti in grado di collegare Manzoni a *Storia della colonna infame*, resta in lizza solo A. Un altro abbinamento alla portata di tutti è quello Bassani - *Il giardino dei Finzi Contini*: ed ecco individuata la risposta esatta in A.

27 A parte Boccaccio, tutti gli altri sono autori di manuali di comportamento: Della Casa, *Galateo*; Castiglione *Il Cortegiano*; Da Barberino, appunto, *Reggimento e costumi di donna*: la risposta esatta è la B (si noti che quest'ultimo precede di un paio di secoli gli altri citati). Si tratta di opere in cui, da un lato, si delinea filosoficamente l'ideale del perfetto gentiluomo, della donna onorata ecc. e, dall'altro, si danno consigli pratici al lettore per consentirgli di avvicinarsi il più possibile a tale ideale. Un altro scrittore rinascimentale scrisse un celeberrimo manuale di comportamento, questa volta per il perfetto principe: Niccolò Machiavelli.

28 Un quesito di pura erudizione, ma le opere citate sono tutte molto famose. *Pianto antico* è una lirica di Carducci, dedicato al figlio morto in tenera età, e quindi la risposta esatta è la D.

29 La risposta esatta è la A. Joyce infatti insegnò alla Berlitz School di Trieste, ed ebbe come allievo nel corso di lingua inglese Italo Svevo. Dopo il primo incontro nel 1907, con il tempo nacque una profonda amicizia e una certa consonanza artistica. Nel 1927, a Milano, Svevo tenne anche un ciclo di conferenze sull'opera dello scrittore di Dublino.

30 Emilio Praga (1839-1875) appartiene al movimento della Scapigliatura, di cui fu un tipico rappresentante, sia per il contenuto delle sue opere sia per la sregolatezza della sua vita. In campo artistico fu anche pittore. La risposta esatta è la B.

31 Dal 1908 al 1912 e di nuovo dal 1913 al 1914 Giovanni Prezzolini (1882-1992) fu direttore di «La Voce» (risposta esatta C). Questa fu forse la rivista più importante e influente dell'epoca, terreno di incontro e scontro della più vivace cultura italiana. Si distinguono quattro fasi della testata, quante le diverse direzioni. Dopo Prezzolini la guidò Giovanni Papini, quindi di nuovo di Prezzolini e infine Giuseppe de Robertis, che firmò l'ultimo numero nel dicembre 1916.

32 Nella concezione di Croce (risposta esatta C), "poesia" è l'intuizione artistica allo stato puro, "non poesia" la produzione letteraria contaminata dalla riflessione morale e intellettuale. Questo canone, elevato a rigida regola, portò Croce a esprimere drastici giudizi su ogni autore e a ridimensionare, per esempio, il valore poetico di larga parte della *Divina Commedia*.

33 *Paura alla Scala* è opera di Dino Buzzati. È un racconto lungo, pubblicato per la prima volta nel 1948, in quattro puntate, su «L'Europeo». È però anche il titolo della seconda raccolta di racconti di Buzzati, uscita nel 1949. La risposta esatta è quindi la D.

34 Andrea Sperelli è protagonista del romanzo *Il piacere* di D'Annunzio; Padron 'Ntoni è personaggio di *I Malavoglia* di Verga. Tancredi è una figura importante di *Il Gattopardo*, ma il protagonista è Don Fabrizio, nobile siciliano spettatore del cambiamento epocale provocato dall'impresa di Garibaldi e dalla nascita dell'Italia unita. La risposta esatta è la **A**.

35 *Fuochi d'artifizio* non è opera di Cassola e non è nemmeno un romanzo: è una raccolta di liriche di Corrado Govoni (1884-1965). La risposta esatta è la **B**.

36 Molto criticate dal "Gruppo '63", che si autodefinì avanguardista e sperimentalista, furono le opere del neorealismo e della letteratura impegnata (risposta esatta **B**). Moravia mise acutamente in luce come, nonostante le differenze, l'esigenza comune dei neorealisti e degli avanguardisti fosse quella di ristabilire un rapporto con la realtà autentica, dalla quale l'uomo moderno è troppo spesso alienato.

37 Franco e Luisa sono i protagonisti del capolavoro di Fogazzaro, *Piccolo mondo antico* (1895). La risposta esatta è la **A**.

38 La risposta esatta è **D**. Alcuni critici hanno visto nel ritratto di una borghesia dai costumi allentati e spiritualmente inerte una qualche critica al fascismo. In realtà, l'impressione è che l'età fascista non sia più che un'occasione per Moravia di dare avvio al suo discorso (questo romanzo del 1929 è il primo e il più celebre della sua carriera di scrittore) di stampo neorealista ed esistenzialista.

39 La risposta esatta è la **B**. Corrado Alvaro (1895-1956) fu un autore radicato nella terra d'origine, la Calabria, ma il suo regionalismo ebbe una qualità differente dal verismo, innanzi tutto per il suo carattere di lirica e nostalgica rievocazione. La sua miglior prova fu proprio il romanzo *Gente in Aspromonte* (1930), in cui riuscì a coniugare la dimensione corale e la sottile analisi psicologica, in linea con le nuove conquiste del moderno romanzo europeo.

40 La risposta esatta è la **D**. *I fiori del male* sono l'espressione della "poesia pura" teorizzata da Baudelaire che è all'origine di tanta poesia moderna.

41 In Italia, nel secondo Novecento, i poeti della Neoavanguardia si raccolgono nell'eterogeneo Gruppo '63 (così detto perché ufficialmente nato nel 1963 a Palermo, anche se in realtà aveva già affermato una propria identità nell'antologia *I Novissimi* del 1961). Il gruppo comprendeva tra gli altri Elio Pagliarani, Alfredo Giuliani, Edoardo Sanguineti, Nanni Balestrini, Antonio Porta, Angelo Guglielmi, Edoardo Sanguineti, Renato Barilli, Umberto Eco. La risposta esatta è quindi la **C**.

42 Nella serie data, non è difficile individuare Carducci come lo scrittore più "antico" e Pasolini come il più recente. La scelta si riduce così alle alternative **A** e **B**. Restano da collocare gli altri due: D'Annunzio, nato nel 1863, precede Pirandello, nato nel 1867. Anche se poi Pirandello morì prima di D'Annunzio (rispettivamente, 1936 e 1938) la risposta esatta va identificata nella **B**.

43 La risposta esatta è la **B**. Cuoco rimprovera ai pensatori francesi della rivoluzione del 1789 un eccesso di astrattismo e, ai loro imitatori italiani, il non aver tenuto nel debito conto la diversità della situazione italiana rispetto a quella francese. Altro difetto della rivoluzione napoletana è di essere stata *passiva*, cioè imposta dall'esterno e quindi non nata da intime esigenze di riforma.

44 La risposta esatta è la **A**. La *Divina Commedia* è composta di 14.233 versi endecasillabi, disposti in terzine, ed è suddivisa in 100 canti, raggruppati in 3 cantiche: 34 canti nell'*Inferno* – che ne ha uno in più, come proemio all'intero poema – e 33 ciascuno per *Purgatorio* e *Paradiso*.

45 La risposta corretta è senza dubbio la **A**. La poetica pascoliana viene espressa efficacemente nella prosa *Il fanciullino* del 1897. Esistono in ciascuno, a suo dire, una forma di conoscenza pre-razionale e una disposizione a vedere il mondo come se fosse la prima volta, cioè con lo stupore del fanciullo; usare l'intelletto in maniera più libera e irrazionale aiuta ad avvicinarsi alla verità delle cose. Il poeta è colui che traduce questa attitudine in poesia. Il vero poeta è chi dà sempre ascolto al fanciullino invece di preferirgli una conoscenza razionale della realtà,. La poesia diventa così intuitiva e spontanea proprio come la lingua che la esprime.

46 La risposta corretta è la **D**. Il Verismo è un movimento letterario fiorito in Italia negli ultimi decenni del XIX secolo. In *I Malavoglia* (1881) di Verga, primo di una progettata serie di cinque romanzi (ciclo dei *Vinti*) è possibile trovare un'esplicita dichiarazione di poetica verista.

47 La risposta esatta è la **A**. *Il conte di Carmagnola* è una tragedia scritta da Manzoni nel 1820; *I trionfi* è il titolo di un poema in volgare in terzine di Petrarca, iniziato probabilmente prima del 1340 e compiuto nel 1374; *I sepolcri* è il celebre carme di Foscolo pubblicato a Milano nel 1807; *La mandragola*, commedia datata intorno al 1518, si iscrive all'interno della produzione teatrale di Machiavelli.

48 Questo grande romanzo di Buzzati del 1940 racconta la permanenza del giovane ufficiale Drogo nella Fortezza Bastiani, dove egli condivide l'attesa dei suoi colleghi per un imminente attacco dei Tartari. L'attesa è vissuta da questi soldati non con timore ma con speranza, cioè come occasione che consentirà loro di dimostrare il proprio valore. L'attesa di un grande evento, dunque, domina il romanzo insieme alla consapevolezza che mentre si attende si invecchia, la vita sfugge e il tanto desiderato momento forse non verrà mai (risposta esatta **C**).

49 Sebbene inizialmente si cercò di attribuire la morte di Hemingway a un colpo di fucile partito accidentalmente, ben presto fu chiaro che lo scrittore americano si era, come il proprio padre, suicidato: una sconfitta per il vitalismo che aveva teorizzato e realizzato e un abbandono all'unico assoluto possibile, quello della morte. La risposta esatta è la **D**.

50 Le alternative riportano i primi versi di quattro famosissime liriche di illustri poeti. Essi appartengono rispettivamente a: **A**, *Pianto antico* di Carducci (da *Rime nuove*); **B**, *L'infinito* di Leopardi (dai *Piccoli Idilli*); **C**, *Alla sera* di Foscolo; **D**, *Il gelsomino notturno* di Pascoli (da *Canti di Castelvecchio*). La risposta esatta è la **D**.

CULTURA LETTERARIA, STORICO-SOCIALE E GEOGRAFICA

5| Storia dell'arte

5.1 | Esercizi proposti

1 **Il gruppo scultoreo *Apollo e* …… – soggetto mitologico ispirato alle *Metamorfosi* di Ovidio e incentrato sull'amore frustrato di Apollo per la ninfa……, figlia del dio fluviale Peneo – è una composizione sorprendentemente dinamica, che realizza l'"impossibile" sfida di tradurre nel marmo il movimento rapidissimo e concitato dell'inseguimento tra due amanti.**

Qual è il nome della ninfa, che completa correttamente le due lacune del testo?

A Sibilla
B Dafne
C Leda
D Psiche

2 **Considerato uno dei capolavori del Rinascimento e apprezzato per l'invenzione prospettica di grande effetto, questo dipinto mostra il corpo di Cristo che giace inerme su una fredda lastra di pietra coperta da un lenzuolo. Un telo protegge il cadavere dal bacino ai piedi che rimangono esposti e mostrano le ferite dei chiodi sulle piante. Il capo di Gesù poggia su un cuscino rettangolare mentre le braccia sono abbandonate lungo i fianchi. Anche sul dorso delle mani sono evidenti i segni dei chiodi. A destra, al lato del cuscino, si vede il contenitore di unguenti usato per preparare il corpo alla sepoltura; a sinistra verso l'alto ci sono i dolenti che piangono e vegliano il corpo.**

Quale delle seguenti è l'opera sopra descritta?

A *Cristo dolente* di Bramantino
B *Cristo alla colonna* di Donato Bramante
C *Crocifissione* di Masaccio
D *Cristo morto* di Andrea Mantegna

3 **Qual era la nazionalità del pittore Marc Chagall?**

A Olandese
B Bielorussa
C Danese
D Algerina

4 **La basilica di San Vitale a Ravenna appartiene all'architettura:**

A neoclassica
B bizantina
C gotica
D rinascimentale

CULTURA LETTERARIA, STORICO-SOCIALE E GEOGRAFICA

5 **Quale delle seguenti idee non è attribuibile a Brunelleschi?**

A L'armonia prospettica di tutti gli elementi della composizione
B La dignità di artista autonomo da riconoscere all'architetto
C La dispersione nello spazio delle componenti architettoniche
D L'integrazione dell'edificio nello spazio circostante

6 **Come può essere definita l'*Art Déco*?**

A Uno stile ispirato al Barocco
B Un'arte derivata dal *Liberty*, ma più standardizzata e superficiale
C L'anti-arte
D Il tentativo di sovvertire tutti i canoni artistici tradizionali

7 **I propilei sono un:**

A gruppo scultoreo
B accesso
C teatro
D tempio

PARTE SECONDA

8 **L'espressionismo fu una corrente artistica di reazione:**

A al classicismo
B al funzionalismo
C all'impressionismo
D all'ermetismo

9 **L'opera *Amore e Psiche* di Antonio Canova risale al:**

A 1795 B 1686 C 1787 D 1589

10 **Nel tardo XIX secolo John Singer Sargent divenne celebre come:**

A ritrattista
B paesaggista
C scultore
D decoratore d'interni

11 **Quale tra i seguenti autori non appartiene all'impressionismo?**

A Schiele B Manet C Monet D Cézanne

12 **Quale tra i seguenti movimenti artistici è riconducibile all'inizio del XX secolo?**

A Impressionismo
B Dadaismo
C Simbolismo
D Pop Art

13 **A quale dei seguenti movimenti artistici sono riconducibili Vasilij Kandinskij e Paul Klee?**

A Surrealismo
B Astrattismo
C *Art Déco*
D Futurismo

14 Quale tra le seguenti coppie di artisti italiani prese parte al movimento futurista?

A Ligabue e Modigliani
B Guttuso e Adami
C Boccioni e Carrà
D Munari e Pininfarina

15 I primi grattacieli vennero costruiti negli Stati Uniti:

A verso la fine del Settecento
B nella prima metà dell'Ottocento
C nella seconda metà dell'Ottocento
D tra le due guerre mondiali

16 Tra gli autori del progetto per il Centre Georges Pompidou di Parigi vi è l'architetto:

A Giò Ponti
B Renzo Piano
C Frank Lloyd Wright
D Le Corbusier

17 In quale secolo si sviluppa l'*Art Déco*?

A Seicento
B Settecento
C Ottocento
D Novecento

18 Indicare, tra i seguenti, l'artista che non partecipò alla fondazione del *Cabaret Voltaire*, il circolo artistico e letterario da cui si sviluppò il dadaismo.

A Hans Arp
B Julius Evola
C Hugo Ball
D Tristan Tzara

19 Qual è l'elemento principale sul quale Dan Flavin ha lavorato per buona parte della sua vita?

A Il colore B La forma C La materia D La luce

20 L'opera di Duchamp *Ruota di bicicletta* ha un intento:

A demistificatorio nei confronti del potere
B ironico nei confronti dell'arte
C dissacratorio nei confronti della religione
D di esaltazione nei confronti dello sport

21 Il Costruttivismo è nato:

A negli Stati Uniti
B in Unione Sovietica
C in Francia
D in Italia

22 **Claude Monet e Pierre-Auguste Renoir sono due importanti rappresentanti del:**

A realismo

B impressionismo

C simbolismo

D espressionismo

23 **Con il primo *Manifesto Surrealista* scritto dal poeta André Breton nel 1924, nasce ufficialmente a Parigi il movimento surrealista. Quale tra i seguenti pittori è un esponente di questo movimento?**

A Salvador Dalì

B Pablo Picasso

C Marc Chagall

D Carlo Carrà

PARTE SECONDA

24 **In quale sequenza cronologica sono stati costruiti i monumenti elencati di seguito?**

a) Piazza San Pietro a Roma

b) Stadio olimpico di Roma

c) Arco della Pace a Milano

d) Duomo di Milano

e) Grattacielo Empire State Building di New York

A a-b-d-c-e B c-d-a-b-e C b-a-d-e-c D d-a-c-e-b

25 **Quale dei seguenti movimenti novecenteschi pose al centro della sua attenzione la scomposizione dei piani compositivi?**

A Cubismo

B Divisionismo

C Fauves

D Impressionismo

26 **Qual è il colore più tipico e caratteristico dei quadri monocromi di Yves Klein?**

A Blu B Rosso C Bianco D Nero

27 **Tra la metà del diciottesimo secolo e l'inizio del diciannovesimo si cominciò a teorizzare la divaricazione fra due modalità principali di intendere l'arte; le due concezioni sono:**

A romantica e neogotica

B classica e romantica

C gotica e romantica

D romanica e romantica

28 Quale architetto ha progettato l'edificio rappresentato in figura?

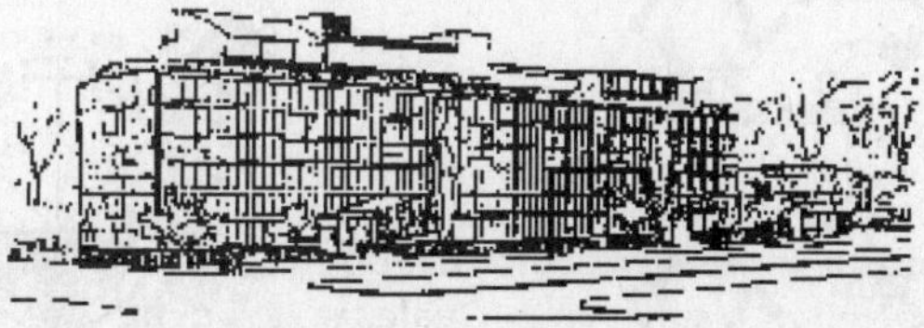

A Aldo Rossi

B Le Corbusier

C Antoni Gaudí

D Frank Lloyd Wright

29 Nella figura seguente, si individui lo stile delle colonne:

A (a) corinzio, (b) tuscanico, (c) dorico romano, (d) composito

B (a) maya, (b) tuscanico, (c) romano, (d) composito

C (a) dorico romano, (b) miceneo, (c) corinzio, (d) composito

D (a) corinzio, (b) celtico, (c) dorico, (d) egiziano

30 **Individuare la successione cronologica corretta, dal più antico al più recente, degli edifici di cui sono riprodotte le piante.**

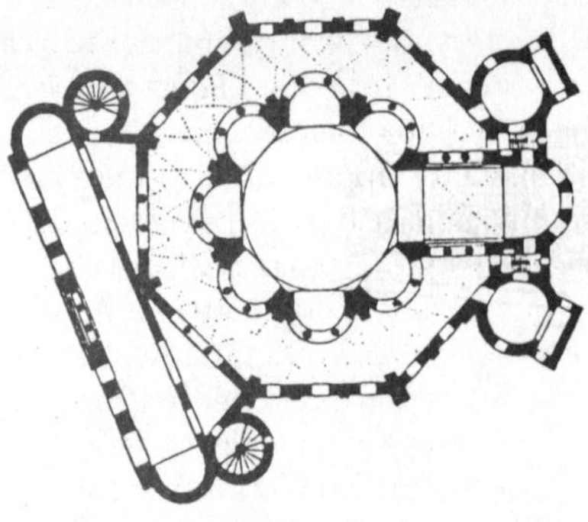

1

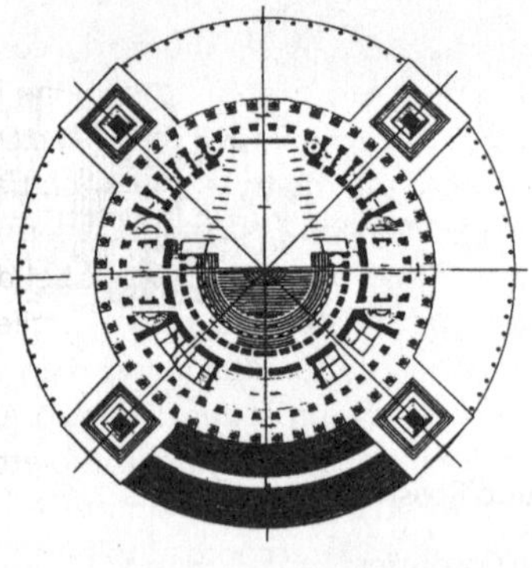

2

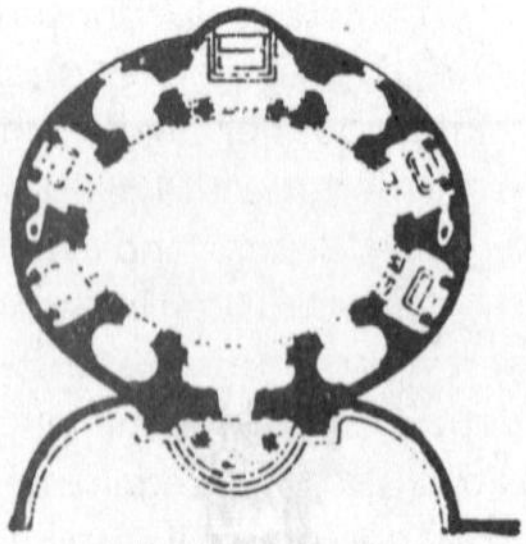

3

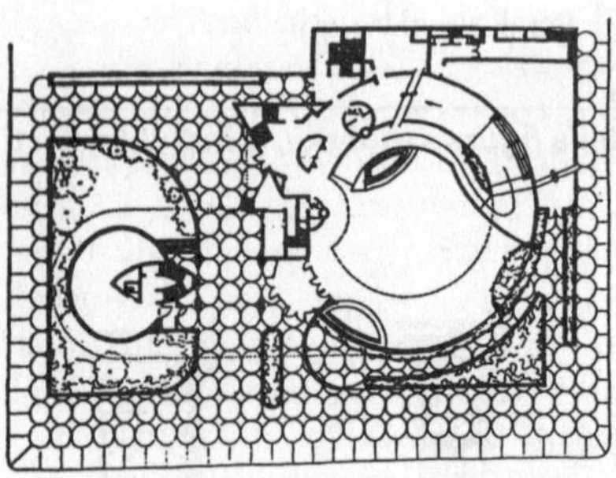

4

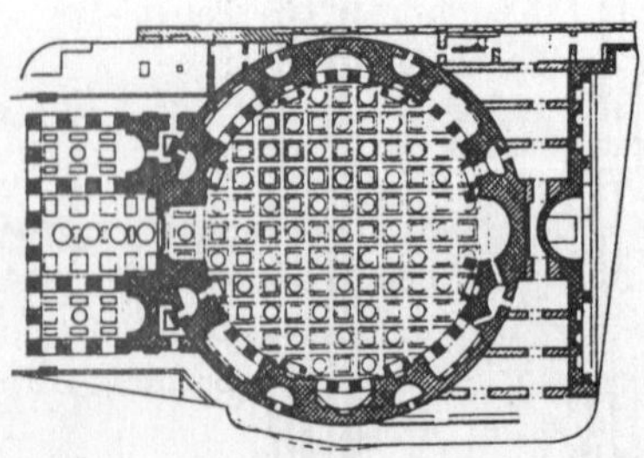

5

- **A** 1, 3, 4, 5, 2
- **B** 2, 3, 5, 1, 4
- **C** 1, 5, 2, 3, 4
- **D** 5, 1, 3, 2, 4

5.2 | Soluzioni e commenti

1 Il gruppo scultoreo *Apollo e Dafne* (risposta **B**) di Gian Lorenzo Bernini è oggi conservato a Roma alla Galleria Borghese. È l'ultimo dei cosiddetti *quattro gruppi borghesiani*, commissionati all'artista dal cardinale e mecenate Scipione Borghese: *Enea e Anchise* (1618-19), il *Ratto di Proserpina* (1621-22), *David* (1623-24) e *Apollo e Dafne* (1624-25). Il realismo di quest'opera, scolpita in un unico blocco marmoreo, è raggiunto tramite la scelta dell'istante rappresentato (la metamorfosi della ninfa Dafne in un albero di alloro) e dal contrasto tra i differenti profili psicologici dei due soggetti: Dafne, avvertita la presa del dio, si volta urlando di terrore, senza avvedersi che il suo corpo ha già iniziato a ricoprirsi di foglie e la sua pelle a trasformarsi in dura corteccia; Apollo, accortosi di quanto sta accadendo, reagisce con stupore e incredulità, senza tuttavia rallentare la propria corsa, che prosegue di slancio. Altra sorprendente caratteristica dell'opera è senza dubbio il ritmo ascensionale del gruppo, proiettato in uno spazio circolare e indeterminato. Tra le opzioni di risposta, l'unica che poteva trarre in inganno era la **D**: *Psiche* – protagonista insieme ad Amore di un altro famoso racconto mitologico – è infatti parte di un altro celeberrimo gruppo scultoreo, opera di Andrea Canova (1757-1822).

2 L'elemento della descrizione che porta a scegliere il *Cristo morto* di Mantegna (risposta esatta **D**) è senza dubbio «l'invenzione prospettica di grande effetto». Quest'opera infatti è celebre proprio per il fatto che ritrae frontalmente il corpo di Cristo sdraiato, inquadrando i piedi in primo piano e dietro in prospettiva tutto il corpo fino al capo. Realizzato nel periodo tra il 1478 e il 1483 è conservato alla Pinacoteca di Brera di Milano. Tra le restanti alternative, si potevano escludere facilmente, anche senza conoscere direttamente i dipinti, **B** e **C** in quanto i titoli indicano due altri e diversi momenti della Passione. Anche la **A** si lascia escludere: l'opera di Bramantino (che si rifà apertamente al dipinto qui citato di Bramante) è da taluni detta *Cristo risorto*, ma in tutti i casi il titolo non collima con la descrizione fornita dall'esercizio. *Cristo morto* di Mantegna è un *compianto* (tipica rappresentazione sacra in cui altri personaggi si raccolgono presso il corpo di Gesù per piangerlo) e la prospettiva è tale per cui chi guarda si sente personalmente collocato ai piedi del Cristo morto.

3 Marc Chagall nasce da una famiglia ebrea a Vitebsk nel 1887 (morirà a Saint Paul de Vence nel 1985), allora parte dell'impero zarista, oggi in Bielorussia. La risposta esatta è la **B**.

4 La basilica di San Vitale è un'architettura bizantina. Le chiese che i bizantini costruirono a Ravenna, quando questa città fu capitale del loro Esarcato (VI e VIII secolo), furono autentici capolavori. Utilizzarono entrambe le tipologie allora in uso: quella basilicale, per Sant'Apollinare in Classe o Sant'Apollinare Nuovo, e quella centrale per San Vitale. Quest'ultima, con la sua pianta ottagonale articolata e complessa, coperta con una cupola, rimane una delle realizzazioni più apprezzate. La risposta corretta è la **B**.

5 Con Brunelleschi (1337-1446) l'architetto diventa l'unico progettista dell'edificio, il suo inconfondibile ideatore, a cui spetta la messa a punto dell'opera, che poi gli operai costruiranno seguendo le sue indicazioni (risposta **B**).

6 La risposta corretta è la **B**. L'*Art Déco* è derivata o, come dice taluno, degenerata, dal *Liberty*, da cui riprende il gusto per la decorazione perdendo però il carattere aristocratico e acquisendo quelli di standardizzazione e superficialità. Un ulteriore passo "in avanti" lungo questa direzione sarà rappresentato dal *Kitsch*. È il caso di ricordare come sia il *Liberty* che l'*Art Déco* che il *Kitsch* non sono confinati a una forma d'arte particolare, ma spaziano dall'architettura agli oggetti d'arredamento e d'uso comune (si può così comprendere bene perché si è parlato di una "produzione standardizzata", realizzata spesso in forma industriale).

7 Dal greco *pro-pilon*, "davanti alla porta", il termine indica una struttura che segna l'ingresso d'onore, grandioso e monumentale, di un edificio o di un complesso di edifici pubblici, come un santuario o un'*agorà*. Anche nell'acropoli greca i propilei designavano l'ingresso monumentale, spesso con più porte. La risposta esatta è pertanto la B.

8 L'ermetismo (alternativa D) fu una corrente poetica sviluppatasi all'inizio del Novecento, ispirata dalle creazioni del simbolismo e del postsimbolismo francese. Si sviluppò quindi all'incirca nello stesso periodo dell'impressionismo ma è una corrente prettamente poetica e non si può certo sostenere che sia il punto di riferimento polemico dell'espressionismo. Anche il funzionalismo (alternativa B) si sviluppa all'incirca nello stesso periodo dell'espressionismo ma è una corrente principalmente architettonica e urbanistica. Il classicismo (alternativa A) è invece un movimento artistico antecedente di circa un secolo rispetto all'espressionismo e il naturalismo (risposta E) si sviluppa in Francia alla fine dell'ottocento. La risposta corretta è dunque la C: l'espressionismo infatti intende reagire all'estetica impressionista, così come il termine "espressione" è il contrario del termine "impressione". Si ha da un lato, quindi, l'idea che l'opera d'arte debba essere il risultato che dai moti interni alla coscienza dell'uomo muove verso l'esterno, verso la realtà (espressionismo), mentre dall'altro lato, è la realtà stessa che si impone alla coscienza umana (impressionismo), realizzando quindi un moto di direzione inversa, dall'esterno verso l'interno.

9 Canova è uno dei caposcuola del Neoclassicismo e deve quindi essere situato nel XVIII secolo. Ciò permette di scartare le alternative B e D. Assai più ardua invece la scelta tra la A e la C. È quest'ultima la soluzione corretta.

10 La risposta esatta è la A. Di genitori statunitensi, Sargent (1856-1925) nacque in Italia, studiò in Europa, fu influenzato dagli impressionisti (e da Velásquez) e visse tra Londra e Parigi conquistando grande successo come ritrattista dell'aristocrazia e della borghesia finanziaria continentale e americana.

11 Cézanne (alternativa D), Degas (alternativa E) e Monet (alternativa C) appartengono a pieno diritto all'impressionismo, essendone tra i principali ispiratori e fondatori insieme a Renoir, Pissarro e Sisley. La prima "esposizione" di questi artisti avvenne nel 1874, a Parigi, e scandalizzò subito i benpensanti e i critici tradizionalisti. A essa ne seguirono numerose altre, nel 1877, nel 1878, nel 1880 nel 1881, nel 1882 e nel 1886 che imposero al mondo artistico il confronto con le opere di questi artisti rivoluzionari. Manet (alternativa B) era anagraficamente più anziano rispetto al gruppo dei giovani artisti fondatori dell'impressionismo, dai quali venne considerato un precursore. Può quindi essere anch'egli considerato un impressionista anche perché si avvicinò sempre più alle tecniche e alla concezione estetica dei più giovani artisti. La risposta corretta è dunque la A: Schiele è un artista austriaco che mosse dall'opera di Klimt per sviluppare i principali motivi nella direzione artistica teorizzata dall'espressionismo, con una particolare attenzione nei confronti dell'introspezione psicologica e dell'identificazione della morte quale inseparabile sostrato dell'essere.

12 La risposta corretta è la B: il movimento dadaista nacque infatti a Zurigo tra il 1915 e il 1916. Già a partire dal nome del movimento (la parola *dada* è priva di significato ed è ispirata al linguaggio dei bambini), si evince l'intento dissacratorio e irriverente nei confronti di tutti i valori precostituiti della cultura convenzionale. Questo intento viene anche espresso tramite l'utilizzo di strumenti espressivi non convenzionali come il fotomontaggio e il collage. L'impressionismo (alternativa A) è la famosa corrente pittorica che si sviluppò in Francia tra il 1860 e il 1880, il simbolismo (alternativa C) nacque nel 1886 mentre lo stile rococò (alternativa E) nel XVII secolo. Infine la Pop Art (alternativa D) nacque in contemporanea in Inghilterra e negli Stati Uniti all'inizio degli anni Sessanta del XX secolo.

13 Vasilij Kandinskij (pittore russo, 1866-1944) e Paul Klee (pittore svizzero, 1879-1940) sono tra i più importanti esponenti dell'astrattismo, movimento che si sviluppò intorno al secondo decennio del XX secolo prendendo le mosse dal cubismo e dall'espressionismo. L'astrattismo è un'arte non figurativa dalle forme molto semplici e stilizzate, basata sulla funzione espressiva del colore e sull'accostamento di forme geometriche e astratte. La risposta corretta è quindi la B.

14 Il movimento futurista venne fondato nel 1909 dal poeta Marinetti e coinvolse numerosi artisti italiani quali Umberto Boccioni, Carlo Carrà, Gino Severini, Giacomo Balla, Antonio Sant'Elia e Luigi Russolo. Il movimento futurista è strettamente legato all'evoluzione industriale dell'epoca e propone una nuova arte basata sul movimento e sulla velocità come fondamento della nuova civiltà delle macchine, sperimentando la rappresentazione contemporanea di più fenomeni sia nella pittura sia nella scultura. La risposta corretta è quindi la C. In particolare, Umberto Boccioni (1882-1916), pittore e scultore, fu uno dei maggiori teorici del futurismo all'interno del quale svolse importanti ricerche sul "dinamismo plastico". Carlo Carrà (1881-1966) dopo la partecipazione al primo futurismo aderì, insieme ad altri famosi artisti italiani come De Chirico, Morandi e De Pisis, alla pittura metafisica in cui oggetti d'uso quotidiano venivano insolitamente accostati a figure mitologiche nel tentativo di cogliere il mistero che sta al di là dell'apparenza delle cose.

15 Con l'avvento della rivoluzione industriale, in America, alla fine del XIX secolo, prese avvio una nuova tendenza architettonica che si basava sulle nuove tecniche di uso dell'acciaio per la costruzione di edifici multipiano – i *grattacieli* – con minor vincoli stilistici rispetto a quelli imposti dalle tradizioni di matrice europea. Nel 1871 un incendio distrusse quasi completamente la città Chicago. Nei decenni successivi, l'opera di ricostruzione permise la sperimentazione su grande scala delle nuove tecnologie architettoniche. Una visione comune accompagnò i professionisti coinvolti nell'impresa, facendoli identificare nella cosiddetta «scuola di Chicago» (risposta C).

16 Il *Beaubourg* (Centre Georges Pompidou di Parigi) è stato progettato e costruito nel 1970-76 da Renzo Piano e Richard Rogers, che hanno così dato inizio al cosiddetto stile *high-tech* (risposta B). Renzo Piano ha inoltre realizzato a Osaka, in Giappone, il più vasto aeroporto al mondo su un'isola artificiale; ha inoltre progettato, in occasione dell'Expo 1992, la ristrutturazione del porto di Genova. Tutte le altre alternative presentano altri importanti architetti: Giò Ponti (1891-1979), pittore e architetto, è anche famoso nel dopoguerra per le sue opere di design; tra gli edifici più importanti in clima razionalista sono la Facoltà di Matematica a Roma (1934) e soprattutto il grattacielo Pirelli a Milano (1955). Frank Lloyd Wright (1869-1959) è uno dei più importanti architetti americani e ha progettato, tra l'altro, il Guggenheim Museum di New York, completato nel 1957. Le Corbusier (1870-1965) è lo pseudonimo di C. Eduard Jeanneret: svizzero, è stato probabilmente il maggiore architetto del XX secolo, oltre che urbanista e artista; è considerato il principale esponente razionalista, anche se successivamente ha proceduto verso una nuova architettura plastica neo-espressionista. Frank O. Gehry è un architetto canadese decostruttivista, noto per il suo approccio organico alla progettazione.

17 L'*Art Déco* nasce negli anni Venti del Novecento e si afferma nella moda, nell'arredamento, nell'architettura, nella grafica pubblicitaria e d'arte (per esempio con i disegni di Erté per la rivista «Harper's Bazaar»). Uno dei più importanti esempi di *Art Déco* in ambito architettonico è rappresentato dal grattacielo Chrysler di New York (1928). La risposta corretta è pertanto la D.

18 Il dadaismo è un movimento d'avanguardia dell'inizio del XX secolo il cui principale obiettivo è la demistificazione di tutte le forme di arte del passato, ma anche del futuro; gli esponenti dada intendono costituirsi come avanguardia negativa, cioè non propositiva di nuovi canoni estetici ma solo come arte il cui compito è la creazione di non-arte: tale obiettivo dà luogo a una critica distruttiva su ogni aspetto della società a tali artisti contemporanea, della quale essi vogliono negare il sistema di valori e il ricorso stesso a nuovi possibili valori sostitutivi. Alcuni dei fondatori del circolo *Cabaret Voltaire* da cui si sviluppò il dadaismo sono Arp, Ball, Tzara e Hennings. L'alternativa corretta è quindi

la B. Julius Evola, intellettuale italiano vicino al fascismo e poi al nazionalsocialismo, fu all'inizio del secolo in contatto epistolare con Tzara e ne condivise l'atteggiamento demistificante nei confronti dei principali aspetti della società borghese; alcune sue opere di inizio secolo risentono proprio dell'influenza dadaista ma Evola non è considerabile uno dei fondatori del dadaismo.

19 Flavin (1933-96) è stato l'iniziatore del movimento minimalista. Fu autore di installazioni in cui concentrò tutta la sua ricerca sulla luce. Lavorò con tubi di neon, creando sculture e ambienti di luce. La risposta esatta è così la D.

20 L'opera è stata realizzata nel 1913 ed è considerata un tipico esempio di dadaismo. L'utilizzo di una ruota di bicicletta proposta come opera d'arte ha lo scopo di negare ogni possibilità creativa dell'arte e, insieme, di ironizzare sulle velleità di nobilitare la realtà a fini poetici. La risposta esatta è quindi la B.

21 Il Costruttivismo si definì verso gli anni Venti del Novecento in Unione Sovietica (risposta B), coinvolgendo essenzialmente l'architettura e il design; elementi tipici dell'architettura erano la semplicità funzionale e il rispetto per la logica dei materiali.

22 Il realismo si sviluppa in Francia sull'onda delle rivoluzioni del 1830 e 1848 e concepisce l'opera come espressione della realtà oggettiva, concentrando l'attenzione su soggetti di vita contemporanea. L'impressionismo si sviluppa sempre in Francia tra il 1860 e il 1880 e sposta l'attenzione dell'artista dal soggetto allo stile, attraverso l'utilizzo di giochi di luce e di colore che consentono di trasmettere immediatamente l'emozione. Tra i più importanti pittori impressionisti figurano Monet (sostenitore della pittura *en plein air*) e Renoir: la risposta esatta è dunque la B. Il simbolismo nasce negli ultimi decenni del XIX secolo nell'ambito del decadentismo e come reazione al naturalismo e all'impressionismo (dei quali rifiuta la rappresentazione del mondo esterno); tra i gli esponenti più importanti: Mallarmé, Verlaine, Rimbaud, Valéry in ambito letterario; Redon e Gauguin in ambito pittorico. L'espressionismo si sviluppa nel primo decennio del XX secolo in Europa grazie alle opere di Van Gogh, Gauguin e in particolare con Edvard Munch, divenuto famoso per la rappresentazione drammatica dei sentimenti. Infine il futurismo si sviluppa in Italia negli anni Dieci del Novecento.

23 I surrealisti prestano particolare attenzione alla dimensione fantastica, onirica, folle e inconscia dell'uomo (anche sulla base della teoria psicoanalitica di Freud studiata da Breton). Essi intendevano dare voce diretta a tale dimensione oscura senza mediazioni intellettuali, servendosi al caso di tecniche nuove (come il *frottage*, disegno casuale ottenuto per mezzo di sfregamento, la pittura a fumo, i fotomontaggi e le composizioni tipografiche). Obiettivo del movimento è un rivolgimento totale dell'interiorità umana e il suo programma non si limita (al contrario di altre avanguardie come per esempio il dadaismo) alla semplice fase polemica e distruttiva. Gli esponenti più noti del movimento sono stati Joan Mirò, Salvador Dalì, Max Ernst e René Magritte. La risposta corretta è quindi la A.

24 Per risolvere esercizi di questo tipo, è spesso sufficiente saper collocare esattamente nella successione anche un solo elemento (preferibilmente quello iniziale o finale), e questo anche senza conoscere l'anno esatto in cui, in questo caso, iniziarono i lavori di costruzione. Così, per esempio, non occorre sapere in quale anno fu intrapresa la fabbrica del Duomo di Milano: basta sapere che fu nel Medioevo, e questo permette di collocare la lettera d) al primo posto delle sequenza. È evidente allora che la risposta esatta è la D. Altrettanto semplicemente si sarebbe potuto arrivare alla risposta sapendo che l'ultima opera terminata è stata lo Stadio olimpico di Roma.

25 Fu Picasso (1881-1973) a cassare l'ultima legge della pittura accademica: la prospettiva. Già nel periodo post-impressionista, gli artisti si erano liberati dai vincoli della costruzione prospettica: prima con la risoluzione bidimensionale di Guaguin, poi con la deformazione di Cézanne, che mette tutto in prospettiva ma da angoli diversi, così da demolire il principio fondamentale

PARTE SECONDA

dell'unicità del punto di vista. Picasso portò questa molteplicità dei punti di vista alle estreme conseguenze. Nei suoi quadri, le immagini si compongono di frammenti visti tutti da angolazioni diverse e mescolati. La molteplicità dei punti di vista vuole ottenere una rappresentazione "totale" dell'oggetto. Questa tecnica produceva immagini pressoché incomprensibili e da ciò nacque la definizione denigratoria di *Cubismo* (perché i quadri di Picasso sembravano fatti solo di facce sbilenche di cubi). Risposta **A**.

26 La risposta esatta è la **A**. Klein (1928-62) realizzò un gran numero di opere monocrome: il suo intento era utilizzare i singoli pigmenti puri (senza leganti), per conservarne la luminosità. A unn certo punto decise però di abbandonare lo studio delle diverse tinte per concentrarsi su una sola, il blu. Nel 1956 trovò una particolare tonalità: «la più perfetta espressione del blu», un oltremare saturo e luminoso, privo di alcuna alterazione, poi da lui brevettato col nome di International Klein Blue.

27 Anche l'arte fu investita dal particolare clima culturale diffusosi dapprima nell'area tedesca e da lì in poi in tutta Europa: le ricerche poetiche e la teorizzazione di canoni artistici dei fratelli Schlegel, di Tieck, di Hölderlin, di Goethe di Schelling e di tanti altri condussero anche le arti plastiche e pittoriche a uniformarsi ai canoni e alla sensibilità romantica di tali autori. Accanto a tale concezione, un altro gruppo di artisti e di teorici dell'arte fece ricorso al classicismo riconoscendo in esso il canone dell'artisticità (si pensi, per esempio, a Winckelmann): la risposta corretta è dunque la **B**.

28 Si tratta dell'edificio per abitazioni costruito a Zurigo da Le Corbusier nel 1932. L'edificio è in stile chiaramente razionalista, per cui vanno eliminati gli altri architetti non appartenenti a tale movimento (risposta **B**).

29 La risposta esatta è la **A**. Il quesito non è particolarmente difficile, in quanto è sufficiente riconoscere anche solo qualcuno degli stili per poter individuare la serie corretta. Così, per esempio, è facile riconoscere nella colonna (a) lo stile corinzio e nella (d) quello composito che come è noto unisce le foglie d'acanto del corinzio alle volute dello ionico. O ancora, era facile identificare nella ferma semplicità della colonna (c) lo stile dorico, sia pure qualificato *romano* dall'esercizio.

30 Nella pianta 5 è riconoscibile il Pantheon di Roma, sicuramente l'edificio più antico; la pianta 4 rappresenta invece un edificio moderno, riconoscibile dalle rampe di accesso per le automobili. Di conseguenza, è possibile eliminare le alternative **A**, **B** e **C**. Tra le piante 1 (San Vitale a Ravenna) e la 3 (Sant'Andrea al Quirinale, Roma), sicuramente la 1 è più antica, da cui si deduce la **D** come risposta esatta.

6 | Educazione civica

6.1 | Esercizi proposti

1 **Lo statuto regionale delle Regioni a statuto ordinario è:**

A deliberato dal Consiglio regionale con una legge speciale e approvato con legge costituzionale

B approvato dal Parlamento e ratificato dalla Giunta regionale

C deliberato dalla Giunta regionale e approvato con legge statale

D approvato dal Consiglio regionale con una legge speciale

2 **L'Unione europea agisce anche in materia ambientale?**

A Sì

B Sì, ma solo in ambito nucleare

C Sì, ma solo in materia di inquinamento

D Sì, ma solo in materia di rifiuti tossici

3 **Chi regola la condizione giuridica dello straniero in Italia?**

A La legge italiana in conformità delle norme e dei trattati internazionali

B Solo la legge italiana

C La legge del Paese di provenienza

D I trattati internazionali

4 **In Italia, esiste un diritto inviolabile del cittadino alla segretezza della propria corrispondenza?**

A No, l'autorità giudiziaria e l'autorità postale possono sempre verificare il contenuto della corrispondenza

B No, se si tratta della corrispondenza di un pregiudicato

C Sì, l'autorità giudiziaria non può mai limitare la segretezza della corrispondenza

D Sì, ma l'autorità giudiziaria può limitare la segretezza della corrispondenza con atto motivato e con le garanzie stabilite dalla legge

5 **La foggia e i colori della bandiera italiana sono regolati dalla legge?**

A Sì, dalla Costituzione secondo la quale il tricolore italiano è verde, bianco e rosso, a tre bande verticali di eguali dimensioni

B Sì, dalla Costituzione secondo la quale il tricolore italiano è bianco, rosso e verde, a tre bande verticali di eguali dimensioni

C Sì, dalla Costituzione secondo la quale il tricolore italiano è verde, bianco e rosso, a tre bande verticali, con la banda bianca di maggiori dimensioni

D Sì, dalla Costituzione secondo la quale il tricolore italiano è verde, bianco e rosso, a tre bande verticali, con la banda verde di maggiori dimensioni

6 **In Italia, è possibile essere eletti contemporaneamente alle due Camere del Parlamento?**

A Solo in casi particolari

B Sì, ma questa condizione pone limiti regolati dalla legge

C Sì, ma solo se prima di essere parlamentari si è senatori

D No

7 **Il sistema tributario italiano è:**

A improntato a criteri di proporzionalità

B fisso

C improntato a criteri di progressività

D improntato a criteri di esponenzialità

8 **Il codice penale italiano stabilisce che se la legge del tempo in cui è stato commesso un reato è diversa da quelle posteriori si applica:**

A la legge più sfavorevole al reo

B la legge cronologicamente anteriore

C una delle due leggi a scelta della vittima del reato

D la legge più favorevole al reo

9 **Affinché sia ammessa l'estradizione dall'Italia in un altro Stato occorre che:**

A il fatto per il quale l'estradizione è richiesta sia qualificato come reato dalla legge italiana e da quella dell'altro Stato

B il fatto per il quale l'estradizione è richiesta sia punito dalla legge italiana con una pena pari ad almeno 10 anni di reclusione

C il reo acconsenta all'estradizione

D il fatto per il quale l'estradizione è richiesta sia punito dalla legge dello Stato straniero con una pena pari ad almeno 8 anni di reclusione

10 **Secondo la Costituzione, lo straniero al quale sia impedito nel suo Paese l'effettivo esercizio delle libertà democratiche garantite dalla Costituzione italiana:**

A non può avere accesso al territorio della Repubblica

B ha diritto d'asilo nel territorio della Repubblica

C può ottenere la cittadinanza italiana

D deve essere estradato in Italia

11 **In Italia, tutti possono professare liberamente la propria fede religiosa?**

A No, deve essere una fede riconosciuta dallo Stato

B No, solo la fede cattolica è religione di Stato

C Sì, deve però essere un culto non contrario al buon costume

D Sì, ma solo della religione cattolica può farsi legittimamente propaganda

12 **In Italia, chi delibera lo stato di guerra?**

A Il Governo della Repubblica

B Il Presidente della Repubblica, capo delle Forze armate

C Le Camere

D Il Presidente della Repubblica, di concerto con i Capi di Stato maggiore di Esercito, Aeronautica e Marina militare

13 Quante sono le Regioni italiane?

A 30

B 25

C 20

D 22

14 In Italia, l'età minima per l'eleggibilità a senatore è di:

A 40 anni

B 30 anni

C 21 anni

D 25 anni

15 In Italia, la magistratura e le autorità di polizia possono raccogliere schedature sui cittadini?

A Sì, sempre

B Sì, se sono pregiudicati per delitti comuni

C Sì, ma devono comunicarlo agli schedati

D Sì, ma devono comunicarlo ai familiari degli schedati

16 Il principio *nullum crimen sine lege* significa:

A il crimine è nullo se non c'è una legge a convalidarlo

B nessun reato resta impunito

C tutti i reati sono puniti dalla legge

D solo la legge può stabilire se una determinata fattispecie di comportamento è reato

17 I comitati interministeriali:

A sono costituiti *ad interim* quando un ministero è vacante

B possono essere costituiti con delibera del Consiglio dei ministri

C possono essere costituiti esclusivamente per legge

D sono organi informali in quanto hanno solo funzioni consultive

18 La Carta dei diritti fondamentali dell'Unione europea:

A non esiste

B è stata approvata nel 1975

C è stata approvata nel 2000

D entrerà in vigore nel 2018

19 Lo statuto regionale delle Regioni a Statuto speciale è:

A adottato con procedure speciali dai rispettivi Consigli Regionali

B adottato con legge costituzionale

C adottato con deliberazione del Parlamento riunito in seduta comune

D parte della Costituzione italiana

20 Le politiche economiche degli Stati membri dell'Unione europea vengono coordinate nell'ambito:

A del Parlamento europeo

B della Commissione europea

C del Consiglio dell'Unione europea

D del Comitato economico e sociale

CULTURA LETTERARIA, STORICO-SOCIALE E GEOGRAFICA

21 **Il Governo ha la possibilità di contrastare una legge regionale?**

- A Sì, impugnando la legge per questioni di merito innanzi al Parlamento o di legittimità costituzionale innanzi alla Corte Costituzionale
- B Sì, ma solo se interviene prima che la legge sia entrata in vigore, tramite un decreto del Presidente del Consiglio dei ministri
- C Sì, facendo negare il visto alla legge da parte del Commissario di Governo
- D Sì, proponendo la questione di legittimità costituzionale innanzi alla Corte Costituzionale

22 **In base alla Costituzione italiana, lo Stato può riservare a sé determinate imprese o categorie di imprese?**

- A Sì, ma per non più di 20 anni
- B Sì, se si riferiscono a servizi pubblici essenziali o a fonti di energia o a situazioni di monopolio e hanno lo scopo di favorire l'occupazione
- C Sì, se si riferiscono a servizi pubblici essenziali o a fonti di energia o a situazioni di monopolio e hanno carattere di preminente interesse generale
- D Sì, senza limitazioni

PARTE SECONDA

23 **Il Consiglio di Stato ha giurisdizione in materia di diritti soggettivi?**

- A Sì, nelle materie indicate dalla legge
- B Sì, senza limiti
- C No, ha giurisdizione solo in materia di interessi legittimi
- D No, perché non ha alcuna giurisdizione

24 **Il privato cittadino può operare un arresto?**

- A No, mai
- B Sì, sempre
- C Sì, ma solo avvertendo preventivamente le forze dell'ordine e presentando domanda di convalida al Pubblico Ministero
- D Sì, in alcuni casi

25 **Quale tra le seguenti è una fonte secondaria del diritto?**

- A L'atto amministrativo
- B Il regolamento amministrativo
- C La legge regionale
- D Lo Statuto regionale

26 **Qual è la differenza saliente tra procura e mandato?**

- A La procura è un negozio giuridico unilaterale, il mandato è un contratto
- B La procura conferisce la rappresentanza, il mandato l'amministrazione
- C La procura obbliga il procuratore a compiere solo atti necessari, il mandatario invece può compiere anche atti non necessari
- D La procura è un contratto, il mandato è un negozio giuridico unilaterale

27 **Con la trasformazione della CEE in UE, qual è stata la sorte del Consiglio d'Europa?**

- A Non è stato modificato da tale trasformazione
- B È stato assorbito nelle strutture della UE
- C È stato soppresso
- D Continua a esistere come sorta di "anticamera" per gli Stati che intendono associarsi alla UE

28 **L'Unione europea ha una politica di sicurezza comune?**

- **A** No, solo la CEE l'aveva
- **B** Sì
- **C** Sì, ma solo nei confronti dell'Africa
- **D** Sì, e ha un apparato militare

29 **La Costituzione italiana prevede che nel processo penale:**

- **A** la persona accusata di un reato sia informata riservatamente della natura e dei motivi dell'accusa elevata a suo carico
- **B** la natura e i motivi dell'accusa elevata contro una persona ricevano la massima diffusione e pubblicizzazione nella società
- **C** la natura dell'accusa contro una persona sia pubblica e, possibilmente, divulgata; i motivi invece siano comunicati solo alla persona accusata
- **D** la natura e i motivi dell'accusa elevata contro una persona siano comunicati a lei, ed eventualmente divulgati, solo dopo la conclusione del processo

30 **Nel Trattato di Roma la diversità delle culture europee:**

- **A** deve essere superata a favore del comune retaggio culturale
- **B** deve essere rispettata, eccetto che nel settore linguistico dove è di ostacolo alla comunicazione
- **C** deve essere rispettata e promossa
- **D** non è presa in considerazione

31 **Cosa sono le commissioni parlamentari?**

- **A** L'insieme dei membri di una camera del Parlamento, appartenenti allo stesso partito
- **B** Gruppi composti da senatori e da deputati, investiti di alcuni compiti
- **C** L'insieme dei membri delle due camere del Parlamento, appartenenti allo stesso partito
- **D** Organi di ciascuna camera del Parlamento

32 **Le Camere del Parlamento italiano sono:**

- **A** due
- **B** tre
- **C** cinque
- **D** dieci

33 **Il Parlamento del Nord era:**

- **A** un'associazione eversiva
- **B** un'istituzione dello Stato
- **C** una struttura extra-costituzionale
- **D** un'istituzione dello Stato, nata come associazione privata e ufficializzata dalla legge nel 1994

34 **Limitazioni al diritto di iscriversi a partiti politici:**

- **A** possono essere stabilite con legge per i rappresentanti diplomatici e consolari all'estero
- **B** non possono mai essere stabilite
- **C** possono essere stabilite solo per gli interdetti e gli ergastolani
- **D** sono previste per il Presidente della Repubblica, il Presidente del Consiglio, il Presidente della Corte Costituzionale

35 Gli atti della Provincia sono pubblici?

A Solo se i loro destinatari ne fanno esplicita richiesta

B Sì, a eccezione di quelli riservati per legge o per tutelare la riservatezza di persone, gruppi o imprese

C No, mai

D No, a meno che la loro conoscenza sia essenziale per la sicurezza nazionale

36 La famiglia di fatto è riconosciuta dal diritto italiano?

A Sì, ma solo per gli stranieri

B Era riconosciuta fino al 1975

C Attualmente no, ma lo diventerà nel 2013, a seguito di una direttiva dell'Unione europea

D Sì

PARTE SECONDA

37 Quali delle seguenti branche del diritto rientrano nella categoria del diritto pubblico?

A Diritto penale, diritto processuale penale, diritto industriale

B Diritto ecclesiastico, diritto tributario, diritto amministrativo

C Diritto finanziario, diritto tributario, diritto commerciale

D Diritto penale, diritto civile, diritto costituzionale

38 Quanti rappresentanti del Parlamento europeo vengono eletti in ogni Stato membro?

A 10

B 50

C 75

D In numero variabile da Stato a Stato

39 Gli Stati membri della NATO sono:

A 11

B 30

C 61

D 8

40 Esiste un ministero per i rapporti con il Parlamento?

A No, non è mai esistito

B Sì

C Esisteva prima del 1992, poi è stato abolito

D Esisterà dal 2022

6.2 | Soluzioni e commenti

1 L'articolo 123, comma 2, della Costituzione, così come modificato dalla legge costituzionale 22 novembre 1999, n. 1, stabilisce che lo statuto sia approvato e modificato dal Consiglio regionale con legge approvata a maggioranza assoluta dei suoi componenti, con due deliberazioni successive adottate a intervallo non minore di due mesi. Il Governo può promuovere la questione di legittimità costituzionale dello Statuto regionale davanti alla Corte Costituzionale. La risposta corretta è la D.

2 Tra i compiti della UE non poteva mancare la tutela dell'ambiente, senza particolari limitazioni. La risposta corretta è dunque la A.

3 La C è esclusa in quanto l'Italia non potrebbe ammettere una tale limitazione della propria sovranità. Anche la D non è accettabile in quanto, in assenza di trattati, si rischierebbe di ospitare stranieri dalla posizione giuridica indefinita. La risposta esatta è quindi la A.

4 Individuare la risposta esatta a questo quesito non dovrebbe presentare particolari difficoltà anche perché la A, la B e la C indicano ipotesi troppo estreme, in un senso o nell'altro. La risposta corretta è quindi la D.

5 La foggia e i colori della bandiera italiana sono regolati dall'articolo 12 della Costituzione e ciò fa escludere l'alternativa D. La C è senz'altro eliminabile. Il lettore disattento avrebbe forse potuto confondere l'ordine dei colori, che è elencato correttamente dalla A.

6 Non è mai possibile essere membri contemporaneamente dei due rami del Parlamento. La risposta corretta è la D.

7 Le sole alternative seriamente proponibili sono la A e la C. È comunemente noto però che in Italia l'aliquota fiscale cresce più che proporzionalmente rispetto al reddito imponibile, per cui il sistema tributario non può che essere progressivo (risposta C).

8 La risposta corretta è la D. Questa norma è introdotta nell'ordinamento italiano dal terzo comma dell'articolo 2 del codice penale ("Se la legge del tempo in cui fu commesso il reato e le posteriori sono diverse, si applica quella le cui disposizioni sono più favorevoli al reo") e risponde all'esigenza umanitaria di alleggerire la posizione del reo (*favor rei*), qualificando il fatto, da lui commesso, in base alla norma a lui più favorevole.

9 La risposta esatta non è difficile da individuare, considerando che per poterci essere estradizione occorre che il fatto compiuto sia, in Italia, reato (diversamente, si potrebbe essere estradati per fatti perfettamente leciti). Oltre a ciò, l'ordinamento italiano impone che il fatto incriminato debba essere qualificato come reato anche dalla legge dello Stato straniero: ciò comporta la conseguenza che uno Stato estero non può chiedere l'estradizione per un fatto che, per il suo ordinamento non è reato. La risposta esatta è perciò la A.

10 La soluzione da dare al quesito è quella più ragionevole. L'articolo 10, terzo comma, della Costituzione dice che "Lo straniero al quale sia impedito nel suo Paese l'effettivo esercizio delle libertà democratiche garantite dalla Costituzione italiana ha diritto d'asilo nel territorio della Repubblica […]". Se, quindi, una persona nel suo Paese non gode di quelle libertà democratiche che l'Italia giudica essenziali, essa in Italia può trovare asilo. Sarebbe naturalmente assurdo pensare a una soluzione punitiva nei confronti di tale persona (come dicono le alternative A e D), ma sarebbe anche eccessiva una soluzione troppo favorevole (come la concessione della cittadinanza). La risposta esatta è dunque la B.

11 All'interno della libertà religiosa, vige la limitazione della *non contrarietà al buon costume*. Non è indispensabile che una religione sia quella cattolica o sia riconosciuta dallo Stato per poter essere professata. Si possono così escludere le alternative A e D. La B deve essere scartata in quanto non esiste in Italia una religione di Stato. La risposta esatta è dunque la C.

12 Una decisione tanto importante è stata rimessa dalla Costituzione alle Camere in quanto è attraverso di esse che si esprime la volontà popolare (risposta C).

13 La risposta esatta è la C. Di queste venti, cinque sono invece quelle a statuto speciale.

14 La parola senatore deriva dal latino *senex*, cioè *vecchio*, cosa che già orienta verso un'età piuttosto avanzata. La risposta esatta è la A.

15 La riposta A è da ritenersi eccessiva in quanto, se fosse vera, rischierebbe di portare allo "Stato di polizia". La C, se vera, svuoterebbe grandemente di significato l'attività investigativa, e lo stesso discorso vale per la D. Nessuna controindicazione invece per la B, che è infatti la risposta corretta.

16 Il principio *nullum crimen sine lege* significa che soltanto la legge è abilitata a stabilire che un determinato comportamento sia un reato, punibile pertanto con una sanzione penale. La risposta corretta è perciò la D.

17 La A è assurda in quanto l'esistenza di un comitato interministeriale (essendo quest'ultimo per definizione composto da più ministri) presuppone l'esistenza degli stessi ministri. La C non è corretta, perché i comitati interministeriali possono essere costituiti, oltre che per legge, anche per delibera del Consiglio dei ministri e per disposizione del Presidente del Consiglio. La D non è infine corretta perché, pur avendo anche funzioni consultive, i comitati interministeriali sono organi formali. Non resta dunque che optare per la B.

18 La Carta dei diritti fondamentali è stata approvata dal Consiglio nell'anno 2000 (risposta esatta C) ed è considerata un passo in avanti verso l'elaborazione di una Costituzione europea. È divisa in sei capitoli, concernenti importanti valori civili e sociali (dignità, libertà, uguaglianza, solidarietà, cittadinanza, giustizia). La Carta è operativa dall'entrata in vigore del Trattato di Lisbona nel dicembre 2007 e ha lo stesso valore giuridico dei trattati.

19 L'articolo 116 comma 1, della Costituzione stabilisce che gli statuti delle Regioni che godono di particolari condizioni di autonomia sono adottati con legge costituzionale. La risposta corretta è pertanto la B.

20 La risposta esatta è la C. L'articolo 98 del Trattato dell'Unione europea (così come modificato dal Trattato di Amsterdam) dice che "gli Stati membri considerano le loro politiche economiche una questione di interesse comune e le coordinano nell'ambito del Consiglio", intendendosi il Consiglio europeo, chiamato anche Consiglio dei ministri.

21 Il visto del Commissario del Governo e il giudizio di merito sulla legge regionale davanti al Parlamento non esistono più, dopo le modifiche introdotte all'articolo 127 della Costituzione dalla legge costituzionale 18 ottobre 2001, n. 3. È rimasta però la possibilità per il Governo di promuovere la questione di legittimità davanti alla Corte Costituzionale, entro sessanta giorni dalla sua pubblicazione. La risposta corretta è perciò la D.

22 La risposta esatta è la C, e la si rinviene all'articolo 43 della Costituzione. In Italia, vige il principio generale della libertà di iniziativa economica. Tuttavia, esso soffre di talune limitazioni. Alcune di queste sono indicate dall'articolo 41 (la non contrarietà all'utilità sociale, alla sicurezza, libertà e dignità umana). Un'altra è invece proprio questa, enunciata dall'articolo 43. In questo caso, lo Stato sottrae all'iniziativa economica privata alcune attività, purché si riferiscano "a servizi pubblici essenziali o a fonti di energia o a situazioni di monopolio" e" altresì abbiano "carattere di preminente interesse generale".

23 Il Consiglio di Stato è definito dall'articolo 100 della Costituzione come "organo di consulenza giuridico-amministrativa e di tutela della giustizia nell'amministrazione". L'articolo 103 della Costituzione specifica poi che "Il Consiglio di Stato e gli altri organi di giustizia amministrativa hanno giurisdizione per la tutela nei confronti della pubblica amministrazione degli interessi legittimi e, in particolari materie indicate dalla legge, anche dei diritti soggettivi". La risposta corretta è dunque la **A**.

24 La **E** è suggestiva, ma non è vera. La **C** vanificherebbe lo scopo dell'arresto, che è quello di impedire la fuga di chi è stato sorpreso nella flagranza di reato. La risposta esatta è la **D**.

25 Una fonte del diritto è un atto che *innova* l'ordinamento giuridico, introducendo nuove norme. La legge regionale e lo Statuto regionale sono fonti del diritto, ma non secondarie, bensì primarie. La sentenza invece non è una fonte del diritto, perché si limita ad applicare il diritto. Quanto agli atti amministrativi, alcuni di essi possono essere normativi, ma non tutti lo sono necessariamente (esistono anche atti amministrativi solo applicativi): per questo motivo, non è accettabile la risposta **A**. Il regolamento invece, pur rientrando tra gli atti amministrativi, è sicuramente normativo, perché è fonte di diritto. In particolare, è una fonte secondaria, perché non può derogare alla Costituzione né alla legge ordinaria né disciplinare materie coperte da riserva di legge. La risposta corretta è la **B**.

26 La procura e il mandato sono due negozi che attribuiscono a un soggetto la competenza a compiere atti per conto di un altro. La procura è posta in essere mediante un atto unilaterale, il mandato tramite contratto. La risposta esatta è perciò la **A**.

27 Il Consiglio d'Europa è altra cosa rispetto alla CEE e alla UE. È un'istituzione internazionale fondata nel 1949 col Trattato di Londra (le Comunità europee vennero istituite nel periodo 1951-57 e poi unificate nel 1967, dopodiché la CEE si è trasformata in UE), alla quale aderiscono attualmente 47 Paesi (25 sono i membri della UE). Ha sede a Strasburgo ed è dotata di organi propri (cioè la Corte europea dei Diritti dell'Uomo e il Comitato dei ministri). La risposta esatta è la **A**.

28 Il Titolo 1 del Trattato di Maastricht prevede che l'Unione abbia una politica estera e di sicurezza comune. Nello stesso tempo però l'Unione non ha forze armate proprie. La risposta esatta è così la **B**.

29 Questa previsione è stata introdotta nella Costituzione, all'articolo 111, dalla legge costituzionale 23 novembre 1999, n. 2 che, sancendo a livello costituzionale i principi del cosiddetto "giusto processo", ha inteso risolvere i problemi – e troncare le relative polemiche – che accompagnavano la gestione della giustizia penale in Italia. Per la verità, il malfunzionamento della giustizia era evidente da molti anni, ma è stato solo dopo Tangentopoli, cioè dopo che molti personaggi eccellenti sono finiti nel mirino della magistratura, che si è deciso di procedere a una riforma. La risposta esatta è la **A**. Uno dei più gravi pregiudizi arrecati alla persona sottoposta a indagini (specie se eccellente) è proprio la diffusione incontrollata delle accuse e delle ragioni delle stesse. La pubblica opinione è infatti spesso portata a "condannare" l'accusato prima ancora della conclusione del processo, fenomeno questo accentuato dai cosiddetti processi di piazza o mediatici che hanno recentemente infiammato l'Italia, e quindi a danneggiare la sua immagine e la sua rispettabilità. Cosa che diventa particolarmente grave nel caso in cui dovesse essere provato – come pure è capitato – che le accuse fossero infondate. Per questo motivo, la Costituzione attualmente prevede che le informazioni sulla natura dell'accusa e dei relativi motivi siano date all'interessato in forma "riservata".

30 La diversità delle culture è sempre stata considerata una ricchezza e come tale deve essere non solo difesa ma anche promossa, senza limitazioni ai campi o ai settori. I rappresentanti dei popoli europei non hanno mancato di riconoscere esplicitamente la necessità della salvaguardia e della promozione della diversità culturale, pur avendo altresì messo in luce l'esistenza di una inequivocabile matrice culturale comune europea che differenzia gli uomini del Vecchio Continente da tutti gli altri (commi 1 e 4 dell'art. 151 del Trattato di Roma così come modificato dal Trattato di Amsterdam del 1997 e da quelli successivi). La risposta esatta è dunque la **C**.

31 L'alternativa A riporta la definizione di "gruppo parlamentare", mentre la C non corrisponde a nulla e perciò si scarta. Esiste, invece, un'entità che corrisponde alla definizione data dalla B: si tratta delle Commissioni bicamerali, che vengono istituite per legge (e perseguono gli scopi indicati dalla legge) e sono composte sia da senatori sia da deputati; ma evidentemente non è questa la risposta che stiamo cercando. Le Commissioni parlamentari sono organi che ciascuna camera ha al proprio interno (e quindi sono composte da soli senatori in Senato e da soli deputati alla Camera) e hanno lo scopo di esaminare i progetti di legge prima che essi siano sottoposti all'assemblea nel suo insieme o anche (in casi particolari) di votarli al posto dell'assemblea. Le Commissioni parlamentari sono previste dall'articolo 72 della Costituzione. La risposta esatta è la D.

32 Il Parlamento italiano è composto da due Camere, la Camera dei deputati e il Senato della Repubblica. La risposta esatta è perciò la A.

33 Il Parlamento del Nord era una struttura associativa non prevista dalla Costituzione né da altre leggi, costituita nel 1995 dal partito politico Lega Nord, che riuniva i rappresentanti di questo partito. La risposta esatta è perciò la C.

34 Secondo l'articolo 98 della Costituzione il diritto di iscriversi a un partito politico, di cui sono titolari tutti i cittadini, può essere limitato per alcune categorie di soggetti, tra cui i rappresentanti diplomatici consolari all'estero. La risposta esatta è perciò la A. In relazione alle altre risposte, si noti che per interdetti ed ergastolani sono previsti limiti al diritto di voto.

35 La legge 142/1990 ha stabilito come principio generale che gli atti degli enti locali siano pubblici. Le risposte A, C e D sono quindi errate. L'alternativa corretta è perciò la B.

36 Accanto alla famiglia fondata sul matrimonio (cosiddetta "famiglia legittima") è sempre più frequente, nel diritto italiano e in particolare nella giurisprudenza, il riconoscimento della famiglia composta da persone di sesso diverso che convivono come se fossero legalmente sposati (cosiddetta "famiglia di fatto"). Una formalizzazione al massimo livello di questo orientamento si è avuta con la sentenza 404/88 della Corte Costituzionale, che consentendo al convivente *more uxorio* di succedere al convivente nella titolarità del rapporto di locazione, lo ha parificato al coniuge. La risposta corretta è perciò la D.

37 Il diritto pubblico regola l'organizzazione e l'azione dello Stato e degli altri enti pubblici e i loro rapporti con i soggetti privati; il diritto privato regola invece i rapporti reciproci tra individui, sia nel campo personale sia in quello patrimoniale. L'unica risposta corretta è perciò la B: il diritto industriale, commerciale, civile e del lavoro fanno infatti parte del diritto privato.

38 Il numero di parlamentari europei non è fisso, ma è determinato sulla base della popolazione di ciascuno Stato. Questo criterio risponde d'altronde a una semplice logica democratica, la quale impone uguale diritto di rappresentatività a ogni persona. Ne consegue che i Paesi con un numero più elevato di cittadini sono anche quelli che eleggono un numero più elevato di parlamentari europei. In seguito al ritiro del Regno Unito dall'Ue alla fine di gennaio 2020, la distribuzione dei seggi al Parlamento europeo vede la Germania con 96 europarlamentari, la Francia con 79, l'Italia con 76 e la Spagna con 59. La risposta esatta è la D.

39 Gli Stati membri della NATO sono 30 (risposta esatta: B) e precisamente: Albania (2009), Belgio, Bulgaria (2004), Canada, Croazia (2009), Danimarca, Estonia (2004), Francia, Germania (1955), Grecia (20 febbraio 1952), Islanda, Italia, Lettonia (2004), Lituania (2004), Lussemburgo, Macedonia del Nord (2020), Montenegro (2017), Norvegia, Paesi Bassi, Polonia (1999), Portogallo, Regno Unito, Repubblica Ceca (1999), Romania (2004), Slovacchia (2004), Slovenia (2004), Spagna (1982), Stati Uniti d'America, Turchia (1952) e Ungheria (1999).

40 Questo Ministero esiste (risposta esatta: B) e si occupa di coordinare l'attività del governo con quella legislativa del Parlamento.

7| Conoscenze socio-economiche

7.1 | Esercizi proposti

1 **Che cosa si intende generalmente quando si afferma che il bilancio di una società è in attivo?**

- **A** Si intende che le attività sono superiori alle passività
- **B** Si intende che la società ha un valore di mercato elevato
- **C** Si intende che i titoli azionari della società sono saliti di valore
- **D** Si intende che la società ha conseguito un utile

2 **Cosa si intende in economia con l'espressione *beggar-thy-neighbour policy*?**

- **A** Una politica economica volta a migliorare la distribuzione della ricchezza all'interno del Paese
- **B** Una politica economica volta a favorire gli investimenti produttivi mediante l'introduzione di sgravi fiscali per le imprese
- **C** Una politica monetaria volta a favorire il finanziamento della spesa pubblica, realizzata mediante la sottoscrizione, da parte della Banca centrale, dei titoli del debito pubblico
- **D** Una politica economica basata sull'utilizzo di strumenti che, pur favorendo apparentemente lo sviluppo economico interno, danneggiano gli altri Paesi

3 **Una delle seguenti affermazioni sulle economie di scala è falsa. Quale?**

- **A** Sono una barriera all'entrata per nuove imprese
- **B** Si dividono in economie di impianto ed economie d'impresa
- **C** Attribuiscono a un'impresa di grandi dimensioni una maggiore capacità di assorbire i cambiamenti rispetto a un'impresa di piccole dimensioni
- **D** Ne beneficiano le aziende di grandi dimensioni

4 **L'INVIM (Imposta comunale sull'Incremento di Valore degli Immobili), abrogata nel 1993, ma applicata sino al 2003 nei casi di vendita, donazione, possesso decennale rappresenta oggi un'entrata per:**

- **A** i Comuni
- **B** le Province
- **C** le Regioni
- **D** l'Erario

5 **Quale dei seguenti effetti non è generato da un incremento dei tassi di interesse?**

- **A** Una diminuzione della domanda di moneta
- **B** Un peggioramento del saldo della bilancia dei pagamenti
- **C** Una diminuzione del valore di mercato dei titoli obbligazionari
- **D** Un apprezzamento della valuta domestica

6 **A quale categoria si riferisce l'espressione "colletti bianchi"?**

A Agli imprenditori
B Ai dirigenti d'azienda
C Agli impiegati
D Ai proprietari terrieri

7 **A quale autorità è attribuito il potere di vigilanza in materia di antitrust in Italia?**

A Al Parlamento
B Alla Corte Costituzionale
C Al ministro delle Telecomunicazioni
D All'Autorità garante della Concorrenza e del Mercato

8 **Che cosa è una Società a responsabilità limitata (S.r.l.)?**

A Una società i cui soci sono responsabili esclusivamente nei confronti degli altri soci e non dei terzi
B Una società i cui soci non sono responsabili penalmente per gli eventuali reati commessi in nome della società
C Una società i cui soci sono responsabili solo limitatamente al capitale inizialmente versato
D Una società i cui soci sono responsabili solo limitatamente alle obbligazioni nei confronti dei lavoratori dipendenti

9 **Il contrario di capitalizzare è:**

A ammortizzare
B svalutare
C spesare (ovvero addebitare a conto economico)
D accantonare

10 **Secondo Adam Smith, la divisione del lavoro:**

A è tra lavoro necessario e pluslavoro
B è favorita dall'espansione dei mercati e determina l'aumento della produttività
C è favorita dal sistema mercantile di protezionismo commerciale e di regolamentazione degli scambi
D determina un calo di produttività, interferendo con l'azione della "mano invisibile"

11 **Quale di questi Paesi non appartiene all'OPEC?**

A Venezuela
B Qatar
C Ecuador
D Russia

12 **Quale dei seguenti effetti negativi è provocato da un aumento dell'inflazione?**

A La perdita del potere d'acquisto dei salari
B Il crollo del valore degli immobili
C L'aumento del debito pubblico
D L'aumento della disoccupazione

13 **Che cosa si intende con l'espressione *economia sommersa*?**

A Le attività produttive svolte sotto il livello del mare

B Le attività produttive svolte dagli artigiani

C Il fenomeno dell'evasione fiscale

D Il lavoro nero

14 **Che cosa è il Fondo monetario internazionale (FMI)?**

A Un fondo finalizzato a coordinare la politica monetaria dei principali Paesi del mondo

B Una banca finalizzata a concedere finanziamenti ai Paesi in via di sviluppo

C Un'istituzione internazionale che ha il compito di finanziare le operazioni dell'ONU

D Nessuna delle precedenti alternative è corretta

15 **Quale delle seguenti affermazioni a proposito del documento di programmazione economico-finanziaria è corretta?**

A Il DPEF deve essere presentato entro il 15 maggio

B Con la legge n. 362 del 1988 il DPEF ha sostituito il bilancio pluriennale programmatico

C Il DPEF deve essere approvato dalle Camere entro il 31 dicembre di ogni anno

D Il DPEF individua gli strumenti della manovra di finanza pubblica

16 **Che cosa è il NAFTA (North American Free Trade Agreement)?**

A Un accordo per il commercio del cacao fra i Paesi del Nord America

B Un accordo fra Stati Uniti e Canada per il libero commercio

C Un accordo fra Stati Uniti, Canada e Messico per contrastare le limitazioni imposte dall'Unione europea e dal Giappone

D Un'area di libero scambio che comprende Stati Uniti, Messico e Canada

17 **Quali sono gli effetti immediati di un incremento del prezzo del petrolio per un Paese che dipende dall'estero per il proprio fabbisogno energetico come l'Italia?**

1) Un aumento del tasso di inflazione;

2) un peggioramento della bilancia commerciale;

3) un aumento della disoccupazione.

A Solo la 1)

B Solo la 2)

C Solo la 3)

D La 1) e la 2)

18 **Una società a responsabilità limitata può acquistare le proprie quote?**

A Sempre

B Solo se previsto dall'atto costitutivo

C In nessun caso

D Con il consenso della maggioranza dei soci

CULTURA LETTERARIA, STORICO-SOCIALE E GEOGRAFICA

19 Quale fra le seguenti è la definizione legislativa di imprenditore?

A) È imprenditore chi esercita un'attività diretta all'allevamento del bestiame

B) È imprenditore chi esercita professionalmente un'attività economica organizzata al fine della produzione o dello scambio di beni e servizi

C) È imprenditore chi esercita professionalmente un'attività organizzata prevalentemente con il lavoro proprio o della propria famiglia

D) È imprenditore chi si obbliga a compiere un'opera o un servizio verso un corrispettivo con il lavoro prevalentemente proprio e senza vincolo di subordinazione verso il committente

---

20 Qual è la teoria con cui David Ricardo affronta il problema della determinazione del prezzo di un bene prodotto con costi differenti nel sistema economico?

A) La teoria dell'utilità marginale decrescente

B) La legge della caduta tendenziale del tasso di profitto

C) La teoria della rendita differenziale

D) La teoria del moltiplicatore degli investimenti

---

21 Qual è la principale differenza tra scuola liberista e scuola keynesiana riguardo l'intervento pubblico nell'economia?

A) La scuola liberista, a differenza di quella keynesiana, sostiene che lo Stato non debba avere debito pubblico

B) La principale differenza tra le due scuole riguarda la dimensione dell'ingerenza della Banca centrale nella gestione della politica monetaria: minima per i liberisti, massima per i keynesiani

C) La principale differenza riguarda il ruolo che lo Stato deve avere nell'economia del Paese: per i liberisti, a differenza dei keynesiani, deve solo garantire le condizioni essenziali affinché il sistema economico funzioni

D) Non esiste: la scuola keynesiana è anche detta scuola liberista

---

22 Cosa si intende con il termine *scala mobile*?

A) La parte del salario indicizzata al numero indice dei prezzi al consumo per le famiglie di operai e impiegati

B) L'aumento della pressione fiscale determinato dall'applicazione di aliquote maggiori a salari nominali crescenti a causa dell'inflazione

C) Un meccanismo di contrattazione collettiva di lavoro

D) Un sistema automatico per tutelare il potere d'acquisto dei salari

---

23 Cosa si intende con l'espressione *biglietto verde*?

A) Ogni tipo di banconota cartacea

B) È uno strumento finanziario per la regolamentazione dei prezzi nell'ambito della Politica agricola comune

C) Una cambiale

D) Una banconota da un dollaro USA

---

24 Cosa significa FED?

A) Federal Economic Department

B) Federmeccanica

C) Federal Reserve Board

D) Fiscal Estate Duty

25 **Secondo Thomas Robert Malthus, è possibile che si verifichi un eccesso di offerta generalizzata?**

- **A** No, in quanto l'offerta di capitale è domanda di lavoro e viceversa, quindi non può verificarsi un'eccedenza di entrambe
- **B** Sì, in conseguenza di un eccesso di accumulazione capitalista
- **C** Sì, in seguito a politiche protezioniste che limitino gli scambi commerciali con l'estero
- **D** Sì, in presenza di una carenza di domanda generalizzata

26 **Il *prime rate* è:**

- **A** un operatore finanziario impegnato continuativamente su un dato settore del mercato
- **B** il tasso di interesse fissato dalla Banca d'Italia per orientare la struttura complessiva dei saggi di interesse
- **C** l'indice Dow Jones
- **D** il tasso di interesse praticato dalle banche ai clienti migliori

27 **Cosa si intende con l'espressione *toro*?**

- **A** Un operatore finanziario rialzista
- **B** Un'impresa che entra in modo aggressivo su un nuovo mercato
- **C** Un operatore finanziario ribassista
- **D** I Paesi dell'estremo Oriente caratterizzati, negli ultimi anni, da un impetuoso sviluppo economico

28 **Quale dei seguenti non è un tasso di interesse?**

- **A** TUS
- **B** Overnight
- **C** Mibtel
- **D** Libor

29 **Lo SME rappresentava:**

- **A** un accordo tra i Paesi della CEE per la stabilità dei rapporti di cambio
- **B** uno strumento adottato nell'applicazione dei dazi doganali
- **C** la moneta unica europea detta anche ECU
- **D** l'organo di sicurezza a livello comunitario (Security Master European)

30 **Cosa si intende per *bilancio consolidato*?**

- **A** Il bilancio redatto dalle società per azioni
- **B** Il bilancio che incorpora il conto economico e la situazione patrimoniale di tutte le società che appartengono allo stesso gruppo
- **C** Il bilancio che incorpora il conto economico e la situazione patrimoniale di una società relativa agli ultimi tre esercizi sociali
- **D** Il bilancio che incorpora il conto economico e la situazione patrimoniale delle sole società quotate che appartengono al medesimo gruppo

7.2 | Soluzioni e commenti

1 La risposta esatta è la **D**. Infatti, quando una società realizza un utile in un certo anno, si dice che il bilancio è in attivo. Viceversa, quando la società realizza una perdita, si dice che è in passivo. La differenza tra attività e passività viene chiamata "netto".

2 La risposta esatta è la **D**. Infatti, con l'espressione *beggar-thy-neighbour policy* si intende una politica economica che danneggia i Paesi con i quali si hanno relazioni economiche. Tipico è il caso di una politica di svalutazione della moneta domestica, volta a favorire le esportazioni e in questo modo a creare occupazione. Una simile politica, efficace se adottata da un singolo Paese in quanto migliora la bilancia dei pagamenti, diviene del tutto inefficace se tutti i Paesi adottano contemporaneamente misure analoghe.

3 Con il termine economie di scala si intende la riduzione del costo medio di produzione all'aumento della stessa. Le cause delle economie di scala possono essere molteplici, dalla maggiore specializzazione e divisione del lavoro all'introduzione di macchinari e tecniche più sofisticate, dalla possibilità di ottenere le materie prime o i prodotti intermedi a prezzi più bassi alla diminuzione del costo di alcuni impianti connesso a un maggiore utilizzo degli stessi o all'aumento delle loro dimensione. Tutti questi fattori fanno sì che, aumentando il volume della produzione (aumentandone cioè la scala), si riescano ad abbassare i costi medi di produzione. La risposta corretta risulta quindi la **D**. L'alternativa **A** dà la definizione di diseconomia di scala che si può verificare quando la crescita della produzione determina uno sviluppo dell'impresa tale da renderne difficoltosa e inefficiente la gestione della stessa.

4 Il gettito dell'INVIM affluiva fino al 1992 parzialmente ai Comuni, rappresentando una delle loro entrate di bilancio. A partire dal 1993, invece, il gettito viene totalmente riscosso dall'Erario. Quindi la risposta esatta è la **D**.

5 La risposta esatta è la **B**. Infatti un aumento dei tassi di interesse, aumentando il costo opportunità associato alla detenzione di moneta, riduce la domanda di quest'ultima (alternativa **A**). Analogamente lo stesso aumento dei tassi di interesse, aumentando il rendimento dei titoli obbligazionari di nuova emissione, deprime il valore dei titoli già emessi (alternativa **C**). Infine, generando un incremento del rendimento offerto dalla valuta domestica, favorisce l'afflusso di capitali dall'estero e dunque aumenta la domanda di valuta domestica da parte dei non residenti. Tale aumento di domanda genera un apprezzamento della valuta stessa (alternativa **D**). L'effetto sulla bilancia dei pagamenti è invece opposto a quello menzionato. Infatti, dato che aumenta il rendimento offerto dalla valuta domestica, aumentano gli afflussi di capitale, migliorando così il saldo dei movimenti di capitale e, indirettamente, il saldo di bilancia dei pagamenti.

6 È un'espressione parzialmente desueta che indica gli impiegati, identificandoli con la classica camicia bianca in contrapposizione agli operai delle grandi fabbriche riconoscibili per le loro "tute blu". La risposta esatta è la **C**.

7 A partire dal 1990 è stata istituita in Italia l'Autorità garante della Concorrenza e del Mercato; essa è un'Autorità indipendente, la quale prende le proprie decisioni autonomamente, senza alcuna possibilità di ingerenza del Governo, del Parlamento o della Corte Costituzionale. Si presenta come un organo collegiale composto da un Presidente e da quattro Componenti nominati dai Presidenti dei due rami del Parlamento. I suoi compiti si possono classificare in quattro categorie: a) la funzione di vigilanza in base alla legge n. 287 del 1990 sulle intese restrittive della concorrenza, sugli abusi di posizione dominante e sulle operazioni di concentrazione che comportano la costituzione o il rafforzamento di posizione dominante; b) l'applicazione delle norme contenute nel decreto legislativo n. 74 del 1992 in materia di pubblicità ingannevole; c) l'attività di segnalazione al Parlamento e al Governo; d) l'attività consultiva. La risposta esatta è quindi la **D**.

8 La risposta esatta è la C. Infatti, una S.r.l. è una società di capitali e, in quanto tale, è una società i cui i soci sono responsabili soltanto limitatamente alla quota di capitale sociale detenuta. Le altre principali forme di società di capitali previste dal diritto italiano sono la società per azioni (S.p.A.) e la società in accomandita per azioni (Sapa).

9 La risposta esatta è la C. *Capitalizzare* significa infatti contabilizzare il valore relativo a una spesa, in quanto relativa a un investimento che cederà la sua utilità a più esercizi, fra gli elementi del capitale d'impresa; capitalizzare significa perciò far confluire una categoria di spesa tra le attività dello stato patrimoniale per poterla ripartire in più esercizi, attraverso successivi ammortamenti annuali. Il contrario di tale operazione consiste pertanto nel far confluire integralmente una spesa a conto economico come costo d'esercizio (spesare) in quanto rappresentativa dell'utilizzo di un fattore produttivo che è stato integralmente consumato nel corso dell'esercizio. La risposta esatta è pertanto la C.

10 La risposta corretta è la B. Secondo Smith, la produttività dei lavoratori è un fattore determinante della ricchezza delle nazioni ed è legata alla divisione del lavoro che viene promossa dall'espansione dei mercati. A questo proposito è celebre l'esempio sulla produzione degli spilli, in cui Smith misura l'incremento della produttività determinato da una specializzazione degli addetti su una singola fase produttiva, piuttosto che su un singolo prodotto attraverso le varie fasi. Anche da questi studi si può desumere la ben nota critica di Smith agli aspetti più deteriori della teoria mercantilista. Smith è spesso considerato il teorico del liberismo: il libero agire della legge della domanda e dell'offerta equivale all'agire di una "mano invisibile" che, sebbene sia mossa dal mero egoismo individuale, genera vantaggi per l'intera economia superiori a quelli generati da politiche pubbliche dirigiste e protezioniste.

11 L'OPEC (Organisation of the Petroleum Exporting Countries) è la principale organizzazione dei Paesi produttori di petrolio. Costituitasi nel 1960 per difendere le economie dei Paesi membri, comprende, oltre a Venezuela, Qatar, Ecuador e Indonesia, anche Arabia Saudita, Iraq, Iran, Kuwait, Algeria, Gabon, Libia, Nigeria ed Emirati Arabi Uniti. Non ne fanno parte, invece, i due principali produttori di petrolio al mondo dopo l'Arabia Saudita che sono gli Stati Uniti e la Russia: la risposta corretta è quindi la D.

12 La risposta esatta è la A. Infatti, un aumento dell'inflazione fa crescere i prezzi più velocemente degli stipendi e dunque riduce il valore reale di questi ultimi, ossia il loro potere d'acquisto. Per questo motivo i sindacati cercano di fare in modo che i salari dei lavoratori dipendenti crescano almeno di una percentuale pari al tasso di inflazione, in modo da conservarne inalterato il potere d'acquisto. L'alternativa B è errata in quanto, a fronte di aumenti dell'inflazione, il valore degli immobili non si riduce, ma piuttosto aumenta. La risposta C è errata in quanto un aumento dell'inflazione genera una riduzione del valore reale del debito pubblico che normalmente viene espresso in termini nominali (ad esempio un BOT da un milione di euro vale sempre meno in termini reali con l'aumentare dell'inflazione). La risposta D è errata in quanto spesso l'aumento dell'inflazione è legato a una politica monetaria espansiva (cioè a un aumento dell'offerta di moneta) e questo può provocare, almeno nel breve periodo, un aumento dell'occupazione.

13 La risposta esatta è la D. Infatti, con l'espressione "economia sommersa" si intende il complesso di attività di produzione e di utilizzazione del prodotto che sfugge deliberatamente alla rilevazione statistica. Rientrano, per esempio, in questa categoria il cosiddetto lavoro nero, ossia i secondi (o doppi) lavori non dichiarati e il lavoro retribuito ma non registrato prestato da pensionati, casalinghe, studenti e stranieri non residenti.

14 La risposta esatta è la **D**. Infatti, il Fondo monetario internazionale è un'istituzione con sede a Washington, creata a Bretton Woods nel 1944, alla quale aderiscono oltre 100 Paesi, che ha lo scopo di facilitare i regolamenti finanziari internazionali mediante la stabilizzazione dei tassi di cambio, la riduzione dei controlli sui cambi e la concessione di prestiti a Paesi in temporanea difficoltà di bilancia dei pagamenti.

15 Il bilancio pluriennale programmatico descrive quale dovrebbe essere l'andamento degli aggregati di finanza pubblica perché si realizzino gli obiettivi di politica economica. La legge n. 362 del 1988 ha riformato la struttura della manovra di finanza pubblica, separando i momenti della fissazione degli obiettivi e dell'individuazione degli strumenti, che in precedenza coincidevano. La prima funzione è stata assegnata al documento di programmazione economico-finanziaria (DPEF) che deve essere presentato entro il 15 maggio di ogni anno e che si riferisce al periodo preso in esame dal bilancio programmatico. Per correggere gli eventuali scostamenti rispetto al bilancio pluriennale, ogni anno, entro il 31 dicembre (salvo una possibile proroga di quattro mesi), le Camere devono approvare la legge finanziaria. La risposta esatta è quindi la **A**.

PARTE SECONDA

16 La risposta esatta è la **D**. Il NAFTA è infatti un accordo, stipulato nel 1993, fra USA, Messico e Canada per eliminare le dogane e le altre barriere commerciali interne. Trattandosi di un'area di libero scambio, a ciascuno dei tre Paesi è consentito di mantenere le proprie tariffe doganali verso i Paesi terzi. A differenza di una comunità integrata come la UE, ogni Paese che fa parte di un'area di libero scambio è infatti libero di adottare nei riguardi dei Paesi non associati proprie misure.

17 La risposta esatta è la **D**. Infatti un aumento del prezzo del petrolio da un lato genera un incremento del costo delle importazioni di petrolio (peggioramento della bilancia commerciale); dall'altro aumenta i costi delle materie prime per le imprese, le quali a loro volta scaricano tale aumento facendo lievitare i prezzi dei loro prodotti. Non si verifica, invece, alcun incremento della disoccupazione. Al contrario, un aumento del costo delle importazioni spinge generalmente ad aumentare la produzione domestica e, sovente, aumenta l'occupazione.

18 In base all'art. 2474 del Codice civile una società a responsabilità limitata non può in nessun caso acquistare le quote proprie, accordare prestiti o fornire garanzie per il loro acquisto o per la loro sottoscrizione. La risposta esatta è quindi la **C**. È importante ricordare che nelle S.r.l. a ogni socio spetta una quota di partecipazione, non necessariamente di ammontare identico a quella degli altri soci, e che le quote non possono essere rappresentate da azioni.

19 La risposta **D** è facilmente eliminabile, in quanto si riferisce al lavoratore autonomo. La altre alternative sono invece tutte relative agli imprenditori, ma la **A** indica una delle possibili attività dell'*imprenditore agricolo* e la **C** riporta la definizione di *piccolo imprenditore*. La risposta esatta è invece la **B**, che offre la definizione generale.

20 La risposta esatta è la **C**. Seguendo l'esempio adottato da Ricardo, se si estende la produzione cerealicola su terreni meno produttivi, il prezzo del grano è pari al costo sostenuto sul terreno meno fertile (che necessita una maggiore quantità di lavoro), più il saggio di profitto che, in un sistema concorrenziale, è uniforme, più una rendita che varia a seconda della produttività e che è di pertinenza del proprietario terriero.

21 La risposta esatta è la **C**. Secondo i liberisti, il cui primo esponente fu Adam Smith, lo Stato deve lasciare ogni soggetto libero di perseguire il proprio benessere che, a livello collettivo, equivale al massimo ottenibile. Keynes non credeva che la libera concorrenza potesse condurre al pieno impiego delle risorse: l'economista inglese riteneva invece che l'intervento dello Stato dal lato della domanda fosse reso utile dal meccanismo del moltiplicatore degli investimenti.

22 Dal 1946 al 1992 la scala mobile è stato un meccanismo per adeguare il livello delle retribuzioni al costo della vita tramite un'opportuna variazione dell'indennità di contingenza (la cui definizione è espressa dall'alternativa **A**). La risposta esatta è, dunque, la **D**. L'alternativa **B**, invece, descrive il fenomeno del *fiscal drag*.

23 La risposta esatta è la **D**. Il *biglietto verde* per antonomasia è la banconota da un dollaro statunitense, così importante e "familiare" nell'economia mondiale: l'espressione deriva dal colore della carta moneta. L'alternativa **B**, invece, è invece la descrizione di uno strumento della PAC (Politica agricola comune) chiamato *moneta verde*.

24 La risposta corretta è la **C**. La Federal Reserve Board (Consiglio della Riserva federale) è la Banca centrale degli Stati Uniti d'America. È l'organo di controllo e di coordinamento della politica monetaria.

25 La risposta corretta è la **D**. Malthus fu protagonista, insieme a David Ricardo, di un'accesa polemica sulla "legge di Say" che postula l'impossibilità di un eccesso di offerta generalizzata. Ricardo (la cui posizione è espressa nell'alternativa **A**) ne sosteneva la validità, Malthus, invece, la rigettava, evidenziando il concetto di domanda *effettiva*: questa può essere insufficiente a determinare il pieno impiego delle risorse e il conseguente equilibrio del sistema economico.

26 L'alternativa **A** definisce il cosiddetto *primary dealer*. L'alternativa **B** descrive il tasso di sconto. Il *prime rate* (dall'inglese, tasso primario), invece, è il tasso di interesse che viene concesso dalle banche nelle operazioni di finanziamento alle imprese dotate della migliore situazione economico-finanziaria. Quindi la risposta corretta è la **D**.

27 *Toro* è un termine del gergo borsistico (derivante dall'inglese *bull* che significa, appunto, toro) che indica quell'operatore finanziario che acquista valuta o titoli con lo scopo di guadagnare da un previsto aumento del loro prezzo. La risposta esatta è dunque la **A**. Al contrario, l'operatore ribassista che, cioè, vende titoli e valuta prevedendo una diminuzione del loro prezzo, viene chiamato *orso*. I Paesi descritti dall'alternativa **D**, di cui fanno parte, per esempio, Singapore, Taiwan e Corea del Sud, invece, vengono chiamati *tigri asiatiche*.

28 La risposta esatta è **C**. Infatti, il Mibtel è l'indice del sistema telematico della Borsa Valori di Milano; il TUS è il tasso ufficiale di sconto della Banca d'Italia, un tasso tanto importante da orientare la politica monetaria nazionale. Attualmente, tuttavia, la politica monetaria dei Paesi membri dell'area dell'Euro (tra cui l'Italia) è affidata alla Banca centrale europea che fissa il livello del tasso di interesse comune. *Overnight* è il tasso di interesse relativo ai depositi interbancari con scadenza un giorno. Infine il LIBOR (London interbank offered rate) è il tasso medio, rilevato dalle principali banche inglesi, al quale le banche sono disposte a concedere finanziamenti ad altre banche.

29 Al vertice di Brema del 1978 si è deciso di instaurare un sistema di cooperazione monetaria tra i Paesi membri della CEE, detto Sistema monetario internazionale. Entrato in vigore nel 1979, si caratterizzava per tre elementi particolari:

- la creazione di una nuova unità monetaria (ECU);
- l'adozione di meccanismi di cambio basati sulla fluttuazione limitata delle monete rispetto alle "parità centrali";
- l'adozione di particolari meccanismi di credito a favore degli Stati membri.

La risposta esatta è quindi la **A**.

30 Il fenomeno del gruppo societario sta prendendo sempre più piede nei sistemi economici moderni. Il gruppo è costituito da una concentrazione di diverse società che tengono separate le proprie personalità giuridiche ma che, di fatto, uniformano la propria volontà a quella di una società "madre" (*holding*), capogruppo. Questa controlla, attraverso il possesso di determinate quote di capitale, le altre società dette "figlie". Quasi costituissero un'unica entità, i gruppi di società devono redigere il *bilancio consolidato* che corrisponde al bilancio presentato dalla capogruppo e che incorpora il conto economico e la situazione patrimoniale di tutte le società che appartengono al gruppo stesso. La risposta corretta è quindi la **B**.

parte terza

Cultura scientifico-matematica

1| Matematica e informatica

1.1 | Esercizi proposti

1 **Un numero si dice primo se:**

A è divisibile solo per l'unità

B è divisibile solo per sé stesso e per l'unità

C è divisile per tre

D è immaginario

2 **Calcolare il M.C.D. e il m.c.m. dei numeri 45, 135 e 315.**

A 5 e 315

B 15 e 315

C 45 e 315

D 45 e 945

3 **Disporre in ordine crescente i numeri:**

$$a = 2/3 \qquad b = 3/4 \qquad c = 4/5$$

A *a, b, c*

B *b, c, a*

C *c, a, b*

D *c, b, a*

4 **In una comunità di 5.000 persone, il 5% viene colpito da una malattia infettiva che richiede il ricovero del 50% dei casi. Quanti ricoveri si sono avuti?**

A 50

B 100

C 125

D 150

5 **Quanto vale l'espressione** $\frac{43^{65} \cdot (43^2)^3}{43^{-12} \cdot 43^{20}}$ **?**

A 43^{78}

B 43^{-43}

C 43^{-2}

D $(43^3)^{21}$

CULTURA SCIENTIFICO-MATEMATICA

6 **Calcolare il M.C.D. fra i seguenti monomi:**

$$3x^2y^2z \qquad -5x^3z^2 \qquad 7y^3z^3 \qquad 15xy^4$$

A $105x^3y^4z^3$

B xyz

C xy^2z

D 1

7 **Individuare quale delle seguenti uguaglianze è falsa:**

A $(a+b)(a-b) = a^2 - b^2$

B $(a+b)(a+b) = a^2 + b^2$

C $(a+b)^3 = a^3 + 3a^2b + 3ab^2 + b^3$

D $(a+b)^2 = a^2 + 2ab + b^2$

8 **L'espressione $\sqrt{\dfrac{a^{-3}}{a^{-2}}}$ risulta uguale a:**

A $a^{-1/2}$

B $a^{1/2}$

C $a^{-1/3}$

D $a^{2/3}$

9 **Il sistema di due equazioni in due incognite $\begin{cases} x+y=1 \\ 2x+2y=4 \end{cases}$ è:**

A risolubile solo per $x = 0$ e $y = x$

B indeterminato

C impossibile

D risolubile per ogni valore di x

10 **L'equazione $x + |x| = 0$:**

A ha l'unica soluzione $x = 0$

B ha le due soluzioni $x = 0$ e $x = 1$

C ha infinite soluzioni

D ha due sole soluzioni $x = 0$ e $x = -1$

11 **Il logaritmo di *x* in base 5 è un numero *y* tale che:**

A *y* elevato a 5 è uguale a *y*

B *x* elevato a 5 è uguale a *y*

C 5 elevato a *x* è uguale a *y*

D 5 elevato a *y* è uguale a *x*

12 $\log_4 2 + \log_2 4$ **vale:**

A non si possono sommare logaritmi con base diversa

B 2

C 4

D 2,5

13 **La disequazione** $x^2 - \frac{1}{2} < 0$ **è soddisfatta per:**

A $-\frac{1}{2} < x < \frac{1}{2}$

B $-\frac{\sqrt{2}}{2} < x < \frac{\sqrt{2}}{2}$

C $x < \frac{\sqrt{2}}{2}$

D $x > \frac{\sqrt{2}}{2}$

14 **I punti** $P \equiv (1; 2)$ **e** $Q \equiv (2; 4)$ **appartengono a una retta il cui coefficiente angolare ha valore:**

A 0

B 1

C infinito

D 2

15 **La funzione** $y = 3x^2 + 4$ **rappresenta:**

A una parabola

B una circonferenza

C una retta

D un'iperbole

16 **Sul piano cartesiano (Oxy), la circonferenza di raggio unitario e centro nell'origine è rappresentata dall'equazione:**

A $y/x = 1$

B $x + y = 0$

C $y = 1/x$

D $x^2 + y^2 = 1$

17 **Quale delle seguenti terne di numeri può rappresentare la lunghezza dei lati di un triangolo rettangolo?**

A 7, 7, 7

B 7, 6, 15

C 30, 40, 50

D 2, 3, 2

CULTURA SCIENTIFICO-MATEMATICA

18 **Quanto vale il rapporto fra l'area di un cerchio di raggio unitario e l'area di un quadrato inscritto nel cerchio?**

A π B π^2 C $\pi/2$ D $\pi - 2$

19 **In un sacchetto ci sono 8 caramelle alla menta e 2 alla frutta. Quante caramelle alla frutta bisogna aggiungere per fare in modo che la probabilità di estrarre una caramella alla frutta sia pari a $1/3$?**

A 4 B 6 C 3 D 2

20 **Determinare la moda della seguente serie di dati:**

2, 5, 8, 9, 6, 4, 2, 3, 3, 5, 6, 7, 1, 5

A 2 B 3 C 4,7 D 5

21 **Che cos'è un indirizzo IP?**

A Un protocollo di trasferimento dei file
B Una particolare scheda di espansione dei PC
C Un identificativo univoco assegnato ad un computer in rete
D Un sistema di instant messaging

22 **Quale delle seguenti affermazioni è vera?**

A Un terminale remoto è un terminale non più utilizzato perché ritenuto obsoleto dal punto di vista tecnologico
B Il sistema operativo è una parte del software applicativo installato su un computer
C La porta USB è un dispositivo di visualizzazione
D Una webcam è un dispositivo di input

23 **Come si chiama l'operazione di ricerca di un record all'interno di un database?**

A Macro
B Query
C Report
D Sort

24 **Un numero in forma binaria è:**

A un numero costituito da due cifre
B un numero divisibile per due
C un numero che è codificato in un linguaggio che utilizza solo due simboli
D un numero che è codificato in modo da essere costituito sempre da due cifre

25 **Una variabile *booleana* è:**

A una variabile che può assumere soltanto valori interi
B una variabile con almeno 8 cifre (binarie) significative
C una variabile che può assumere soltanto uno dei due valori "Vero" oppure "Falso"
D nessuna delle precedenti

1.2 | Soluzioni e commenti

1 Per definizione, i numeri primi sono divisibili solo per sé stessi e per l'unità per cui la risposta corretta è la **B**.

2 Il primo passo consiste nella scomposizione in fattori primi dei numeri dati:

$$45 = 3^2 \cdot 5 \qquad 135 = 3^3 \cdot 5 \qquad 315 = 3^2 \cdot 5 \cdot 7$$

per cui risulta:

$$\text{M.C.D.} = 3^2 \cdot 5 = 45 \qquad \text{m.c.m.} = 3^3 \cdot 5 \cdot 7 = 945$$

La risposta corretta è dunque la **D**.

3 Riducendo le frazioni allo stesso denominatore:

$$a = \frac{2}{3} = \frac{40}{60} \qquad b = \frac{3}{4} = \frac{45}{60} \qquad c = \frac{4}{5} = \frac{48}{60}$$

e confrontando i numeratori, si conclude che $a < b < c$ (risposta **A**).

4 Il numero delle persone della comunità colpite dalla malattia infettiva è pari al 5% di 5.000, ossia:

$$5.000 \cdot \frac{5}{100} = 250$$

di queste il 50% (ossia la metà) richiede il ricovero, per cui il numero di ricoveri è pari a:

$$250 \cdot \frac{50}{100} = 250 \cdot \frac{1}{2} = 125$$

per cui la risposta corretta è la **C**.

5 I passaggi da fare sono i seguenti:

$$\frac{43^{65} \cdot (43^2)^3}{43^{-12} \cdot 43^{20}} = \frac{43^{65} \cdot 43^6}{43^{-12} \cdot 43^{20}} = \frac{43^{71}}{43^8} = 43^{63} = (43^3)^{21}$$

per cui la risposta corretta è la **D**.

6 La risposta corretta è la **D** in quanto i coefficienti numerici hanno massimo comune divisore unitario e non vi sono lettere comuni ai quattro monomi (infatti la *x* manca nel 3º monomio, la *y* nel 2º e la *z* nel 4º).

7 L'uguaglianza falsa è quella indicata dalla lettera **B** in quanto:

$$(a+b)(a+b) = (a+b)^2 = a^2 + 2ab + b^2 \neq a^2 + b^2$$

8 Essendo $\sqrt{\dfrac{a^{-3}}{a^{-2}}} = \sqrt{a^{-1}} = a^{-1/2}$, la risposta corretta è la **A**.

9 Le due equazioni costituenti il sistema hanno i coefficienti delle variabili in proporzione. Moltiplicando per 2 entrambi i membri della prima equazione il sistema diventa:

$$\begin{cases} 2x + 2y = 2 \\ 2x + 2y = 4 \end{cases}$$

CULTURA SCIENTIFICO-MATEMATICA

Essendo uguali i primi membri delle due equazioni, lo dovrebbero essere anche i secondi membri; si conclude che il sistema è impossibile (risposta **C**). Alternativamente è anche possibile osservare che il rapporto tra i coefficienti delle incognite vale $1/2$ mentre il rapporto tra i termini noti vale $1/4$.

---

10 Se $x \geq 0$, l'equazione diventa $x + x = 0$, cioè $2x = 0$ da cui $x = 0$.
Se $x < 0$, l'equazione assume la forma $x - x = 0$, cioè $0 \cdot x = 0$ (equazione indeterminata). L'equazione ammette dunque infinite soluzioni e precisamente tutti i numeri reali non positivi. La risposta esatta è pertanto la **C**.

---

11 La risposta corretta è la **D** per la definizione stessa di logaritmo.

---

12 Si osservi innanzitutto che non è possibile applicare la regola:

$$\log a + \log b = \log(a \cdot b)$$

dal momento che i logaritmi considerati non hanno la stessa base. È quindi necessario calcolare il valore di ogni singolo logaritmo, applicando la definizione stessa:

$$\log_4 2 = x \iff 4^x = 2 \Rightarrow x = \frac{1}{2}$$

$$\log_2 4 = x \iff 2^x = 4 \Rightarrow x = 2$$

La relazione data equivale quindi a:

$$\log_4 2 + \log_2 4 = \frac{1}{2} + 2 = 0{,}5 + 2 = 2{,}5$$

pertanto la risposta esatta è la **D**.

---

13 Si tratta di una disequazione di secondo grado verificata dai valori interni all'intervallo delle radici dell'equazione associata:

$$x^2 - \frac{1}{2} < 0 \Rightarrow -\frac{1}{\sqrt{2}} < x < \frac{1}{\sqrt{2}}$$

La risposta corretta è quindi la **B**, nella quale i denominatori dei due valori di riferimento sono stati razionalizzati (infatti $1/\sqrt{2} = \sqrt{2}/2$).

---

14 Il coefficiente angolare di una retta passante per due punti generici A e B, di coordinate $(x_1; y_1)$ e $(x_2; y_2)$ rispettivamente, è dato dalla relazione:

$$m = \frac{y_2 - y_1}{x_2 - x_1}$$

quindi, applicando la formula al quesito proposto, si ottiene:

$$m = \frac{4 - 2}{2 - 1} = 2$$

per cui la risposta corretta è la **D**.

---

15 Si tratta di una parabola (risposta **A**). In generale, per riconoscere una conica (ossia una curva del secondo ordine) a partire dalla sua equazione cartesiana, si utilizza un *metodo pratico*: data l'equazione generale della conica (non degenere):

$$Ax^2 + Bxy + Cy^2 + Dx + Ey + F = 0$$

si calcola per essa la quantità (detta *discriminante*):

$$\Delta = B^2 - 4AC$$

Si possono presentare i seguenti tre casi:

- Se $\Delta = B^2 - 4AC < 0$ allora la conica è un'ellisse; in particolare è una circonferenza se $A = C$ e $B = 0$;
- se $\Delta = B^2 - 4AC = 0$ allora la conica è una parabola;
- se $\Delta = B^2 - 4AC > 0$ allora la conica è un'iperbole; inoltre l'iperbole è equilatera se e solo se $A + C = 0$.

Nell'equazione data si ha $A = 3$ e $B = C = 0$, per cui $\Delta = B^2 - 4AC = 0$.

---

16 La risposta corretta è la **D**. Un'equazione del tipo $x^2 + y^2 = r^2$ prende il nome di *equazione canonica* della circonferenza.

---

17 Affinché una terna di numeri rappresenti la lunghezza dei lati di un triangolo rettangolo, essa deve essere una *terna pitagorica*, ossia deve soddisfare il teorema di Pitagora: il quadrato costruito sul lato maggiore (ipotenusa) è pari alla somma dei quadrati costruiti sui due lati rimanenti (cateti). L'unica terna che soddisfa il teorema di Pitagora è quella individuata dalla lettera **C**.

---

18 L'area di un cerchio vale πr^2, dove r indica il raggio: nel caso di raggio unitario tale area vale π. Per il calcolo dell'area del quadrato inscritto conviene osservare che la diagonale d del quadrato coincide con il diametro del cerchio, quindi ha lunghezza 2.

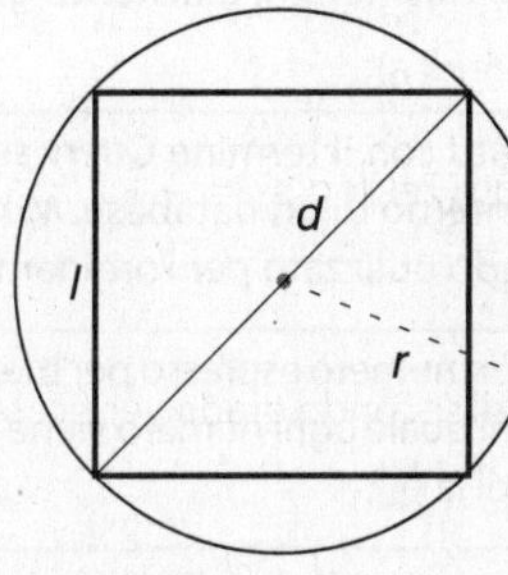

Essendo $d = \sqrt{2} \cdot l$ si ricava:

$$l = \frac{1}{\sqrt{2}} d = \frac{1}{\sqrt{2}} 2 = \frac{2}{\sqrt{2}}$$

per cui l'area del quadrato risulta essere:

$$l^2 = \left(\frac{2}{\sqrt{2}}\right)^2 = \frac{4}{2} = 2$$

Il rapporto fra l'area del cerchio e l'area del quadrato inscritto risulta quindi essere:

$$\frac{\text{area del cerchio}}{\text{area del quadrato inscritto}} = \frac{\pi}{2}$$

per cui la risposta corretta è la **C**.

---

19 La probabilità di estrarre una caramella alla frutta, in base alla definizione di probabilità, è data dal rapporto tra il numero di casi favorevoli e il numero di casi possibili.

Pertanto se x è il numero di caramelle alla frutta da aggiungere, allora si ottiene:

- numero casi favorevoli = numero di caramelle alla frutta = $x + 2$;
- numero casi possibili = numero totale di caramelle = $10 + x$;
- $P = \frac{x+2}{10+x} = \frac{1}{3}$, da cui $3(x+2) = 10 + x$, ossia $x = 2$.

La risposta corretta è quindi la **D**.

20 Si indica con il termine *moda di una serie di dati* quello che ha la frequenza maggiore, cioè che compare più volte all'interno della serie. Nel caso in esame il dato che ricorre più spesso è 5, con tre ricorrenze, quindi la risposta esatta è la D.

21 La risposta corretta è la C. Perché sia possibile che due computer comunichino tra di loro e si scambino dati, essi devono essere in qualche modo identificati univocamente: ci deve essere dunque un indirizzo associato a ciascun computer, che lo renda unico, individuabile e raggiungibile da parte di un altro computer. Questo indirizzo associato ad ogni computer prende il nome di indirizzo IP: si tratta di un codice costituito da quattro serie numeriche, ciascuna delle quali è compresa tra 0 e 255, che consente di identificare univocamente un computer (o altro dispositivo di rete come un router o una stampante condivisa) connesso a una rete. Un esempio di indirizzo IP può essere il seguente: 192.168.1.132.

22 Per *terminale remoto* si intende un terminale collegato a distanza, quindi l'alternativa A è errata. Anche l'alternativa B non è corretta, in quanto il sistema operativo costituisce parte del software di base (l'insieme di programmi necessari al funzionamento del computer) e non del software applicativo (programmi di calcolo, videoscrittura, disegno ecc.). La porta USB presente nell'alternativa C identifica un'interfaccia di input/output e non un dispositivo di visualizzazione. Per esclusione, la risposta corretta è la D: una webcam permette infatti di registrare e visualizzare immagini e filmati nel PC e di trasmetterli a distanza grazie ad appositi software ed è quindi un dispositivo di input.

23 La risposta esatta è la B, infatti con il termine *Query* si indicano tutte le operazioni volte a selezionare uno o più record all'interno di un database. *Macro* e *Report* sono due termini usati in *Access*, mentre *Sort* è un comando utilizzato per l'ordinamento dei database.

24 Un numero in forma binaria è un numero espresso per mezzo del sistema di numerazione binario (anche detto in base 2) attraverso il quale ogni numero viene "codificato" per mezzo di soli due simboli: 0 e 1. La risposta corretta è quindi la C.

25 La risposta corretta è la C: una variabile booleana può assumere soltanto uno dei due valori *Vero* (codificato dalla cifra binaria 1) oppure *Falso* (codificato dalla cifra binaria 0). Il termine *booleano* deriva dal nome del matematico e logico irlandese George Boole.

2 | Scienze della vita e della Terra

2.1 | Esercizi proposti

1 **Cosa si intende con l'espressione *inversione termica atmosferica*?**

- **A** La temperatura dell'atmosfera
- **B** La differenza di temperatura dei vari strati dell'atmosfera
- **C** L'inverso della temperatura atmosferica
- **D** Un'inversione del gradiente di temperatura atmosferica

2 **Che cosa si intende per ciclo idrologico?**

- **A** È lo scambio continuo che avviene tra le acque degli oceani, dei mari, dei fiumi e dell'atmosfera
- **B** È la trasformazione dell'acqua di un lago
- **C** È il rimescolamento unilaterale dell'acqua dei fiumi nei mari e non negli oceani
- **D** È un ciclo che riguarda esclusivamente l'atmosfera

3 **L'aria è una miscela gassosa contenente**

- **A** circa l'80% di azoto
- **B** circa l'80% di ossigeno
- **C** in parti uguali azoto e ossigeno
- **D** in parti uguali azoto, ossigeno e idrogeno

4 **L'effetto serra dipende:**

- **A** dall'aumento della temperatura all'interno della Terra
- **B** dall'aumento di ozono nell'atmosfera
- **C** dallo scioglimento progressivo della calotta polare
- **D** dall'aumento di CO_2 nell'atmosfera

5 **Nella cellula batterica è assente:**

- **A** il nucleo
- **B** la membrana plasmatica
- **C** il materiale genetico
- **D** il citoplasma

6 **Gli amminoacidi utilizzati per formare le proteine sono:**

- **A** 100
- **B** 20
- **C** 64
- **D** 4

CULTURA SCIENTIFICO-MATEMATICA

7 **Gli elementi chimici essenziali che costituiscono la materia vivente sono:**

A azoto, ossigeno e calcio
B ossigeno, idrogeno, calcio e azoto
C carbonio, ossigeno, idrogeno e azoto
D carbonio, ossigeno e calcio

8 **La meiosi è un tipo speciale di divisione cellulare che avviene:**

A solamente negli eucarioti monocellulari
B nelle cellule della linea germinale di tutti gli esseri a riproduzione sessuata
C saltuariamente in tutte le cellule dell'organismo
D esclusivamente nelle cellule sessuali degli animali

9 **Un gene è costituito da:**

A Un cromosoma
B Un pezzo di cromosoma
C Una catena di amminoacidi
D Un pezzo di DNA

10 **Con genotipo si intende:**

A il capostipite di una specie
B l'aspetto di un individuo
C uno studioso di genetica
D la costituzione genetica di un individuo

11 **Come avviene il processo di duplicazione del DNA?**

A Il DNA viene copiato da una sequenza amminoacidica
B Il DNA viene copiato in RNA e da questo di nuovo sintetizzato
C Entrambi i filamenti della nuova molecola di DNA vengono sintetizzati ex novo
D Un filamento funge da stampo mentre il filamento complementare viene sintetizzato ex novo

12 **In una pianta, qual è la struttura che protegge l'embrione e ne permette la dispersione?**

A Il fiore
B La foglia
C Il seme
D Il tronco

13 **La rana appartiene alla classe**

A degli artropodi
B degli insetti
C degli anfibi
D dei rettili

14 **Quali organismi sono in grado di produrre sostanze organiche a partire da sostanze inorganiche prelevate dall'ambiente?**

A Gli omozigoti
B I consumatori
C Gli eterotermi
D Gli autotrofi

PARTE TERZA

15 L'ecologia:

A è un movimento a livello mondiale che si occupa di denunciare inquinamenti e problemi ambientali

B è praticata da tutti coloro che si dedicano alla raccolta dei rifiuti

C è una forma letteraria utile alla descrizione della natura

D studia i rapporti tra viventi ed ambiente

16 I funghi porcini:

A dopo la pioggia, se fa caldo nascono da semi

B dopo la fioritura che avviene sotto terra con fiori bianchi filamentosi, sono generati dalla terra di castagno e di altre piante come la quercia e l'erica

C sono generati da batteri particolari che vivono nel terreno

D si riproducono tramite spore

17 Il pancreas è:

A una ghiandola annessa al tubo digerente

B un organo dell'apparato riproduttore

C un diverticolo dell'intestino

D una struttura che immagazzina bile

18 Il miocardio è:

A una parte dell'intestino

B una lesione del cuore

C una valvola del cuore

D la parte muscolare del cuore

19 L'ulna è:

A un osso della gamba

B un'articolazione del ginocchio

C un osso dell'avambraccio

D una disfunzione del fegato

20 Il sistema deputato a svolgere la funzione di coordinazione degli altri sistemi nel corpo umano è quello:

A muscolo-scheletrico

B urinario

C tegumentario

D nervoso

21 Un vaccino, quando è iniettato, agisce perché:

A distrugge direttamente l'agente infettante

B contiene gammaglobuline

C contiene anticorpi specifici

D stimola il sistema immunitario ad attivare le sue difese

CULTURA SCIENTIFICO-MATEMATICA

22 **La mastite è**

A un animale
B una colla
C una malattia
D una pianta

23 **A Linneo si deve:**

A la classificazione dei viventi con una nomenclatura binomia
B la teoria della selezione naturale
C la prima teoria della trasmissione dei caratteri ereditari
D la teoria della gravitazione universale

24 **La penicillina fu scoperta:**

A nella prima metà del XIX secolo
B nella seconda metà del XX secolo
C nella prima metà del XX secolo
D nella prima metà del XXI secolo

25 **Nel corpo umano, quale tra le seguenti strutture fa parte dell'apparato uditivo?**

A L'aorta
B Le trombe di Eustachio
C Il pancreas
D L'esofago

2.2 | Soluzioni e commenti

1 La temperatura della troposfera (lo strato più basso dell'atmosfera) in condizioni normali diminuisce all'aumentare della quota secondo il gradiente termico. Può capitare che aria calda in quota vada a invadere aree negli strati bassi in cui è presente aria più fredda. Di conseguenza in quella zona all'aumentare della quota non si assiste a una diminuzione della temperatura, ma a un aumento: il gradiente termico risulta invertito. Questo fenomeno è detto *inversione termica atmosferica*. La risposta corretta è la D.

2 Il riscaldamento del Sole favorisce l'evaporazione delle superfici liquide (soprattutto mari e oceani) e il vapore acqueo entra in atmosfera per essere trasportato ovunque dagli spostamenti delle masse d'aria. Sotto forma di precipitazioni, l'acqua torna sulla superficie terrestre e, per effetto della forza di gravità, scivola sul terreno, si raccoglie in fiumi, ingrossa i laghi e infine torna al punto di origine, ossia il mare. Questo processo prende il nome di *ciclo idrogeologico*, risposta A.

3 L'aria è una miscela di più gas composta per circa il 78% da azoto e per circa il 21% da ossigeno, mentre l'1% è composto da altri gas, come l'anidride carbonica; risposta A.

4 L'energia solare che arriva sulla Terra scalda il pianeta, e l'anidride carbonica e il vapore acqueo presenti nell'atmosfera riflettono nuovamente verso il terreno la radiazione infrarossa in uscita. Questo processo è definito *effetto serra*, risposta D.

5 I batteri sono organismi unicellulari procarioti; come tutti i procarioti sono privi di organelli intracellulari (a eccezione dei ribosomi) e anche di nucleo, hanno infatti semplicemente un'unica molecola circolare di DNA a doppio filamento, libera nel citoplasma. I batteri possiedono la membrana plasmatica, il citoplasma e il materiale genetico: la risposta corretta è quindi la A.

6 Le proteine sono polimeri costituiti da un gran numero di amminoacidi, legati a formare lunghe catene. I diversi amminoacidi che entrano nella composizione delle proteine sono 20; risposta B.

7 La materia vivente è costituita da biomolecole classificabili in quattro classi principali: carboidrati, proteine, lipidi e acidi nucleici. Sono tutte molecole organiche, ossia composte principalmente da carbonio, è possibile quindi escludere le risposte A e B. I carboidrati, come suggerisce il nome, oltre al carbonio possiedono idrogeno e ossigeno, quindi anche la risposta D è errata. Nell'unica opzione rimanente compare l'azoto: questo elemento è presente nel gruppo amminico degli amminoacidi che costituiscono le proteine e nelle basi azotate degli acidi nucleici, la risposta corretta è quindi la C.

8 La meiosi è un tipo particolare di divisione cellulare che permette la formazione di quattro cellule aploidi a partire da una cellula diploide. La meiosi avviene solo nelle cellule della linea germinale degli organismi a riproduzione sessuata (animali, piante e funghi) per formare i gameti, o cellule riproduttive; risposta B.

9 Un gene è un pezzo di DNA utilizzato dalla cellula come istruzione per produrre, a d esempio, una determinata catena di amminoacidi, ossia una proteina (risposta C errata). Un pezzo di cromosoma, e di conseguenza anche un cromosoma (risposte A e B) è formato da molti geni intervallati da sequenze di DNA con altre funzioni. Quindi la risposta corretta è la D.

10 Un gene, unità fondamentale dell'ereditarietà, è un tratto di DNA che contiene l'informazione per la sintesi di una specifica proteina. Ogni gene può esistere in almeno due forme diverse, dette *alleli*, e il genotipo è l'insieme degli alleli posseduti da un certo organismo. La risposta corretta è quindi la D.

11 Il DNA è una molecola formata da due filamenti polinucleotidici (polimeri di nucleotidi) uniti dai legami idrogeno che si formano fra le basi azotate complementari e avvolti su sé stessi a formare una sorta di elica. La duplicazione (o replicazione) del DNA permette la sintesi di una nuova molecola di DNA, identica a una già esistente. Questo processo avviene in modo "semiconservativo", e questo significa che ognuna delle due molecole che si ottengono alla fine della duplicazione è formata da un filamento del DNA di partenza (detto "parentale") e da un filamento di nuova sintesi. La risposta corretta è quindi la D.

12 Il fiore è l'organo riproduttivo, sede dello sviluppo dei gametofiti maschili e femminili, dell'impollinazione e della formazione del seme (risposta A errata). La foglia è l'organo della pianta in cui avvengono fotosintesi e traspirazione (risposta B errata), mentre il tronco è la struttura portante della pianta (risposta D errata). La risposta corretta è la C: il seme è formato dall'embrione, da tessuto nutritivo e dai tegumenti che proteggono l'embrione dagli insulti chimici e fisici esterni, fino all'incontro con un terreno adatto alla germinazione.

13 La rana appartiene agli anfibi, classe di animali vertebrati che dipendono per parte del loro ciclo vitale, di solito allo stadio larvale, dall'ambiente acquatico, mentre dopo la metamorfosi, in fase adulta, possono vivere sulla terraferma, risposta C.

14 Gli autotrofi sono organismi in grado di utilizzare le sostanze prelevate dall'ambiente per produrre sostanze organiche, come ad esempio le piante, che, attraverso il processo della fotosintesi clorofilliana, sono in grado di produrre glucosio a partire da anidride carbonica. La risposta corretta è la D.

15 L'ecologia è la scienza che studia gli ecosistemi, ossia gli esseri viventi in relazione all'ambiente in cui vivono. Anche se il termine è usato nel lessico colloquiale, non va confuso con l'ambientalismo, movimento che si occupa della preservazione dell'ambiente, promuovendo abitudini atte allo scopo. Quindi la risposta esatta è la D.

16 I funghi porcini, come gli altri funghi, sono organismi eterotrofi, cioè, a differenza delle piante, non sono in grado di produrre autonomamente molecole organiche complesse per la propria nutrizione; si nutrono infatti di sostanza organica in decomposizione che assorbono dal terreno. Il corpo, formato da un intreccio di filamenti detti ife, è chiamato micelio. Nascono prevalentemente nei boschi di abeti, querce o castagno, in condizioni di clima sufficientemente umido e non freddo; si riproducono tramite spore. L'unica affermazione corretta fra quelle proposte è quindi la **D**.

17 Il pancreas è un organo con funzione sia esocrina che endocrina. La componente endocrina del pancreas produce gli ormoni insulina e glucagone, responsabili della regolazione della glicemia. La parte esocrina del pancreas, invece, produce enzimi digestivi che vengono immessi nel duodeno e sono di grande importanza per i processi che si svolgono in questo tratto dell'intestino. La risposta corretta è quindi la **A**.

18 Il miocardio è il tessuto muscolare che costituisce il cuore; risposta **D**. Questo tessuto muscolare ha aspetto striato ed è soggetto a contrazione involontaria.

19 L'ulna è una delle ossa lunghe che formano lo scheletro dell'avambraccio; risposta **C**. Lo scheletro dell'arto superiore è infatti formato dall'omero nel braccio, che è il tratto più vicino alla spalla, e da radio e ulna nell'avambraccio. Lo scheletro dell'arto inferiore è invece formato dal femore, nella coscia, e da tibia e perone nella gamba.

20 Il sistema muscolo-scheletrico ha la funzione di movimento e mantenimento della postura (risposta **A** errata); la funzione dell'apparato escretore (urinario) è l'eliminazione dal circolo sanguigno di sostanze estranee e dannose per l'organismo (risposta **B** errata). L'apparato tegumentario protegge per mezzo della pelle, l'organismo da insulti esterni e dalla disidratazione (risposta **C** errata). Il sistema nervoso invece ha la funzione di recepire informazioni dall'esterno e dall'interno dell'organismo e coordinare gli altri sistemi del corpo umano, risposta **D**.

21 Un vaccino contiene patogeni (virus o batteri) morti o attenuati, in modo da stimolare il sistema immunitario a produrre delle cellule in grado di riconoscerli in tempi brevi ed eliminarli, prima che possano diffondersi nell'organismo. La risposta corretta è la **D**.

22 In medicina i termini che hanno suffisso *-ite* indicano un'infiammazione. La mastite infatti è un'infiammazione della mammella e la risposta corretta è la **C**.

23 Linneo, vissuto nel XVIII secolo, è considerato il padre della moderna tassonomia, ossia della classificazione degli esseri viventi: egli infatti propose il metodo della nomenclatura binomia, che prevede di nominare ogni essere viventi con due termini, il primo relativo al genere di appartenenza e il secondo relativo alla specie, come ad esempio *Homo sapiens*. La risposta corretta è quindi la **A**.

24 La penicillina, il primo antibiotico utilizzato in campo medico, fu scoperta da Alexander Fleming nel 1928; la risposta corretta è quindi la **C**.

25 Tra le alternative suggerite si può facilmente escludere da subito la **A**, considerando che l'aorta è l'arteria più grande e perciò importante del corpo umano. Il pancreas (risposta **C**) è invece un organo che si trova nell'addome e fa parte dell'apparato digerente e del sistema endocrino dei vertebrati, mentre l'esofago (risposta **D**) è l'organo a forma cilindrica attraverso cui passa il cibo. Le trombe di Eustachio sono un condotto complesso che mette in comunicazione il rinofaringe con 'l'orecchio medio e pertanto la **B** è la risposta esatta.

3| Chimica

3.1 | Esercizi proposti

1 **Quale dei seguenti è un elemento chimico?**

A Legno
B Acido cloridrico
C Bronzo
D Alluminio

2 **L'elettrone:**

A ha carica elettrica positiva
B è una particella che si trova nel nucleo atomico
C viene ceduto dagli ioni negativi
D ha massa inferiore a quella del protone

3 **Quali tra i seguenti elementi che costituiscono la materia è il più interno?**

A L'atomo
B Il nucleo
C La molecola
D Il composto

4 **Nel nucleo dell'ossigeno troviamo:**

A un protone e un elettrone
B almeno un protone e almeno tre elettroni
C nessun protone e almeno cinque elettroni
D nessun elettrone

5 **Tra un atomo di un elemento e un suo ione, c'è differenza di:**

A elettroni
B protoni
C neutroni e protoni
D numero di massa

6 **La differenza tra un elemento e quello che lo precede nello stesso periodo è di avere sempre:**

A un neutrone in più
B un protone in più
C un protone in meno
D un elettrone in più

CULTURA SCIENTIFICO-MATEMATICA

7 **Qual è l'elemento con il simbolo esatto?**

A Magnesio, Ma

B Potassio, P

C Fosforo, F

D Argento, Ag

8 **Nella molecola H_2 i due atomi di idrogeno sono uniti da un legame:**

A ionico

B covalente

C a idrogeno

D covalente polare

9 **Se si versano olio e alcool in un recipiente:**

A l'olio galleggia sull'alcool

B dipende dalla sezione del recipiente

C l'alcool galleggia sull'olio

D si mescolano fra loro

10 **I metalli:**

A A temperatura ambiente (20°C) sono solidi, a eccezione del mercurio

B Ad eccezione del carbonio, sono cattivi conduttori del calore e della corrente elettrica

C Non possono mai essere modellati in lamine sottili

D Non possono mai essere ridotti in fili

11 **Data la reazione chimica:**

$$\alpha \mathbf{A} + \beta \mathbf{B} \rightarrow \gamma \mathbf{C} + \delta \mathbf{D}$$

quale delle seguenti affermazioni è ERRATA?

A D è un reagente

B A è un reagente

C C è un prodotto

D α è un coefficiente stechiometrico

12 **L'aggiunta di NaCl all'acqua:**

A provoca un abbassamento della temperatura di ebollizione dell'acqua

B provoca un innalzamento della temperatura di ebollizione dell'acqua

C permette l'ebollizione dell'acqua solo quando il sale aggiunto è completamente evaporato

D provoca un innalzamento della temperatura di congelamento

13 **Cosa indica il pH?**

A Il potenziale elettrico di una soluzione

B L'acidità di una soluzione

C Il potenziale magnetico di un metallo

D L'elettronegatività

14 **Cos'è una soluzione?**

A Una miscela eterogenea di due sostanze

B Una miscela di acqua e olio

C Una miscela omogenea di due o più sostanze

D Una miscela di zucchero e sale

15 **Una soluzione ha un pH di 4, quindi la soluzione si definisce**

A neutra

B basica

C acida

D equipotente

3.2 | Soluzioni e commenti

1 Il legno è un materiale complesso, formato da numerose sostanze chimiche; la risposta A è quindi errata. L'acido cloridrico è un composto formato dagli elementi idrogeno e cloro; anche la B si può quindi scartare. Il bronzo è una lega metallica, cioè una soluzione solida formata da rame e un altro metallo che di solito è lo stagno; la C è errata. La risposta corretta è la D: l'alluminio infatti è un elemento chimico, un metallo i cui atomi sono caratterizzati da uno specifico numero atomico.

2 L'elettrone è una particella di massa pari a $9{,}11 \cdot 10^{-31}$ kg, circa 1.800 volte inferiore a quella di neutroni e protoni, dotata di carica elettrica negativa (la A è errata). Non si trova nel nucleo atomico, bensì in movimento intorno a esso (la B è errata). Gli ioni positivi sono atomi (o molecole) che hanno ceduto uno o più elettroni, quindi sono dotati di uno o più cariche positive, dovute alla presenza di un maggior numero di protoni, rispetto agli elettroni; gli ioni negativi sono atomi o molecole che hanno acquistato uno o più elettroni; la risposta C è quindi da scartare. L'alternativa corretta è la D.

3 La materia è composta da atomi (risposta A errata), i quali sono formati da un nucleo interno, composto da protoni e neutroni, attorno al quale si trovano gli elettroni, quindi la risposta corretta è la B.

4 Il nucleo di un atomo è formato da protoni e neutroni, mentre gli elettroni ruotano attorno al nucleo all'interno di particolari regioni di spazio dette orbitali. Nel nucleo dell'ossigeno troviamo 8 protoni e 8 neutroni; la risposta corretta è quindi la D.

5 Uno ione è un atomo che ha perso o acquistato uno o più elettroni, senza variare il numero di protoni o neutroni. La risposta corretta è la A.

6 Lungo un periodo nella tavola periodica gli elementi sono ordinati in ordine di numero atomico crescente. Dato che il numero atomico rappresenta il numero di protoni contenuti nel nucleo di un atomo dell'elemento, in un periodo ogni elemento differisce da quello che lo precede per la presenza di un protone in più nel nucleo; risposta B.

7 Il simbolo del magnesio è Mg, il simbolo del potassio è K, quello del fosforo P e quello dell'argento Ag. La risposta esatta è quindi la D.

CULTURA SCIENTIFICO-MATEMATICA

8 I principali legami chimici, che permettono la formazione di composti chimici a partire dagli elementi, sono il legame ionico e il legame covalente. Il primo si forma fra atomi con una elevata differenza di elettronegatività: il più elettronegativo acquista un elettrone ceduto dal meno elettronegativo. Il composto che si ottiene è quindi formato da ioni positivi e negativi, ordinati in un reticolo cristallino grazie a interazioni elettrostatiche. Il legame covalente invece si forma fra atomi con elettronegatività uguale o simile, che mettono in condivisione uno o più elettroni ciascuno. Quando gli atomi che partecipano al legame sono uguali si forma un legame covalente puro, in cui gli elettroni sono ugualmente condivisi; quando invece gli atomi legati sono diversi, l'atomo più elettronegativo attira maggiormente su di sé la nuvola elettronica di legame e si forma un legame covalente polare. Nella molecola H_2, formata da due atomi di idrogeno (H) uguali, questi sono uniti da un legame covalente puro; risposta **B**.

---

9 L'olio è un composto apolare, mentre l'alcool è un composto polare, quindi non sono miscibili tra loro (risposta **D** errata). Dato che la densità dell'olio è maggiore rispetto a quella dell'alcool, l'alcool galleggia sull'olio, risposta **C**.

---

10 I metalli sono conduttori di calore e corrente elettrica, sono duttili e malleabili, possono essere quindi modellati in lamine sottili o fili (risposte **B**, **C** e **D** errate). Inoltre sono tutti solidi a temperatura ambiente, ad eccezione del mercurio, la risposta corretta è quindi la **A**.

---

11 L'equazione chimica $\alpha A + \beta B \rightarrow \gamma C + \delta D$, indica che α moli della sostanza A reagiscono con β moli della sostanza B per produrre γ moli della sostanza C e δ moli della sostanza D. A e B sono detti reagenti, C e D prodotti della reazione. α, β, γ e δ sono i coefficienti stechiometrici della reazione. La risposta corretta è quindi la **A**.

---

12 L'aggiunta di NaCl (il comune sale da cucina) all'acqua comporta due effetti:

- un innalzamento della temperatura di ebollizione (innalzamento ebullioscopico);
- un abbassamento della temperatura di congelamento (abbassamento crioscopico).

È questo il motivo per cui, quando le strade sono ghiacciate, si versa del sale: la presenza di quest'ultimo determina infatti un abbassamento della temperatura di congelamento dell'acqua e ne facilita il passaggio allo stato liquido. Analogamente, se si aggiunge NaCl all'acqua che bolle, essa cessa temporaneamente di bollire in quanto la presenza del cloruro di sodio ne aumenta la temperatura di ebollizione. La risposta corretta è quindi la **B**.

---

13 Il pH è un indicatore della concentrazione degli ioni H^+ (o H_3O^+) in una soluzione, e quindi dell'acidità della soluzione. Il pH è definito come l'inverso del logaritmo della concentrazione di ioni H^+:

$$pH = -\text{Log}\,[H^+]$$

In acqua pura $[H^+] = 10^{-7}\ M \Rightarrow pH = 7$.

Nelle soluzioni acide, dove la concentrazione di ioni H^+ è maggiore di 10^{-7} M, si ha $pH < 7$; nelle soluzioni neutre, in cui la concentrazione di ioni H^+ è pari a 10^{-7} M, si ha $pH = 7$; nelle soluzioni basiche, in cui la concentrazione di ioni H^+ è minore di 10^{-7} M, si ha $pH > 7$. La risposta corretta è la **B**.

---

14 Una soluzione è una miscela omogenea di due o più sostanze; risposta **C**. Il fatto che sia omogenea significa che ha la stessa composizione in ogni punto, cosa che non si verifica nei casi proposti dalle alternative **A**, **B** e **D**, che sono pertanto errate.

---

15 La scala del pH va da 0 a 14: sono definite *acide* le soluzioni con $pH < 7$, *neutre* le soluzioni con $pH = 7$ e *basiche* quelle con $pH > 7$. Si deduce che una soluzione che ha $pH = 4$ è acida, risposta **C**.

4 | Fisica

4.1 | Esercizi proposti

1 Anteporre il prefisso tera (simbolo T) a un'unità di misura corrisponde a moltiplicarla per:

A 10^3

B 10^6

C 10^9

D 10^{12}.

2 Quale tra le seguenti grandezze fisiche non è uno *scalare*?

A Temperatura

B Pressione

C Volume

D Corrente elettrica

3 Il risultato di un prodotto scalare:

A è necessariamente un vettore

B è necessariamente uno scalare

C può essere uno scalare a seconda dei fattori

D può essere un vettore a seconda dei fattori

4 Quale tra le seguenti grandezze fisiche corrisponde al rapporto tra una lunghezza e un tempo al quadrato?

A Forza

B Velocità

C Velocità al quadrato

D Accelerazione

5 Calcolare la velocità media tenuta da un veicolo che ha percorso 300 metri in 5 minuti.

A 1 m/s

B 60 m/s

C 33 m/s

D 20 m/s

CULTURA SCIENTIFICO-MATEMATICA

6 $E_c = \frac{mv^2}{2}$ **non rappresenta, in formule:**

A un'energia potenziale
B un lavoro
C un'energia cinetica
D una quantità di moto

7 **La velocità della luce è dell'ordine di:**

A 10^8 km/h
B 10^4 km/s
C 10^8 m/s
D 10^4 m/s

8 **Calcolare il lavoro compiuto da una forza di 1 N il cui punto di applicazione si sposta lungo un piano a essa parallelo per 10 cm.**

A 0 J
B 0,1 J
C 0 erg
D 0,1 erg

9 **Il coulomb (simbolo C) è un'unità di misura di:**

A carica elettrica
B corrente elettrica
C potenziale elettrico
D energia elettrostatica

10 **"Un corpo riceve dall'acqua una spinta pari al peso dell'acqua spostata". Questo è l'enunciato:**

A del principio di Pascal
B del principio dei vasi comunicanti
C della legge di Bernoulli
D del principio di Archimede

11 **Trasformata in gradi fahrenheit, una temperatura di 10 °C equivale a:**

A 283 °F
B 383 °F
C 50 °F
D –26 °F

12 **Le orbite dei pianeti del Sistema solare sono:**

A circonferenze
B iperboli
C ellissi
D selle

13 **Ordinare cronologicamente le seguenti teorie fisiche:**

meccanica quantistica, meccanica newtoniana, sistema tolemaico, sistema copernicano

A meccanica quantistica, meccanica newtoniana, sistema tolemaico, sistema copernicano

B meccanica newtoniana, meccanica quantistica, sistema tolemaico, sistema copernicano

C sistema copernicano, sistema tolemaico, meccanica newtoniana, meccanica quantistica

D sistema tolemaico, sistema copernicano, meccanica newtoniana, meccanica quantistica

14 **Marie e Pierre Curie vinsero il Nobel per la fisica nel 1903 "in riconoscimento degli straordinari servizi resi con le loro ricerche congiunte sui fenomeni radioattivi scoperti da...":**

A Wilhelm Conrad Röntgen

B Antoine Henri Becquerel

C Lord Rayleigh

D J.J. Thomson

15 **Qual è l'ultimo pianeta del Sistema solare a essere stato scoperto?**

A Marte

B Urano

C Nettuno

D Plutone

4.2 | Soluzioni e commenti

1 Ciascun prefisso per le unità di misura è associato a una potenza di dieci secondo la tabella che segue (in generale per rispondere a quesiti di questo genere è necessario conoscerla).

Multipli				**Sottomultipli**			
tera (T)	10^{12}	chilo (k)	10^3	deci (d)	10^{-1}	micro (μ)	10^{-6}
giga (G)	10^9	etto (h)	10^2	centi (c)	10^{-2}	nano (n)	10^{-9}
mega (M)	10^6	deca (da)	10^1	milli (m)	10^{-3}	pico (p)	10^{-12}

In questa tabella è possibile leggere che tera significa 10^{12}. Un teraelettronvolt (in simboli: TeV), per esempio, vale 10^{12} elettronvolt ed è dunque un multiplo di questa unità di misura. La risposta esatta è la D.

2 All'interno di un conduttore, in generale, la corrente elettrica ha un verso, perciò deve essere descritta da un vettore (risposta D). Tutte le altre grandezze sono scalari.

3 Il risultato di un prodotto scalare è sempre uno scalare. In particolare, tale prodotto è definito tra due vettori come $c = \mathrm{a} \cdot \mathrm{b} = a \cdot b \cdot \cos\alpha$, dove α è l'angolo formato dai due vettori a e b che devono essere moltiplicati. La risposta corretta è la B.

CULTURA SCIENTIFICO-MATEMATICA

4 Il quesito richiede la conoscenza del concetto di dimensioni di una grandezza fisica. Lunghezza e tempo sono grandezze fondamentali con dimensioni [L] e [T] rispettivamente. Il rapporto tra una lunghezza e un tempo è una velocità; il rapporto tra una velocità e un tempo è un'accelerazione. Si ricava così che il rapporto tra una lunghezza e un tempo al quadrato è un'accelerazione. In formule:

$$[a] = \frac{[v]}{[T]} = \frac{[L]/[T]}{[T]} = \frac{[L]}{[T]^2} \quad \text{(risposta D)}$$

5 La velocità media si trova come rapporto tra lo spazio percorso e il tempo impiegato a percorrerlo. In formule, e con i dati del problema (usando le unità di misura del sistema internazionale):

$$v = \frac{\Delta s}{\Delta t} = \frac{300\ \text{m}}{5\ \text{min}} = \frac{300\ \text{m}}{300\ \text{s}} = 1\ \text{m/s} \qquad \text{(risposta A)}$$

6 La nota formula data nel testo del problema permette di calcolare l'energia cinetica a partire da massa e velocità di un corpo. Sarebbe scorretto tuttavia escludere che questa formula possa indicare una qualunque forma di energia: per esempio, nel tipico caso del moto di caduta di un grave da fermo, la dote di energia iniziale del corpo fermo è *potenziale*, ma durante la caduta essa si trasforma in energia *cinetica*. Allo stesso modo non si può escludere l'altra grandezza equivalente all'energia, il lavoro. L'unica grandezza da escludere è la quantità di moto, che ha dimensioni diverse (risposta D).

7 Per rispondere è necessario non solo conoscere il valore della velocità della luce ($3 \times 10^8\ \text{m/s}$ o $300.000\ \text{km/s}$, a seconda dell'unità di misura adottata), ma anche il concetto di *ordine di grandezza*.

L'ordine di grandezza è la potenza di 10 più vicina al numero considerato. In questo caso, se l'unità di misura considerata è metri al secondo, l'ordine di grandezza è 10^8 (risposta C).

Se invece si considerano i chilometri al secondo, l'ordine di grandezza da considerare è la potenza di 10 più vicina a 300.000, cioè 10^5. Volendo infine considerare i chilometri orari, conviene fare l'equivalenza a partire dal valore della velocità in metri al secondo:

$$c = 3 \cdot 10^8\ \frac{\text{m}}{\text{s}} = 3 \cdot 10^8 \cdot 3{,}6\ \frac{\text{km}}{\text{h}} = 10{,}8 \cdot 10^8\ \frac{\text{km}}{\text{h}} = 1{,}08 \cdot 10^9\ \frac{\text{km}}{\text{h}}$$

In questo caso l'ordine di grandezza è 10^9.

8 Il lavoro si trova in generale come prodotto scalare dei vettori forza e spostamento. In questo caso, essendo i due vettori paralleli, il prodotto scalare si riduce a un prodotto semplice e si ha (usando le unità di misura del Sistema internazionale):

$$L = F \cdot s = 1\ \text{N} \cdot 10\ \text{cm} = 1\ \text{N} \cdot 0{,}1\ \text{m} = 0{,}1\ \text{J} \qquad \text{(risposta B)}$$

9 Il coulomb è l'unità di misura della carica elettrica nel Sistema internazionale delle unità di misura. La risposta corretta è la A.

10 Quello che si legge nel testo del problema è l'enunciato del principio di Archimede (risposta D). Dato un corpo di densità ρ e volume V e un liquido di densità ρ_l, se V_l è il volume del fluido spostato, tale principio si traduce nella condizione di equilibrio idrostatico:

$$\rho V = \rho_l V_l$$

PARTE TERZA

11 Applicando la formula che consente di trasformare una temperatura espressa in gradi centigradi in una temperatura espressa in gradi fahrenheit:

$$T_F = \frac{9}{5}T_C + 32 = \frac{9}{5} \cdot 10 + 32 = 50\ °F \qquad \text{(risposta C)}$$

12 Secondo la prima legge di Keplero, le orbite dei pianeti del Sistema solare sono ellissi di cui il sole occupa uno dei due fuochi (risposta C).

13 Mentre la meccanica di Newton (1642-1727) risale al Seicento, la meccanica quantistica viene messa a punto nei primi decenni del Novecento. L'antico sistema tolemaico (geocentrico) per la meccanica celeste fu considerato valido a lungo anche dopo l'introduzione del sistema eliocentrico di Copernico (1473-1543), che rappresentò una vera "rivoluzione scientifica". La risposta corretta è la D.

14 Il fenomeno della radioattività naturale fu scoperto dal francese Becquerel, premiato proprio lo stesso anno 1903 con un Nobel condiviso con i Curie. La risposta esatta è la B. Gli altri fisici hanno ricevuto il Nobel rispettivamente per la scoperta dei raggi Röntgen, lo studio della densità di vari gas e la scoperta dell'argo, lo studio della conduzione elettrica nei gas, il lavoro sui raggi catodici.

15 L'esistenza di Plutone venne ipotizzata dall'astronomo americano Percival Lowell, per spiegare piccole perturbazioni osservate nel moto di Urano. Nel 1930 il pianeta venne scoperto dall'americano Clyde William Tombaugh nei pressi della posizione prevista da Lowell. La risposta esatta è la D.

parte quarta

Prova simulata

Introduzione

I test di ammissione ai corsi universitari dell'area di **Scienze della Formazione**, come è già stato detto più vole, non sono uguali tra loro e si registrano differenze persino tra i test dello stesso corso attivato presso università diverse. È quindi solo il bando di concorso, pubblicato ogni anno dal Ministero, a chiarire quali saranno di volta in volta le materie e le tipologie di esercizi utilizzate per la selezione delle aspiranti matricole.

La prova simulata riportata in questo libro rappresenta una è formulata secondo i seguenti criteri:

- le tipologie di esercizi corrispondono a quelle più diffuse nei test in esame;
- il grado di difficoltà medio è paragonabile a quello dei quesiti che compongono le prove ufficiali adottate dalle università;
- il tempo medio a disposizione per risolvere ciascun quesito è lievemente inferiore a quello concesso dalle università, che è di 150 minuti. Tale scelta è stata operata per compensare il vantaggio derivante dalle diverse condizioni psicologiche del candidato durante la prova simulata rispetto a quelle che accompagnano lo svolgimento del test ufficiale.

La prova così ottenuta è costituita da 80 quesiti, da risolvere in un tempo complessivo pari a 120 minuti.

Pur non potendo soddisfare appieno le esigenze specifiche di ogni singolo lettore, la prova consente di verificare il grado di preparazione raggiunto e di sperimentare la difficoltà, le modalità e l'impegno di un test di ammissione.

La prova simulata è corredata da due schede di risposte: una "scheda vergine", su cui riportare l'alternativa scelta per ogni quesito e una scheda contenente la soluzione di tutti i quesiti della prova.

L'alternativa ritenuta esatta deve essere indicata annerendo lo spazio corrispondente; è infatti questo il metodo utilizzato dalle università che si servono di elaboratori dotati di lettori a fibre ottiche per la correzione dei test. Si ricorda che durante la prova ufficiale non è consentito l'uso di calcolatrici e di libri di testo.

Una volta completata la prova (e solo allora) si confrontano le risposte date con quelle presenti sulla scheda compilata.

Per la valutazione del risultato, si ricordi il seguente criterio:

- + 1 punto per ogni risposta esatta;
- 0 punti per ogni risposta errata;
- 0 punti per ogni quesito lasciato irrisolto.

Tale sistema di valutazione è fra i più diffusi nella correzione dei test.

Per concludere, si osservi che non è possibile stabilire se il singolo studente sarà ammesso al corso di studi da lui prescelto, in base al punteggio conseguito nella prova simulata. Infatti, le possibilità di ammissione dipendono dal rapporto tra numero di candidati e posti disponibili e dal punteggio realizzato dagli altri candidati.

A titolo indicativo si può considerare alto un punteggio superiore a 60, medio un punteggio compreso tra 40 e 60, e basso un punteggio inferiore a 40.

Per avere un'indicazione più precisa anche in tal senso, si rimanda agli specifici corsi Alpha Test, durante i quali i docenti sono in grado di fornire a ciascun candidato il punteggio orientativo che occorre conseguire e dunque anche la preparazione necessaria per accedere al corso universitario prescelto.

PROVA SIMULATA

Tempo a disposizione: 120 minuti

Alpha Test

Scheda per le risposte della prova simulata

Contrassegnare le risposte relative alle domande della prova simulata

	A	B	C	D	E		A	B	C	D	E		A	B	C	D	E
1						31						61					
2						32						62					
3						33						63					
4						34						64					
5						35						65					
6						36						66					
7						37						67					
8						38						68					
9						39						69					
10						40						70					
11						41						71					
12						42						72					
13						43						73					
14						44						74					
15						45						75					
16						46						76					
17						47						77					
18						48						78					
19						49						79					
20						50						80					
21						51											
22						52											
23						53											
24						54											
25						55											
26						56											
27						57											
28						58											
29						59											
30						60											

Cultura linguistica e ragionamento logico

Leggere il brano seguente e rispondere alle relative domande

L'ambito della prassi educativa nel corso degli ultimi trent'anni è stato al centro di un dibattito teorico e culturale che ha portato a dilatare l'alone di significato che circonda il termine «didattica». Si può dire infatti che, fino alla metà degli anni Settanta, esso indicava solamente il complesso delle azioni che gli insegnanti mettevano in atto per tradurre il contenuto dei programmi scolastici in una forma accessibile agli allievi in un contesto di istruzione esclusivamente scolastico, secondo o meno, i propri convincimenti pedagogici. La riflessione epistemologica sulla scientificità della pedagogia, l'allargamento alle scienze dell'educazione, l'accento sull'efficienza come meccanismo tanto di selezione come di emancipazione, a seconda che si applichi alle élite o agli svantaggiati, hanno portato a una riconcettualizzazione delle pratiche pedagogiche e quindi a una ridefinizione del campo della didattica. A ciò si aggiunga il mutato scenario socio-economico che ha allargato lo spettro delle età della formazione a tutto il corso della vita.

1 Stando al contenuto del brano, negli ultimi decenni la didattica:

- A è molto cambiata, insieme alle pratiche pedagogiche
- B è stata soppiantata dalla formazione permanente
- C è stata oggetto di una radicale riflessione epistemologica, che ne ha sancito la scientificità
- D non è stata in alcun modo ridefinita

2 Quale delle seguenti affermazioni è logicamente deducibile dal brano?

- A La nuova didattica applica esclusivamente criteri di selezione e di emancipazione
- B La didattica resta pur sempre limitata alla formazione scolastica
- C Il meccanismo dell'efficienza è stato letale per la didattica
- D La didattica non è più limitata al solo contesto dell'istruzione scolastica

3 Secondo quanto riportato nel brano, la riconcettualizzazione delle pratiche pedagogiche NON può essere ricondotta:

- A alla riflessione epistemologica sulla scientificità della pedagogia
- B ai cambiamenti nello scenario socio-economico
- C all'allargamento della pedagogia alle scienze dell'educazione
- D all'accento posto sull'efficienza come meccanismo elitario svantaggioso

Leggere il brano seguente e rispondere alle relative domande

Diversi studi hanno sottolineato la dimensione emotiva dei processi di apprendimento e di lavoro. In particolare, secondo lo psicoanalista Bion, ogni percorso di conoscenza è in primo luogo un'impresa emotiva: le emozioni, la confusione e il caos legati all'incontro con l'ignoto devono poter essere tollerati e tenuti nella mente perché i dati sensoriali, grezzi e concreti, dell'esperienza possano essere trasformati in elementi mentali, cioè visualizzati, pensati e messi in connessione fra loro. Non si apprende automaticamente un'esperienza: da un'esperienza si "può" imparare. Gli input esperienziali, i dati sensoriali non sono di per sé utilizzabili per il pensiero e la conoscenza, come precisa Bion, ma devono poter essere legati insieme dall'attività mentale del soggetto affinché diventino significati mentalizzabili e, quindi, pensabili. Un input esterno, per quanto sia ben strutturato e chiaro, non è conoscibile se all'interno della mente non si struttura una rappresentazione psichica, un simbolo, un'immagine interna che può dare significato al dato sensoriale. Diversi studi hanno ormai dimostrato che il processo psichico di costruzione di una rappresentazione psichica (un'immagine, un concetto ecc.) che codifichi la conoscenza di un oggetto mobilita, in modi squisitamente soggettivi, emozioni e sentimenti che non sono solo di curiosità, entusiasmo e piacere. Questo vuol dire che, comunque, il soggetto, per poter apprendere, deve confrontarsi con i sentimenti, anche quelli difficili e dolorosi, di confusione, inadeguatezza e rabbia che si attivano nell'incontro con l'oggetto di conoscenza, in qualche misura separato e con una sua struttura indipendente. Se emozioni e vissuti di dubbio o incertezza, inadeguatezza o frettolosa e superficiale onnipotenza sono tollerati e tenuti nella mente, i dati sensoriali possono diventare immagini, idee e concetti in grado di articolarsi insieme in un nuovo sapere. Il problema, infatti, è che la mente umana non è naturalmente attrezzata per la conoscenza, in quanto non è costituzionalmente in grado, per così dire, di tollerare l'ansia del non sapere e del non capire, ansia sempre presente nei processi di interazione e di conoscenza. Quando l'individuo incontra aree di ignoranza e di dubbio, è portato a difendersi ricorrendo a operazioni mentali e a fantasie molto primitive e irrealistiche che scindono, cioè allontanano da sé il dubbio, l'inadeguatezza, il disagio o negandoli attraverso una superficiale sicurezza, o trasformandoli nella persecutorietà di una realtà, che viene percepita come inconoscibile e intrasformabile, e perciò nemica. Il soggetto è spinto, inconsciamente, a liberarsi da vissuti e sentimenti difficili e inquietanti, scindendoli e proiettandoli all'esterno, vivendoli, cioè, come qualcosa di cattivo esterno a sé, che non promana dalla propria mente.

4 **Nel brano si afferma che:**

- **A** la vera causa dell'ansia umana risiede nel processo di interazione e di conoscenza
- **B** la conoscenza è sempre provocata dall'ansia
- **C** uno stato ansioso è sempre insito nei processi di apprendimento
- **D** il senso di inadeguatezza e di rabbia di fronte ai processi conoscitivi è naturale in soggetti poco propensi alla relazione

5 **Facendo riferimento al brano, tutte le seguenti affermazioni sono corrette tranne una. Quale?**

- **A** Non sempre si può apprendere da un'esperienza
- **B** Un input esterno, se ben strutturato e chiaro, è sempre conoscibile
- **C** Il processo di apprendimento comporta anche sentimenti di inadeguatezza
- **D** Aree di ignoranza o dubbio possono spingere il soggetto a difendersi tramite una deformazione in senso persecutorio della realtà

6 **Nel brano sono presenti tutti i seguenti avverbi tranne uno. Quale?**

- **A** Costituzionalmente
- **B** Particolarmente
- **C** Squisitamente
- **D** Inconsciamente

7 **In base a quanto scritto nel brano, in che modo reagisce l'individuo quando sperimenta l'inadeguatezza e il disagio prodotti dall'incontro con l'ignoto?**

A Assorbendo mentalmente anche le emozioni più difficili e inquietanti

B Manifestando una condotta sempre aggressiva e disturbante

C Con la scissione e la proiezione all'esterno dei vissuti e dei sentimenti negativi

D Con una regressione a dinamiche mentali infantili

8 **Quale dei seguenti potrebbe essere un titolo adeguato del brano?**

A Processo cognitivo ed emozioni

B La gestione educativa

C Apprendere dall'esperienza

D I processi psichici della relazione

Rispondere ai seguenti quesiti.

9 **Cosa significa consequenziale?**

A Posteriore

B Illogico

C Nato da

D Che denota un rapporto di conseguenza

10 **Quale delle seguenti frasi non contiene errori di grammatica?**

A È meglio agire con prudenza e ponderazione e riflettere molto, per non pregiudicare all'interesse di nessuno

B Per quanto informata dell'arrivo dell'ambasciatore, Maria non ha potuto riservargli una camera all'hotel Marriot

C Mario è una persona molto gentile, ma è difficile non contrariarla se si parla di politica

D Il direttore convocò i due impiegati nel suo ufficio e gli disse che era molto contento del lavoro che avevano fatto

11 **Individuare il sinonimo o il corretto significato di *maestranza*:**

A dominio

B abilità

C insieme di operai

D corpo docente

12 **Enrica, Rita e Alessandra abitano nello stesso appartamento. Lavorando insieme puliscono la loro casa in 2 ore. Da sola Enrica impiega 8 ore e Rita 4 ore. Quanto impiegherebbe Alessandra se dovesse pulire da sola la casa?**

A 8 ore B 6 ore C 4 ore D 2 ore

13 **Luigi e Nicola sono in grado di bere 24 bottiglie di birra in 100 minuti. Luigi ne beve il triplo di Nicola, il quale a sua volta ne beve la metà di Andrea. Quante bottiglie di birra bevono Andrea, Luigi e Nicola insieme in 50 minuti?**

A 24 B 36 C 30 D 18

PROVA SIMULATA

Rispondere ai seguenti quesiti.

14 **La criminalità nelle strade ha ormai raggiunto livelli preoccupanti. Gran parte della responsabilità di questa situazione è da attribuire ai giudici, che hanno severamente limitato l'azione della nostra polizia. La criminalità non sarà eliminata fino a quando alla polizia sarà impedito di intraprendere le azioni che quest'ultima ritiene necessarie per capire veramente chi sono i colpevoli dei reati.**

Se le affermazioni sopra riportate sono vere, ne segue che:

a)la criminalità sarà eliminata quando saranno rimossi i limiti imposti alla polizia;

b)i giudici non hanno alcun diritto di limitare le azioni della polizia;

c)i giudici non si preoccupano del diritto dei cittadini di essere difesi dalla criminalità.

A a)

B b)

C b) e c)

D Né a), né b), né c)

15 **In base alle informazioni in suo possesso, l'investigatore non può non negare che è falso quanto affermato dal suo informatore, il quale dichiarò di non conoscere l'autore della rapina di ieri.**

Basandosi sulla precedente affermazione, individuare quale delle seguenti alternative è esatta

A L'informatore conosce l'autore della rapina di ieri

B L'informatore non conosce l'autore della rapina di ieri

C Non è possibile sapere se l'informatore conosce l'autore della rapina di ieri

D Nessuna delle altre risposte è corretta

16 **Alla domanda: "Che cosa farai dopo l'esame?", Giorgio risponde: "Andrò in discoteca o a casa. Se mi bocciano andrò in discoteca. Andrò a casa solo se verrò bocciato". Basandosi sulle informazioni date da Giorgio, individuare quale delle seguenti alternative è esatta.**

A Non è possibile sapere cosa farà Giorgio dopo l'esame

B Giorgio verrà bocciato e andrà in discoteca

C Giorgio supererà l'esame ed è andato in discoteca

D Non si sa se Giorgio supererà l'esame, ma certamente andrà in discoteca

17 **Marta e Luisa lavorano a 10 km di distanza. Un giorno partono dal luogo di lavoro alle ore 17 per incontrarsi in un bar che si trova esattamente a metà strada tra le due. Se Marta viaggia alla velocità di 30 km/h e Luisa a 90 km/h, quanti minuti quest'ultima dovrà attendere l'arrivo dell'amica al bar?**

A Circa 2

B Circa 1

C Circa 15

D Circa 7

18 Individuare il numero mancante identificato dal punto interrogativo.

8	x	2	:	8	|	2
+		x		+		
5	+	...	+	2	|	13
−		+		−		
4	+	1	:	...	|	1
9		13		?		

A 2

B 4

C 12

D 5

Il grafico seguente riporta alcuni dati sul numero di sportivi della città di Zurigo. Facendo riferimento a tale grafico, rispondere alle successive cinque domande.

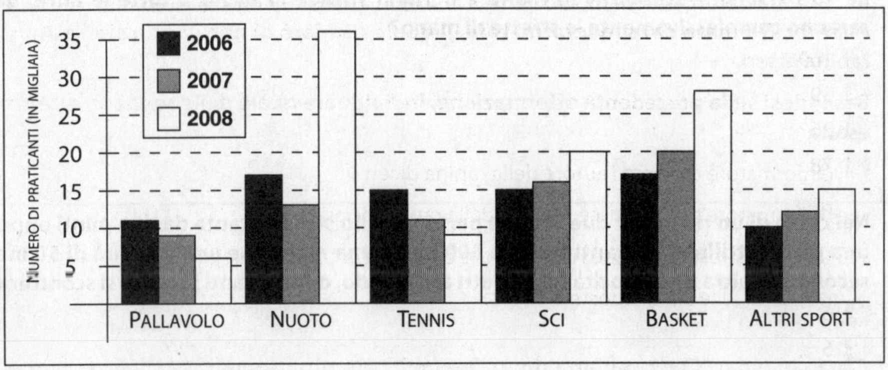

19 Quanti sono stati gli sportivi della città di Zurigo, complessivamente, nel 2006?

A Circa 190.000

B Circa 85.000

C Circa 145.000

D Circa 120.000

20 Nel 2008, quale percentuale di sportivi (rispetto al totale dell'anno) praticava il basket?

A Circa il 25%

B Circa il 90%

C Circa il 60%

D Circa il 45%

21 **Nel triennio considerato, quanti sportivi praticavano il nuoto?**

- A Circa 65.000
- B Circa 50.000
- C Circa 25.000
- D Circa 80.000

22 **Dal grafico si possono trarre tutte le seguenti conclusioni tranne una. Quale?**

- A Dal 2006 al 2007, il numero di sportivi che praticavano la pallavolo è diminuito
- B Se il numero di sportivi che praticano lo sci è un buon indicatore della quantità di neve caduta durante l'inverno, nel 2008 è caduta meno neve che nel 2007
- C Dal 2007 al 2008, l'incremento percentuale di sportivi più elevato è stato quello dei praticanti il nuoto
- D Il numero di sportivi che praticavano il tennis è diminuito dal 2006 al 2007

Rispondere ai seguenti quesiti.

23 **Se 13 persone si stringono la mano e ognuna stringe la mano a tutte le altre, quante saranno complessivamente le strette di mano?**

- A 169
- B 39
- C 26
- D 78

24 **Nel corso di un *crash test* due vetture partono nello stesso istante da due punti opposti di una pista rettilinea, distanti fra loro 600 m. Se una mantiene una velocità di 50 metri al secondo e l'altra una velocità di 70 metri al secondo, dopo quanti secondi si scontreranno?**

- A 6
- B 5
- C 10
- D 12

25 **La facoltà di economia si trova tra l'abitazione di Luca e l'abitazione di Filippo. L'abitazione di Luca si trova tra l'abitazione di Filippo e la facoltà di informatica. Per tanto:**

- A l'abitazione di Luca è più vicina alla facoltà di economia che all'abitazione di Filippo
- B l'abitazione di Luca è più vicina all'abitazione di Filippo che alla facoltà di economia
- C con i dati conosciuti non è possibile stabilire se sia più vicina alla facoltà di economia l'abitazione di Luca o la facoltà di informatica
- D la facoltà di informatica è più vicina alla facoltà di economia che all'abitazione di Luca

26 **Solo quando non deve cucire, Lorenzo legge un libro. Se la precedente affermazione è vera, allora è certamente vero che:**

- A quando Lorenzo deve cucire, allora non legge un libro
- B quando Lorenzo non legge un libro, allora vuol dire che deve cucire
- C se Lorenzo non deve cucire, allora legge sempre un libro
- D non dover cucire è condizione sufficiente affinché Lorenzo legga un libro

27 **Si dispone di una bilancia a due piatti con il braccio sinistro che misura un quarto del braccio destro. Se nel piatto sinistro vengono posti 26 pesi uguali fra loro, quanti pesi dello stesso tipo devono essere posizionati nel piatto destro affinché la bilancia risulti in equilibrio?**

A 104

B Non è possibile equilibrare la bilancia con un numero intero di pesi

C 78

D 26

28 **Chi è entrato almeno una volta nella casa marrone, dopo non può più entrare nella casa grigia. Solo chi è già entrato nella casa nera può entrare nella casa grigia. Chi è entrato almeno una volta nella casa grigia, dopo non può più entrare nella casa bianca. Se sono entrato nella casa bianca...**

A Sicuramente non sono entrato prima nella casa marrone

B Potrei essere entrato prima nella casa marrone

C Sicuramente sono entrato prima nella casa nera

D Sicuramente sono entrato prima nella casa marrone

29 **L'affitto della Sala del Consiglio è più costoso dell'affitto della Sala Riunioni, ma a sua volta l'affitto della Sala Riunioni è più economico dell'affitto della Sala Grande. Inoltre, l'affitto della Sala della Giunta è più caro dell'affitto della Sala Grande, ma più economico dell'affitto della Sala del Consiglio. Infine, l'affitto della Sala Maggiore è più costoso dell'affitto della Sala Riunioni ma più economico dell'affitto della Sala della Giunta.**

Quale tra le seguenti affermazioni è certamente vera?

A Non si sa se l'affitto della Sala Maggiore sia più o meno costoso dell'affitto della Sala del Consiglio

B Non si sa se l'affitto della Sala Maggiore sia più o meno costoso dell'affitto della Sala Grande

C L'affitto della Sala Riunioni costa di più rispetto all'affitto della Sala della Giunta, ma meno rispetto all'affitto della Sala del Consiglio

D L'affitto della Sala Grande è più economico dell'affitto della Sala del Consiglio ma più caro dell'affitto della Sala della Giunta

Il grafico e la tabella seguenti riportano alcuni dati sui dipendenti dell'istituto di credito Beta.

DIPENDENTI LAUREATI
SUL TOTALE DEI DIPENDENTI

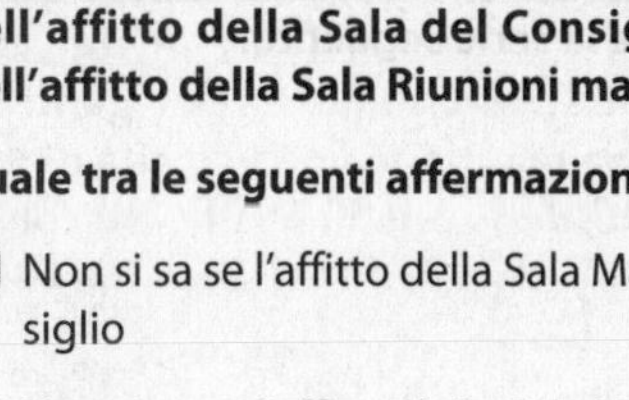

	Dipendenti in totale	Dipendenti (suddivisi per posizione) Front office	Back office	Altro
2004	2.000	25%	25%	50%
2005	2.500	22%	38%	40%
2006	2.800	20%	45%	35%
2007	2.700	18%	52%	30%

30 **Quanti erano i dipendenti non laureati dell'istituto di credito Beta nel 2006?**

A Circa 1.000
B Circa 1.800
C Circa 500
D Circa 800

31 **In quale anno l'istituto di credito Beta ha avuto il maggior numero di dipendenti non laureati (rispetto al totale dei dipendenti dell'anno)?**

A 2004
B 2005
C 2006
D 2007

32 **A quanto ammontava il numero di dipendenti addetti al front office nell'istituto di credito Beta nel 2004?**

A A 500 dipendenti
B A 1.000 dipendenti
C A 50 dipendenti
D A 250 dipendenti

Rispondere ai seguenti quesiti.

33 **Individuare il numero che completa correttamente la serie seguente.**
12, 14, 17, 21, 26, ...?

A 32
B 30
C 33
D 21

34 **A, A, B, C, C, E, D, G, ...**

A E
B I
C H
D G

35 **Individuare l'elemento mancante.**

14	20	10
11	18	5
C	B	?

A E
B D
C H
D F

36 **Individuare la figura mancante.**

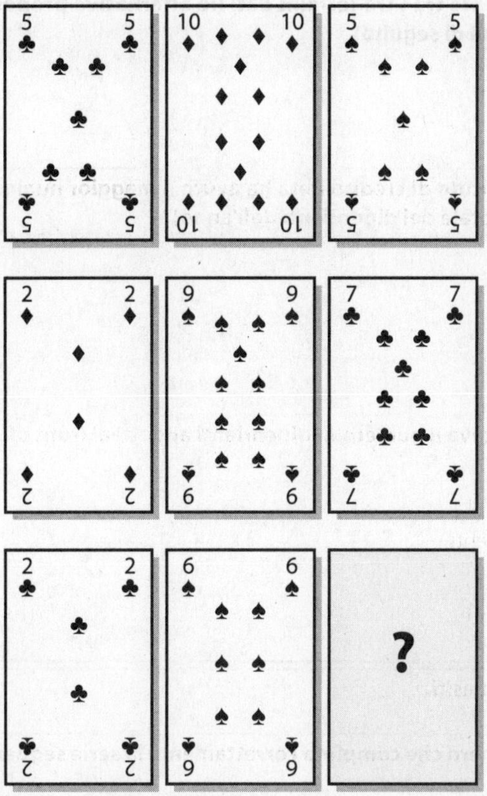

A 

B 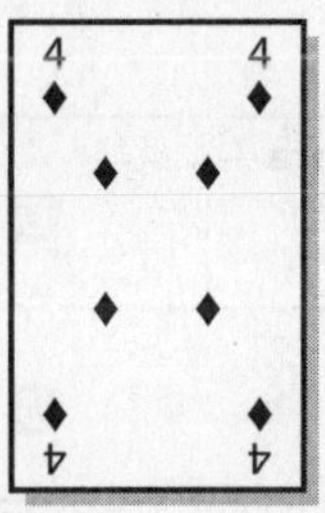

C 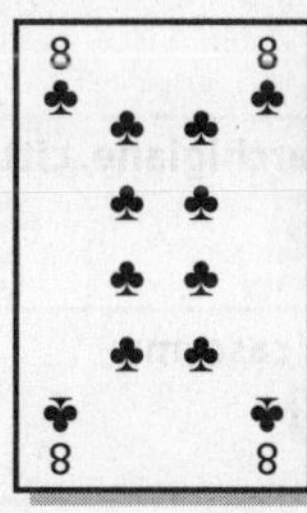

D 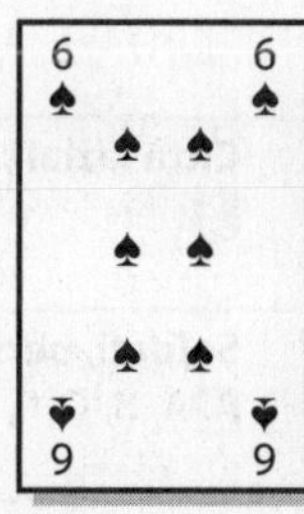

37 **Individuare la figura da scartare.**

A 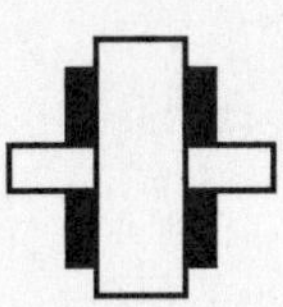

B 

C 

D 

Per ciascuno degli esercizi seguenti, indicare il diagramma (A, B, C o D) che soddisfa la relazione insiemistica esistente tra i tre termini dati (le alternative proposte per ciascun esercizio sono quelle raffigurate qui di seguito).

A
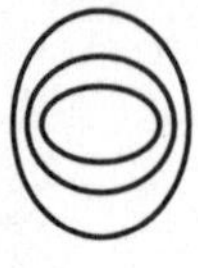

B

C
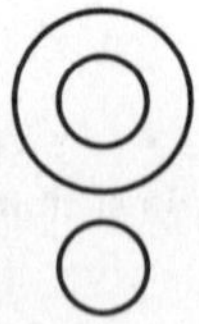

D
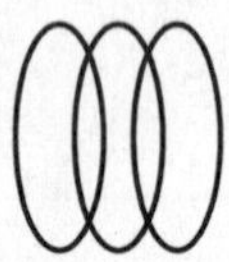

38 Città laziali, città marchigiane, città di mare

A B C D

39 Soldati, bersaglieri, caserma

A B C D

40 Avverbi, articoli indeterminativi, pronomi

A B C D

Cultura letteraria, storico-sociale e geografica

41 **Quando furono resi legali in Italia aborto e divorzio?**

A Negli anni Settanta del Novecento
B Negli anni Novanta del Novecento
C Negli anni Sessanta del Novecento
D Negli anni Cinquanta del Novecento

42 **Chi era alla guida dell'URSS durante la seconda guerra mondiale?**

A Stalin
B Lenin
C Andropov
D Molotov

43 **Il trattato di pace dei vincitori della prima guerra mondiale con l'Austria si chiamava trattato di:**

A Neuilly
B Brest-Litovsk
C Sèvres
D Saint-Germain-en-Laye

44 **La foce del Rio delle Amazzoni si trova in:**

A Brasile
B Argentina
C Paraguay
D Venezuela

45 **Quale dei seguenti Stati è bagnato dall'Oceano Indiano?**

A Camerun
B Kenya
C Liberia
D Namibia

46 **Il *Cantico delle Creature* è stato composto da:**

A Gioacchino da Fiore
B Dante
C Ariosto
D San Francesco

47 **Il libro *Le mie prigioni* è stato scritto da:**

A Pietro Maroncelli
B Vincenzo Monti
C Silvio Pellico
D Giuseppe Mazzini

PROVA SIMULATA

48 **Le parole dell'Inno *Fratelli d'Italia* sono state composte da:**

A Giuseppe Garibaldi
B Goffredo Mameli
C Alessandro Manzoni
D Giuseppe Mazzini

49 **Di quale romanzo dannunziano è protagonista l'eroe dell'estetismo italiano, Andrea Sperelli?**

A *Il trionfo della morte*
B *Le vergini delle rocce*
C *Il fuoco*
D *Il Piacere*

50 **Quale dei seguenti personaggi militò nell'esercito di Napoleone?**

A Vittorio Alfieri
B Ugo Foscolo
C Alessandro Manzoni
D Silvio Pellico

51 **Dove avviene il conferimento del prestigioso Premio Strega per la letteratura?**

A Al museo archeologico nazionale di Sperlonga
B Al museo nazionale del cinema di Torino
C Al museo nazionale etrusco di Villa Giulia a Roma
D Al museo di Capodimonte di Napoli

52 **Il Flatiron Building si trova a:**

A Lonadra
B New York
C Los Angeles
D Rio de Jneiro

53 **Quale tra questi è l'edificio più alto?**

A La Tour Eiffel
B L'Empire State Building
C La Taipei
D La Torre Unicredit

54 **Chi è l'autore del romanzo *L'isola di Arturo*, pubblicato nel 1957?**

A Dacia Maraini
B Elsa Morante
C Grazia Deledda
D Alice Munro

55 **Quale delle seguenti regioni italiane confina con il maggior numero di regioni?:**

A Liguria
B Friuli Venezia Giulia
C Marche
D Sicilia

56 **Quale dei seguenti Paesi non è bagnato dal fiume Danubio?**

A Germania
B Francia
C Ungheria
D Serbia

57 **Quali erano le tre Comunità poi fuse nell'Unione europea?**

A UEO, CEE, OSCE
B EFTA, NATFA, Consiglio d'Europa
C CECA, CEE, Euratom
D CEE, ONU, NATO

58 **Cosa si intende per *elettorato attivo*?**

A La possibilità di essere eletti
B Il diritto di essere elettore
C La possibilità di essere nominato scrutatore alle elezioni
D Il diritto di fare propaganda durante la campagna elettorale

59 **Il Presidente del Consiglio dei ministri:**

A è nominato dal Presidente della Repubblica
B è nominato dal Presidente del Senato
C è nominato congiuntamente dai Presidenti del Senato e della Camera
D è eletto dal popolo

60 **Quale Paese asiatico, nel 2017, ha messo in allarme il mondo intero effettuando un test con una bomba H la cui esplosione ha provocato un sisma?**

A Vietnam del Nord
B Corea del Nord
C Vietnam del Sud
D Corea del Sud

PROVA SIMULATA

Cultura scientifico-matematica

61 **Di cosa si occupa la "reologia"?**
- A Dell'individuazione dei rei
- B Dello scorrimento dei fluidi
- C Della diffusione dei gas
- D Delle genealogie reali

62 **Newton, nel 1687, formulò la legge di gravitazione universale nella quale compare la cosiddetta *costante di gravitazione*. Quale fu lo scienziato che determinò, mediante un esperimento, il valore di tale costante?**
- A Cavendish
- B Galileo
- C Boyle
- D Lagrange

63 **Come si chiamano le quattro forze presenti in natura?**
- A Elettrodebole, magnetica, molecolare, atomica
- B Gravitazionale, elettrica, magnetica, nucleare
- C Gravitazionale, elettromagnetica, nucleare debole, nucleare forte
- D Nucleare, atomica, molecolare, gravitazionale

64 **Cosa si indica in fisica con il termine *quark*?**
- A Una trasmissione televisiva di argomento scientifico
- B Un componente fondamentale della materia
- C Un oggetto stellare molto massivo
- D Un tipo di radiazione elettromagnetica

65 **Il corredo cromosomico caratteristico della specie umana è composto da:**
- A 23 coppie di cromosomi più i cromosomi sessuali
- B 22 coppie di cromosomi più la coppia di cromosomi sessuali
- C 23 cromosomi
- D 46 cromosomi più XY

66 **I "mattoni" che costituiscono gli acidi nucleici sono:**
- A zuccheri ribosi
- B amminoacidi
- C nucleotidi
- D fosfati

67 **La demenza di Alzheimer è una patologia**
- A dell'apparato respiratorio
- B del sistema nervoso
- C dell'apparato linfatico
- D del sistema immunitario

68 **A quale gruppo di sostanze naturali appartiene l'amido, contenuto per esempio nelle patate e nei cereali?**

A grassi
B carboidrati
C proteine
D sostanze minerali

69 **Nel corpo umano, l'ipotalamo è:**

A un'area della corteccia cerebrale
B il principale centro di controllo del sistema endocrino
C un organo linfoide
D un nervo

70 **Quale dei seguenti materiali non si trova in natura?**

A Ambra
B Bauxite
C Bachelite
D Carbone

71 **Da cosa è composto il nucleo di un atomo?**

A da elettroni e neutroni
B da neutroni e protoni
C da protoni ed elettroni
D solo da elettroni

72 **Filtrata dalle particelle solide, l'aria atmosferica è:**

A una miscela omogenea
B una miscela eterogenea
C un composto ternario
D un aerosol

73 **Con il termine *orogenesi* si intende:**

A il processo di formazione di giacimenti auriferi
B il processo di formazione dei vulcani
C un processo geologico in generale
D l'attività tettonica durante la quale si formano le montagne

74 **Sia *a* un numero razionale maggiore di zero e minore di uno. Il numero *b* ottenuto moltiplicando *a* per un irrazionale *c* minore di uno sarà:**

A maggiore di *a*
B uguale ad *a*
C minore di *a*
D non è possibile moltiplicare un razionale per un irrazionale

75 **Il logaritmo in base 5 di 24:**

A è compreso tra 1 e 2
B è compreso tra 2 e 3
C non esiste
D è compreso tra –1 e 1

PROVA SIMULATA

76 **Quale delle seguenti affermazioni è vera?**

A Nell'insieme dei numeri relativi l'operazione di sottrazione è sempre possibile
B La differenza di due numeri relativi è sempre minore del minuendo
C La somma di due numeri negativi è positiva
D La somma di due numeri relativi discordi è sempre negativa

77 **Indicare quale delle seguenti periferiche di un computer non è una periferica di ingresso.**

A Trackball
B Penna ottica
C Mouse
D Plotter

78 **Un monitor 14 pollici è un monitor il cui schermo:**

A in larghezza misura 14 pollici
B in altezza misura 14 pollici
C in diagonale misura 14 pollici
D nessuna delle precedenti

79 **Quale tra i seguenti elementi non è un metallo?**

A Opale
B Rame
C Argento
D Mercurio

80 **Secondo la maggior parte degli scienziati, il buco dell'ozono può provocare:**

A un'estensione delle calotte polari
B un aumento della frequenza dei terremoti
C un aumento dei tumori della pelle nella popolazione
D un riscaldamento globale della Terra di 10-20 °C

RISPOSTE ESATTE PROVA SIMULATA

Alpha Test

Risposte esatte della prova simulata

VERIFICARE LE RISPOSTE RELATIVE ALLE DOMANDE DELLA PROVA SIMULATA

N.	A	B	C	D	E
1	■				
2				■	
3				■	
4			■		
5		■			
6		■			
7			■		
8	■				
9				■	
10		■			
11			■		
12	■				
13				■	
14				■	
15		■			
16				■	
17				■	
18				■	
19		■			
20	■				
21	■				
22		■			
23				■	
24		■			
25	■				
26	■				
27		■			
28		■			
29		■			
30		■			
31	■				
32	■				
33	■				
34	■				
35	■				
36		■			
37	■				
38				■	
39			■		
40		■			
41	■				
42	■				
43				■	
44	■				
45		■			
46				■	
47			■		
48		■			
49				■	
50		■			
51			■		
52		■			
53			■		
54		■			
55			■		
56		■			
57			■		
58		■			
59	■				
60		■			
61		■			
62	■				
63			■		
64		■			
65		■			
66			■		
67		■			
68		■			
69		■			
70			■		
71		■			
72	■				
73				■	
74			■		
75	■				
76	■				
77				■	
78			■		
79	■				
80			■		